不能把新兴经济体独立于全球经济发展之外。

世界经济发展速度越来越常态化，我们更要重视改革，重视市场的力量。

对于非洲来说，中国可谓无处不在。

中长期的投资工具是发展中国家应当重点考虑为我所用。

应推动新兴市场间的汇率协商及联动机制以降低美元汇率波动的负面影响。

中国要让人民币『走出去』，实现多层次货币合作，积极推动建立人民币离岸中心。

改革的关键在于落实。

中国转型发展必将是一个长期痛苦的过程，关键要化解改革阻力并防止出现颠覆性错误。

中国改革开放事业发展到今天，必须抛弃传统的物本思维和官本思维，用人本思想推进结构转型。

到2020年，我国实现由工业大国向服务业大国的转型，意味着我国经济的结构性升级。

中国不是按照现在的规则加入TPP，而是要参与新的规则的制定。

应建立社会共识，竞争的同时要兼顾个人自由和集体福利。

发挥中国的改革优势需要强化三个平等：『权力平等、规则平等、机会平等』。

全球经济秩序的改革要与全球治理体系的改革相结合，必须改变陈旧的观念。

中国必须着眼于未来竞争态势和现代金融发展趋势，构建一个与大国经济相匹配的金融体系。

只要改革到位，释放潜力，到2020年我国人均GDP有望达到12000美元，跨入高收入国家行列。

南南援助应避免捆绑式援助，它要准备好为经合组织国家提供财务资源。

欧盟采用自上而下的做法，其他地区情况相反，欧盟模式在其他地区很难复制。

新常态包括粗放增长模式下结构矛盾和财政金融风险的化解，以及新的增长动力和模式的确立。

『新常态』不是理想态，它是现实态。

当前，中国收入再分配政策对于缩小居民收入差距的作用，与很多发达国家相比是非常有限的。

在经济转向新常态后，宏观税负将趋于稳定，即不再提高税收占GDP的比重。

不同国家在绿色发展阶段应互相学习借鉴，以促进全球绿色发展事业。

财政是一个国家的基础，地方税改革应放在我们『五位一体』的大局中来思考。

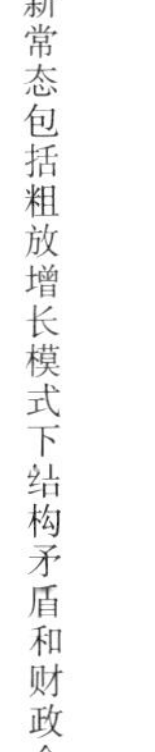

CHINA'S REFORM

THINK TANK

|读懂中国经济|新常态|

中国未来经济何去何从

迟福林◎主编

中国工人出版社

图书在版编目（CIP）数据

读懂中国经济新常态 / 迟福林主编. —北京：中国工人出版社，2015. 2
ISBN 978-7-5008-6073-0

Ⅰ. ①读… Ⅱ. ①迟… Ⅲ. ①中国经济—研究 Ⅳ. ①F12

中国版本图书馆CIP数据核字（2015）第039660号

读懂中国经济新常态——中国未来经济何去何从

出 版 人 李庆堂
责任编辑 左 鹏
责任校对 董春娜
责任印制 黄 丽
出版发行 中国工人出版社
地　　址 北京市东城区鼓楼外大街45号 邮编：100120
网　　址 http://www.wp-china.com
电　　话 （010）62350006（总编室） （010）62005039（出版物流部）
（010）82075934（社科文艺分社）
发行热线 （010）62005049 （010）62005042（传真）
经　　销 各地书店
印　　刷 三河市东方印刷有限公司
开　　本 710毫米×1000毫米 1/16
印　　张 22.5
字　　数 280千字
版　　次 2015年5月第1版 2015年10月第2次印刷
定　　价 39.80元

CONTENTS 目录

第三编 中国崛起需要面对哪些世界经济新挑战?

第四编 别国经济成败给我们提供哪些前车之鉴?

第五编 后危机时代的新兴经济体腾飞路在何方？

第六编 新兴经济体如何适应全球货币新周期？

第七编 中国在新形势下应采取怎样的战略对策?

第八编 “中国经济升级版”面向未来何去何从?

序　言　经济新常态的大趋势

迟福林

“经济新常态”是2014年中央经济工作会议的主题，会议明确提出“认识新常态，适应新常态，引领新常态，是当前和今后一个时期我国经济发展的大逻辑”。

一、如何认识、适应、引领经济新常态?

1. 如何认识经济新常态?

传统的以总量扩张为主要特点的增长模式已经成为历史。在内外部环境发生深刻变化的大背景下，过去两位数的高速增长已经成为历史，我国的经济发展方式正在由总量扩张向公平可持续发展转变。以总量扩张为主导的旧常态不可持续，必须以结构调整、经济发展方式转变为重点向追求高效益和高质量的发展新阶段过渡，而现在正是过渡的起点。

如何认识经济新常态，有着不同的见解。有的学者把由两位数的高速增长向6%～7%中高速增长的转换理解为经济新常态的主要内涵。2014年中央经济工作会议从9个方面全面客观地提出了经济新常态的科学内涵。认识经济新常态需要跳出速度看结构，跳出政策看体制，跳出短期看中长期，正确把握经济发展的新趋势。

2. 如何适应经济新常态？

我国正处在由旧常态向新常态转换的历史拐点。无论在增长方式、产业结构，还是在体制机制上都存在着与这个历史拐点不相适应的矛盾和问题。

如何适应经济新常态，2014年中央经济工作会议提出了“八个更加”和2015年经济工作的“五大任务”。对此，我理解为：一是把握发展大势；二是着力经济转型升级；三是狠抓改革攻坚；四是突出创新驱动。

3. 如何引领经济新常态？

引领经济新常态，必须着眼于我国中长期公平可持续发展，充分把握经济新常态的内涵，深刻地认识到我国开始进入经济新常态的历史新时代。

引领经济新常态的核心是牢牢把握经济发展的大趋势，顺势而为，因势利导，紧紧抓住我国大有可为的战略机遇期。要以经济的转型升级为主线全面深化改革，引领经济新常态不断适应国际国内的新变化。

二、2020年是不是我国经济转型升级的历史节点?

1. 我国已开始进入经济新常态时代

总的判断是：2015－2020年这6年，特别是“十三五”，将是我国未来10年、20年甚至30年保持经济新常态、实现经济新常态的一个非常关键时期，对走向公平可持续发展有着决定性的影响。从这一大判断分析，我国正处于经济转型升级的最后窗口期。

当前，尽管我国在转变经济发展方式上取得了重要进展，但是总体上尚未取得实质性进展和突破。能不能在“转方式，调结构”的过程中奠定我国经济转型升级的历史起点，取决于2015－2020年这6年。

2. 国内外经济形势发生了重大变化

2008年国际金融危机以来，国际经济环境发生了重大深刻变化。开始大家以为欧美的市场萎缩是短期的，现在看来，具有中长期趋势。为此，改革创新将是发展中国家和发达国家共同面临的主题。经过36年的改革开放，我国从其他国家学习和借鉴了许多适合我国国情的经验和做法，改革创新不仅有效加快了我国的市场化进程，更是我国主动参与经济一体化和全球化的重要举措。在世界经济格局深刻调整和我国国际地位不断提升的大背景下，我国要融入经济全球化和区域经济一体化，如果不主动调结构、转方式，未来的增长将会陷入十分被动的局面。国际经济环境的变化迫使我国改革总量扩张的增长模式到了最后的关节点。

我国经济社会发展环境发生了重大变化。2014年中央经济工作会议提出目前生态环境问题日益凸显：一是环境承受力到了极点；二是人民群众对良好的生态环境有着殷切的期盼；三是必须形成良好生态环境的发展方式。这表明以重化工业为主体、以总量为目标的粗放型增长方式已经不能适应国内新阶段的经济发展需求，也不能满足老百姓日益增长的对良好生态环境的公共需求。为此，迫切需要改变旧常态。

当前，国内经济矛盾和经济风险明显加大，主要面临着三大经济风险，即产能过剩、地方债和房地产，但更大的风险应当是互联网和金融风险，尤其是金融业。如果不立足未来化解短期的问题和矛盾，将有可能形成更大的系统性经济风险。

3. 2020 年是跨越中等收入陷阱的临界点

形成经济可持续增长的新格局。按照世界银行的标准，人均 GDP 达到 12000 美元以上，一个国家就开始进入高收入国家行列。2013 年我国人均 GDP 达到 6800 美元，如果“十三五”按照 6% ~7% 的经济增速，到 2020 年，我国人均 GDP 将超过 10000 美元。因此，2020 年将是我国由中等收入国家进入到中高收入国家行列的临界点。2020 年能否跨越中等收入陷阱，不仅是一个增速问题，更是一个全局性问题。在多种因素的影响下，“十三五”我国要保证 6% ~7% 的 GDP 增速并不容易，因为现阶段追求的不是传统的“强刺激”增长，而是公平可持续发展。

形成社会治理和社会发展的新格局。成功地跨越“中等收入陷阱”取决于很多社会矛盾和利益关系的有效解决。墨西哥、巴西、智力等拉美国家之所以陷入“中等收入陷阱”，除了人均 GDP 达到 6000 ~ 7000 美元后，经济增长开始下滑的表层原因外，更深层的原因在于这些国家普遍面临着贫富差距逐步拉大、社会矛盾逐步凸显等问题。而日本、韩国在进入高收入国家的过程中没有发生重大社会问题，一个很重要的共同原因就是这些国家把社会矛盾和社会问题处理得比较好。我国经济处在增长转型的重要时期，贫富差距呈现出加大的趋势，公平发展日益成为大多数人的要求，此时的老百姓不仅需要 6% ~7% 的增长，更需要共同分享增长的成果。公平可持续发展已成为我国走向经济新常态的目标。

4. 2020 年是全面深化改革的时间节点

所谓的经济增长的窗口期和转型升级的临界点，实质是指改革的时间空间约束明显加大，留给全面深化改革的时间十分有限。我国要把握增长转型改革的主动权，如果改革不能取得主动权，就可能产生更多的矛盾和问题。“十三五”是全面深化改革的关键5年，到2017年中共十九大召开之前，改革会有多方面的重大进展，尤其是在某些重大问题上取得实质性突破。所以说2020年是全面深化改革的历史节点。

“十三五”以经济转型升级为主线，立足2020年中期，消化短期，谋划长期。我国能不能消化短期的经济风险和经济矛盾，关键在于“十三五”有多大的预期、多大的信心和多大的空间，这个判断对化解短期极为重要。

三、“十三五”：经济转型升级的大趋势

“十三五”加快经济转型升级，是在内外发展环境深刻复杂变化背景下的现实性选择、战略性选择和历史性选择。经济转型升级是引领经济新常态的首要因素。主动适应经济新常态，自觉引领经济新常态，重在顺应经济转型升级的大趋势，在转方式、调结构上有新的突破、新的作为，努力形成“创新红利”、“转型红利”，并使之成为走向公平可持续发展的不竭动力。

1. 工业转型升级大趋势：从“中国制造”到“中国智造”

作为13亿人的大国，实现“中国智造”，是我国工业转型升级的总目标之一。由制造业大国变成以智能化为重点的先进制造业大国、强国，我国的工业正面临着转型升级重大任务。

“十三五”是我国从工业化中后期走向工业化后期的关键5年。如果我国仍简单地只是世界工厂，还是进行一般性的制造加工，即使做大了经济总量，也仅仅是一个大国，而不是强国，在很多方面仍将处于十分被动的局面。

“十三五”工业转型升级的突出矛盾是现代服务业发展严重滞后，现代服务业在国民经济中的占比低，尤其是生产性服务业占比过低。这是制约工业转型升级的关键因素。发达国家的服务业比重达到70%以上，生产性服务业占服务业的比重也普遍在70%左右。比如，德国作为先进制造业大国，其服务业占GDP比重高达75%以上，生产性服务业占服务业的比重在70%左右。相比之下，我国服务业比重只有47%，生产性服务业占比仅在15%左右。

因此，“十三五”实现工业转型升级的关键是加快发展现代生产性服务业。建议：一是尽快出台建设制造业强国的国家规划；二是形成现代生产性服务业发展的国家行动计划；三是把我国制造全球化作为对外开放的重点；四是形成工业企业创新体制机制的大环境。

2. 城镇化的转型升级：从规模城镇化走向人口城镇化

“十三五”城镇化正处在转型升级的历史关节点。2013年，我国名义城镇化率是53.7%，人口城镇化是36%，预计到2020年，我国名义城镇化率将不低于60%，人口城镇化率的合理区间为50%~55%，相当于2011年世界人口城镇化率52%的平均水平。当前，我国城镇化面临的突出矛盾是人口城镇化率过低，名义城镇化率与人口城镇化率的差距过大。从现实情况看，如果不打破二元户籍制度，让农民工成为历史，就很难提高人口城镇化的水平，也难以释放巨大的内需潜力。

“十三五”城镇化转型升级的重大任务：

一是形成服务业主导的城镇化。当人口集聚到一定程度，城镇化将从工业化主导转向服务业主导。过去我们普遍认为，没有产业就没有城镇化，而目前人口集聚到一定程度就需要有相应的生产性服务业和生活性服务业。如果公共资源配置能够实现均等化，工业主导的城镇化逐步向服务业主导的城镇化转型，人口城镇化将成为服务业发展的一个重要载体。

二是合理布局大中小城镇。大中小城镇的合理布局为优化区域发展空间、形成区域一体化格局奠定最重要的基础。区域一体化不仅需要大城市之间相连接，更重要的是使大中小城市连接成片，在此基础上形成区域一体化的多种载体。这一格局将成为未来5～10年我国发展最大的改革红利之一。2015－2020年这6年，如果能够实现人口城镇化的新格局，以公共资源配置均等化促进大中小城市合理布局，这无论对于投资，还是消费，都将带来巨大的市场空间。

三是实现城乡一体化的制度安排。“十三五”是打破城乡二元结构、走向城乡一体化的关键时期。建议，把加快城乡一体化进程作为城镇化发展的重中之重。尤其是在公共资源配置、基本公共服务等方面，以城镇化带动城乡一体化，基本要求是实现城乡基本公共服务制度统一、底线大致相当。

3. 消费结构转型升级大趋势：从物质型消费走向服务型消费

消费结构升级的阶段性特征表现在：

第一，从生存型消费向发展型消费升级。当前，城镇居民的消费需求已经由工业消费品为主向服务消费为主转变；农村居民的消费需求已经由生活必需品为主向工业消费品为主转变。未来5～10年，随着人口城镇化进程加快，城乡居民发展型消费需求将以年均两位数的速度增长。

第二，从传统消费向新型消费的升级。伴随着互联网的兴起和电子商务、物流快递等新型服务业态的迅速发展，带动了新型消费的快速增长。例如，2012年我国信息消费为1.7万亿元，同比增长29%；2013年信息消费规模达到2.2万亿元，同比增长28%；2014年上半年，信息消费规模达到

1.34 万亿元，同比增长20%。估计“十三五”新型消费年均增长仍将保持在15% ~25%的区间，“十三五”消费结构升级的潜力巨大。

随着消费供给的创新和消费环境的改善，估计未来几年年均消费增长不会低于两位数，仍会保持较快增长势头。在消费结构升级的特定背景下，消费的特点也有所变化。2014 年中央经济工作会议指出，“过去我国消费具有明显的模仿型排浪式特征，现在模仿型排浪式消费基本结束，个性化、多样化消费渐成主流。”生存型消费阶段“一批一批消费者”的时代开始成为历史，服务型消费阶段“一个一个消费者”的时代开始到来。

适应消费结构升级大趋势，重在推动消费驱动的经济转型，重在创新消费供给；适应个性化、多样化的消费需求，重在形成安全消费的市场环境。

四、“十三五”走向服务业大国的大趋势

从工业转型升级、城镇化转型升级、消费结构转型升级的大趋势来看，2020 年我国基本形成服务业主导的结构的客观基础正在形成。

1. 走向服务业大国的趋势

“新低”与“新高”。我国的经济转型升级正处在重要历史拐点：一方面经济下行压力增大。2014 年 GDP 同比增速放缓至 7.4%，创 1991 年以来的“新低”；另一方面经济结构升级的态势初步形成。2014 年，服务业增加值占国内生产总值的比重达到 48.2%，创新中国成立以来历史“新高”。

经济增长的动力正在发生变化。消费的本质是服务。我国进入消费新时代，现代服务需求逐步高于传统物质需求，已成为消费需求释放与升级的大趋势。近些年来服务业增加值都以年均两位数增长。2001 - 2013 年，扣除

价格因素后服务业增加值年均增长10.6%，预计未来5~10年服务业增加值仍将以10%左右的速度增长。这表明我国经济增长动力正在发生重大变化。

2.“十三五”形成服务业主导的经济结构

走向服务业大国，核心取决于“十三五”能不能形成服务业主导的经济结构，并应当成为“十三五”经济发展方式转变最重要的约束性目标。

2020年服务业规模有望实现倍增。未来5~10年如果服务业增加值年均增速保持在10%左右，消费总规模的倍增同样带来服务业发展规模的倍增，即服务业发展规模明显扩大。预计我国到2020年服务业增加值由2014年的26万亿元左右增长到45~50万亿元，初步实现倍增。

到2020年我国服务业占比达到55%以上是有条件、有可能的。一是2014年我国服务业占GDP比重已经达到48.2%，高于“十二五”国家规划1个百分点；二是人口城镇化为生活性服务业发展提供了重要载体；三是工业转型升级为生产性服务业发展注入内在动力；四是消费结构升级为服务业加快发展形成直接的推动力。

3. 走向服务业主导的经济新常态

服务业的发展程度是形成经济新常态的重要标志。它不仅成为经济转型的主要推动力，而且也将成为释放经济增长的新动力。

形成中速增长的新常态。我国仍是一个发展中大国和一个经济转型大国，经济增长新常态取决于保持一定的经济增长速度，取决于尽快形成服务业主导的经济结构。2015-2020年这6年服务业增加值年均增长10%，可以带动经济增长4个百分点左右，为中速增长的新常态奠定重要基础。

形成新增就业不断扩大的新常态。我国保持7%左右增速的重要目标之一是扩大就业，而形成服务业主导的经济结构是扩大就业的主要渠道。例如，2008年我国GDP每增长1个百分点，新增70~80万个就业岗位；2014年GDP每增长1个百分点，新增就业的人数达到178.6万。“十三五”我国服务业增加值按年均10%增长估计，每年新增就业将达到1000万人左右。以服务业为主导的经济结构将是未来扩大就业、提高劳动力素质的重要载体。

形成全社会创新创业的新常态。进入工业化中后期，生产性服务业直接融入制造业转型升级的全过程。例如，技术升级与服务需求直接融合，技术升级如果不能反映服务需求变化，就很难产生内在动力，就很难有好的市场前景；企业竞争力与服务质量直接关联，企业的竞争力主要取决于服务环节是否专业化、精细化。为此，服务业主导不仅是形成新一轮创新创业潮的主要推动力，而且将为创新创业开辟巨大的市场空间，由此形成创新驱动新格局的重要条件。

形成利益结构和社会结构优化的新常态。到2020年，我国能否实现中等收入群体倍增，即由目前的3亿人左右扩大到6亿人，使中等收入群体占比提高到40%左右，形成橄榄型社会利益结构的新格局，关系到能否走上公平可持续发展道路和实现国家的长治久安。从国际经验看，服务业快速发展将带来中产阶层规模的不断扩大。以美国为例，随着经济结构由工业主导向服务业主导转型，白领阶层的规模从20世纪40年代的1000万左右上升到20世纪70年代的5000万，30年间扩大了5倍，1980年白领阶层已占全部劳动力的50%以上。到2020年，随着服务业主导地位的确立，我国在服务业就业的人口将不少于4亿，由此将带动中等收入群体的倍增。

形成绿色发展的新常态。从国际经验看，发达国家在由中等收入阶段迈向高收入阶段的重要历史时期，之所以能够系统地解决生态环境问题，重要的原因在于实现了由工业主导向服务业主导的经济结构变迁，由此大大减轻了资源环境的压力。当前，向雾霾宣战，建设美丽中国，最重要的挑战是经济增长对传统工业尤其是重化工业的严重依赖。通过提高服务业比重，可以有效地摆脱经济增长对重化工业的路径依赖，形成绿色发展的新常态。

五、“十三五”服务业市场全面开放的大趋势

我国由工业大国走向服务业大国，关键在于加快服务业市场开放和制度创新。这些年，服务业供给瓶颈问题日益严重，难以满足社会服务需求，根源不在于国内资本短缺，而在于服务业市场开放的严重滞后，突出表现在服务业行政垄断越来越不适应转型升级的大趋势。

1. 形成服务业市场开放的大环境

2014 年以来政府相继出台若干文件，鼓励社会资本进入医疗、健康、教育、文化、体育、养老等行业，服务业市场逐步开放的势头良好。但总体来看，服务业市场开放的大环境尚未形成。服务业市场开放的大环境能否形成主要取决于三大条件：

第一，使社会资本成为服务业发展的主体力量。发展服务业，不仅需要大企业。大企业适应经济转型升级大趋势并尽快转型也很重要，但服务业的主体是中小企业，能不能使中小企业为重点的社会资本成为服务业的主体力量，将成为市场开放的重要标志。

第二，形成全民创新创业的平台。例如，医生可以在家工作，创业者可以在家注册企业。为此，服务业市场开放可以提供各种条件。比如，利用市

场开放加上各类风险基金、国家专项基金支持创新创业。这既涉及市场开放的程度，也涉及制度创新。

第三，提高服务贸易比重。2013 年我国服务贸易占对外贸易的比重只有 11.5%，2014 年上半年则提升到 12.3%。这与世界平均水平（20%），甚至与同为金砖国家的巴西（25%）相比，还有很大的差距。目前，我国制造业的开放程度高，对制造业的贡献率高达 28%；而服务业贸易的开放程度低，对服务贸易的贡献率仅为 7%。如果到 2020 年，服务贸易的比重能达到世界平均水平 20%，不仅有利于推动我国服务业大国的形成，还能促进服务业的升级换代，更重要的是将带来巨大的市场空间。

2. 加快推进结构性改革

我国实现由工业主导向服务业主导的经济转型升级，面临着结构性矛盾的重大挑战。尽管近些年国务院相继出台了一系列鼓励政策，但总体上服务业对外开放的大环境尚未形成，服务业的吸引力仍然不足，主要在于结构性的政策调整和结构性的改革远远不到位。仅靠出台一些鼓励政策，还难以形成足够的吸引力。未来市场开放的重点是服务于消费者，不能因出资者身份的不同，出现政策歧视。只要政府监管到位，就可以允许消费者自由选择。因此，需要结构性的政策调整与结构性的改革的结合。

首先，加快服务业发展的财税体制改革与财税政策调整。服务业主要以营业税为主，服务业的税收、用地价格和成本相比工业更高更重，导致服务业的发展困难重重。建议尽快全面完成服务业“营改增”改革，切实降低服务业税负，实现以消费税为主体的税种，已经成为发展服务业、以结构性改革破题结构性矛盾的主要内容。

其次，推进服务业发展的金融体制改革与金融政策调整。近年来，中小企业面临的融资难、融资成本高等问题日益突出，解决这一问题核心是发展中小银行，尤其是民间银行。但是我国在培育中小银行、民间银行发展上还相对滞后，远不适应服务业转型升级需求。建议，“十三五”要减少对民营信贷机构设立和发展过程中的不必要限制，简化进入程序，降低设立门槛和准入标准，从而鼓励更多符合条件的民间资本进入金融机构，促进民间金融业的健康发展。

再次，教育体制改革。目前，我国的教育改革和教育结构调整滞后。如果不调整教育结构，大学生就业难等现象仍将继续存在。为此，需要教育结构的战略性调整，尤其需要打破对职业教育的固有观念，把建设现代教育体系、促进职业教育的高等化放在更为突出的位置。在教育体制改革的进程中，不仅能够积累足够的人力资源，而且将扩大中产阶层的比重。

六、走向服务业大国的政府角色

“十三五”期间，引领经济新常态的政府角色将发生历史性的变化。从适应经济新常态到引领经济新常态，关键是转变政府角色。

1. 转变观念

走向服务业大国，形成服务业主导的经济格局，不是不要工业，而恰恰是通过发展服务业带动工业转型升级。在我国经济转型升级和全球工业发生新变化的特定背景下，工业转型升级的突出矛盾何在？如何发展现代工业？尤其是在大数据时代，如果不发展现代服务业，不仅难以实现工业转型升级，而且将难以由“中国制造”走向“中国智造”，实现先进工业大国的目标。如果不彻底转变服务业是很“虚”的产业观念，将难以把握走向服务业大国的大趋势。为此，“十三五”需要政府牢牢把握服务业发展的客观规律，做到因势利导、顺势而为，由此奠定经济转型升级的坚实基础。

2. 转变方式和体制机制

实现从工业主导走向服务业主导，需要政府提供更多的公共服务。尤其是在研究制定“十三五”规划，方式和体制机制要转变。当前，我国在体制机制建设上仍相对滞后。比如，国有企业在调整体制机制方面，仍缺乏动力，难以突破混合所有制改革的困境。为此，建议在市场决定资源配置的条件下研究制定国家“十三五”规划。

到2020年，我国实现由工业大国向服务业大国的转型，意味着我国经济的结构性升级。它不仅是一个经济增长新常态的形成过程，还伴随着经济结构新常态、利益结构新常态、制度创新新常态的形成；不仅涉及经济领域的改革，还涉及社会、文化、生态等各个领域的改革；不仅需要政府角色的转换，还需要政府发展理念的变革。推进服务业主导的转型与改革，将成为增长、转型、创新的主要推动力。

[作者系中国（海南）改革发展研究院院长]

CHINA'S REFORM
THINK TANK

第一编

中国如何标注“新常态”下的“新坐标”？

中国经济新常态

——“三期叠加”时期面临四大挑战

宋　立　国家发展和改革委员会经济研究所副所长

一、“新常态”：发展新阶段的一般性特征

我国经济进入一个新的阶段，新的阶段必然有一些新的特征。其中，“新常态”就是新的发展阶段的一般性特征。具体而言，新阶段具有以下三大新特点。

第一个特点：增长速度降下来，发展动力可能要变化，随之一些结构也会发生变化。主要原因是过去所依赖的比较优势发生变化，过去主要依靠的是劳动力资源和自然资源，所谓的人口红利和资源红利来推动。

第二个特点：随着经济增长速度的变化，结构也会发生变化。动力结构方面，过去更多依靠的是投资、出口、第二产业的发展来拉动经济。随着劳动供求关系的变化，以及基础设施的完成，各种原因使投资率慢慢降下。从产业方面，我国现在第一产业大约10%，第二、三产业加起来是90%，也是一个跷跷板，第二产业下来意味着第三产业就会上去。

区域结构和城乡结构方面，过去是沿海出口导向型，经济的布局、生产力的布局必然是沿海和临港，现在产业开始转移到其他地方，沿海地区就减速。过去是城市吸引农村，市吸引县，把相应的人、财、物都吸走了，现在城市向周边转移，城乡之间的差距也会趋于缩小。

第三个特点：从根本上讲，经济发展的动力发生了变化。客观地看，原有的动力减弱，新的动力能否形成，实际上还具有不确定性。过去推动经济发展就是所谓的人口红利，现在劳动供求关系发生变化，人口红利减弱。

经济学链接

人口红利

人口红利（Demographic Dividend）是指一个国家的劳动年龄人口占总人口比重较大，抚养率较低，为本国经济发展创造了有利的人口条件，其经济呈高储蓄、高投资和高增长的局面。但“红利”在很多情况下和“债务”是相对应的。国家统计局于2013年1月公布的数据显示，2012年我国15～59岁劳动年龄人口在相当长时期里第一次出现了绝对下降，比2011年减少345万人，这意味着人口红利趋于消失，导致未来中国经济要度过一个“减速关”。

二、“新常态”：一种客观存在

“新常态”就是说新的发展阶段一般的特征，应该是一些客观的特征，是一些客观的规律。

第一，在其他国家都可能出现，在我国也会出现，因此是客观的，不是主观想象出来的，不是愿望；第二，讲“新常态”，是一个现实态，不是一个理想态。“新常态”应该讲一些客观的东西，不要讲过多的想象。比如说“新常态”可能是可持续的，我个人认为这一想法过于理想化了。因为我们看发达国家，也不是每个国家发展都是可持续的，有些国家的发展后来陷入一个停滞状态。这种说法一方面表达了美好的愿望，但另一方面可能造成一个误解——只要到了“新常态”或者新阶段，不管努力不努力，不管改革不改革，好像必然是一个好的状态，好的状态自然而然从天上掉下来一样，这可能还是不太客观，不太实事求是。

中国现在经济下行出现了压力，以后就不会出现高过8%或者7.5%的经济增速，这可能也是目前比较流行的观点。进入“新常态”之后，因为它是一个常态，似乎接近于常数，比如7%～8%或者7%左右这么一个速度，好也好不到哪里去，差也差不到哪里去。这种说法还是过于理想化。目前，中国经济潜在增长率在8%左右，“十三五”时期我国潜在增长率是在7%到8%之间，平均比7.5%略低一点，大概7.3%。也有人认为目前潜在增长率是7%～8%，“十三五”时期可能到6%～7%或者7%左右。

但是潜在增长率只是给出一个基础。目前我国经济增长率是7.5%左右，因为既是国内周期性因素、结构性因素所致，也是世界经济大背景所致。中国在全面深化改革巨大的改革红利推动下，可能进入一个新的改革繁荣时期。虽然平均可能在7.3%左右，但不能排除个别年份经济高于8%。当然，也不能排除个别年份在意外冲击下，经济低于7%甚至低于6.5%的可能性。

三、“微刺激”：政府宏观调控方式的探索与创新

十八届三中全会一个重大的亮点就是强调市场的作用，2014 年，政府也出台一系列“微刺激”政策。“微刺激”就是宏观调控方式，是创新宏观调控方式的新探索，是进入新阶段后，政府管理经济方式的有益探索。

“新常态”跟过去可能不太一样，过去一直以来都是供给和需求管理并重，或者可能更侧重需求一些。现在在“新常态”情况下，尤其是在“新常态”的初期阶段，可能仍然是供给和需求管理结合。但是供给管理方面的措施，可能会在某一个时期多一些。另一方面，从管理的方式上，过去面对经济下行，或者过热的时候，用的是力度相对比较大的措施，比如 2008 年的积极财政政策，就是明显的刺激措施，现在是一种“新常态”。“新常态”意味着是正常的宏观管理，没有必要使用大规模的刺激措施，因为大规模的刺激措施在某种意义上是和危机管理在一起的，不是常态的宏观管理，是特殊的宏观管理，是危机管理。

现在已经大规模淘汰一些落后产能，“第三产业超过了第二产业”是一个发展的必然。从我国发展阶段的角度来讲，它也是标志着我国工业化阶段的深化，可以说是一个好的现象。但不能说，过去第二产业高就必然是坏现象，它是工业化中期阶段的一个特征。过去不少人认为第二产业的比重太高，过度依赖第二产业。在 20 世纪 70、80 年代，这种现象确实存在，第二产业的比重确实高，这是因为过去重工业优先。但是 80 年代中期到现在，第二产业比重其实没有提高多少，基本稳定，即便是这样的比重，在世界上也不算高。我国是在正常区间，其实与德国、马来西亚、智利等其他国家相当接近。过去至少 20 年内，我国的第二产

业并没有严重或持续地偏高或者过度地发展。但这并不是说不存在产能过剩，产能过剩是局部的，与第二产业整体偏高与否并不相关。

四、“三期叠加”时期面临四大挑战

由于目前中国经济处于“三期叠加”时期，内外局势比较复杂。同时，“新常态”不是理想态，它是现实态。过去一些困难和问题可能克服了，新的困难和问题又会接踵而来。具体来讲，在新的发展阶段或者说在“新常态”下，困难和挑战有以下几个方面：

第一，挑战来自经济速度。“新常态”首要特征是高速转入中高速，也就意味着经济可能会减速，或者经济增长的速度必然会放缓。我研究了世界上 125 个国家，发现有 36 个经历过高增长，但其中 34 个高增长之后都出现明显减速。但减速的方式不一样，有些国家是台阶式减速，有些国家是波浪式减速。从理论上看，我国波浪式减速的可能性高达 97%，但台阶式减速的风险仍然不能排除。我国要实现中华民族的伟大复兴，就要逐渐成为领导型国家，所以我们希望减速不是急剧的、下台阶式的。所以这个意义上来说，我不太赞成“下台阶”、“上台阶”说法，采用减速或者增速减缓的说法可能更科学。

第二，风险和挑战是动力。原有的动力弱化，新的动力尚未形成。新的动力来自两方面：一个是改革红利释放；另一个是创新的活力。从理论上看，我国过去依靠劳动密集型，劳动密集型过后依靠资本密集型，最后是技术密集型。我国现在面临的情况是，全世界范围内资本密集型产业几乎都是过剩的，其他行业包括汽车、造船、钢材都过剩，意味着劳动密集之后，资本密集给我国的空间不大。改革证明，我国能够及时从过去人口红利推动过渡到创新红利推动。但是改革红利的释放、体制红利的释放，需要借助于劳动力、资本技术载体才能充分地发挥出来。

第三，挑战和困难可能给经济减速带来一些负面影响，或暴露出一些高增长时期掩盖的问题。比如，过去高增长时期形成的一些债务。虽然，我国总体杠杆率和总体债务率不高，但个别地方的债务率和国有企业的杠杆率比较高，这些问题在高增长时期不明显，增长速度回落的过程中，有可能会“水落石出”。不排除像审计署2013年公布的那样，有些地方的债务负债率超过100%甚至接近200%。这个问题可能会在减速过程中，在局部地区显现出来，但只要做得好，它不会构成大的挑战。

第四，挑战是劳动成本的上升。这是发达国家20世纪70年代普遍面临的问题。当劳动供求关系发生变化，劳动力成本上升之后，其他方面的成本也会跟着上升，这样就可能导致整个成本上升。这也是我国未来面临的挑战，产业竞争力会下降，有些产业可能会转移出去，甚至会出现一些国家的所谓“产业空心化”。

经济学链接

产业空心化

产业空心化（Industrial Hollowing）是指以制造业为中心的物质生产和资本大量而迅速地转移到国外去，使物质生产在本国国民经济中的地位明显下降，造成国内物质生产与非物质生产之间的比例关系严重失衡。在一些高度发达的国家和城市，产业结构在一定发展阶段就会出现这样的趋势：非物质生产的服务性产业部分的比重远远超过物质生产部分的比重而成为国民经济的重要部门。

五、全面深化改革保障中国经济进入理想状态

十八届三中全会之后，经济改革方面出台了一些举措。首先是政府职能的转变，简政放权。政府多次出台措施，包括投资的审批、企业的注册等方面。其次是金融改革。国务院已经多次发布支持金融经济，从资本市场的发展到最新的关于保险市场的改革发展的政策。还有前不久通过的财税体制改革方案，应该讲这几个方面都按照三中全会的部署，在有条不紊地推进。根据过去的经验，大的改革措施推出两三年之后，我国的经济就会有一次比较持续的、中期的繁荣，也相信这次全面深化改革的措施，陆陆续续出台并且落实之后，我国的经济发展也会表现出比较理想的状态。

以深化改革形成经济新常态

迟福林　中国（海南）改革发展研究院院长

我国经济增长开始呈现新常态：虽然已不可能再有两位数的增长，但经济增长有条件稳定在7.5%左右的合理区间，发展的“新常态”正在形成。2014年前5个月，全国固定资产投资（不含农户）153716亿元，同比名义增长17.2%，预计将稳定在17%左右；规模以上工业增加值同比增长8.7%，预计基本上稳定在8%~10%；其他一些宏观经济指标，如CPI、M2等，也都呈现出稳定在一定区间的态势。未来半年，随着相关结构性改革的推进和政策微调整力度的加大，改革红利将逐步释放。预计二季度经济增长有望保持在7.5%左右，三季度企稳并小幅反弹，全年实现7.5%的增长仍有条件。

问题在于，尽管经济“硬着陆”风险较小，但经济运行中的结构性矛盾与问题仍然突出。尤其是扩大内需、拉动消费还面临着多方面的体制机制性掣肘，经济结构调整远未到位。在这种情况下，需要在宏观政策适度调整的同时，把主要的注意力放在深化改革上，使经济新常态能够建立在经济结构调整优化的坚实基础之上。

一、形成中速增长的新常态

我国经济增长有短期的压力，又有中长期压力。所谓的经济新常态，不仅仅指短期，更重要的是反映长期。经济新常态，从短期看是个速度问题，从中长期看是个结构问题、发展方式问题。在经济转弯的时候，经济增长既不能过快，也不能过慢。从短期看，经济增长波动难以避免，但要防止过快下降。短期看，宏观经济运行确实面临下行压力，消费增长速度有所放缓，同时投资下降。在消费上，2014 年 5 月份消费品零售总额同比名义增长 12.5%，虽然比前 4 个月略有反弹，但总体上低于 2013 年水平。在投资上，过去固定资产投资增长 25% 以上是常态，在后危机时期甚至超过 30%。前两年开始下降到 20% 左右，当前已降至 17% 左右。

消费投资趋势性变化使得宏观经济呈现出中速增长的新态势。要实现经济的平稳增长，关键在于处理好短期和中长期的关系，在解决短期问题的同时不能给中长期经济增长制造更多的矛盾和问题。例如，在逐步加大定向降准范围和力度、通过定向释放流动性刺激投资的同时，更要关注宏观经济中的中长期问题。

为此，进入 2015 年的宏观政策调整，与 2008 年为应对国际金融危机出台需求刺激政策的着眼点有着根本的不同：不仅在于要避免短期内经济的“硬着陆”，更重要的是立足当前谋长远，注重通过深化改革解决中长期的结构性、体制性矛盾，为“十三五”乃至更长时期实现 7.5% 左右的中速增长新常态打下具有决定性意义的基础。

二、形成消费主导的新常态

宏观经济运行中最为核心的是投资消费的动态平衡。在物质产品短缺的生存型阶段，消费围绕投资形成平衡是个常态；而随着社会产品的极大丰富，发展型新阶段投资围绕消费形成平衡将是新常态，要把形成消费主导的新常态作为结构调整的重要方向。

内外发展环境深刻变化的背景下，13 亿人的潜在消费需求是我国经济增长最突出的优势：13 亿人潜在消费需求释放的规模与速度，在很大程度上决定了经济增长的空间和速度；13 亿人消费结构升级和消费潜力的释放，在很大程度上决定了产业、城乡、社会等结构调整的动力；13 亿人消费结构升级的方向和消费需求释放，在很大程度上决定了有效投资需求的规模和投资转型的方向；释放 13 亿人的潜在消费需求，既是我国增长、转型和改革的巨大挑战，又是决定增长、转型和改革的关键所在。初步估算，到 2020 年我国潜在消费规模将达到 45 万亿元～50 万亿元，并拉动有效投资需求释放，使内需总规模达到上百万亿元，由此奠定未来 10 年 7.5% 左右经济增长的重要基础。

投资与消费动态平衡并不是不要投资。我国人均资本存量不到美国的 10%，仅为韩国的 25%，提升空间巨大，仍有大量的“投资富矿”。关键在于把投资建立在消费基础上，推进投资结构转型，在投资与消费动态平衡中扩大投资。这就要求按着市场决定的要求，调整投资结构、拓宽投资来源、改善投资效率。为此建议：在宏观政策调整的同时，进一步推进投资体制改革，强化消费需求对投资的引导作用。

三、形成服务业主导的新常态

经济新常态不仅仅是增长速度意义上的新常态，还包括经济结构意义上的新常态，建立在经济结构调整优化意义上的新常态才更可靠。未来 3 ~ 5 年，我国经济转型重在实现由工业主导走向服务业主导，形成服务业主导的新常态。

我国进入人口城镇化和消费新时代，现代服务需求取代传统物质需求成为消费需求升级的大趋势，发展型消费需求逐步取代生存型消费需求成为城乡居民消费需求的主流，城乡居民消费结构正沿着“生活必需品—耐用消费品—服务消费品”的次序不断升级。这带来了产业结构调整的巨大空间。仅以医疗健康市场为例，麦肯锡公司 2012 年的报告显示，中国 2011 年医疗健康市场的消费总规模为 3750 亿美元，2020 年这一市场的消费总规模将快速增长到 1 万亿美元。把握服务需求快速释放的趋势，加快以服务业为重点的市场开放，大力促进服务贸易，释放服务业社会投资需求，就有可能形成服务业主导的新常态。比如，未来 1 ~2年服务业比重提高到 50% 以上，2020 年服务业比重达到 55% ~60% 。

关键在于服务业的市场开放。从 2014 年前 5 个月宏观形势看，服务业呈现较快发展的态势。2014 年第一季度服务业增长速度居于三次产业之首，服务业占比达到 49. 02% 。但总体看服务业供给瓶颈问题仍然十分突出，难以满足社会需求。其根源在于服务业市场开放严重滞后。例如，我国工业部门 80% 以上是制造业，市场化程度比较高，而服务业的行政垄断特点仍然突出，市场开放程度较低。教育、医疗、文化、养老、金融等众多服务部门仍保持着一定程度的行政管制。

从尽快形成服务业主导的新常态出发，建议：抓紧出台加快服务业向社会资本开放的实施细则，在银行、证券、保险、电信、邮政快递等行业进一步放开市场准入；实质性打破教育、医疗、文化等公共服务领域对社会资本的投资限制；加快公共资源领域对社会资本放开；尽快在石油、电力、铁路、金融等垄断行业推出一批向社会资本开放的重大项目，实现非公经济参与国企改革的新突破；以中国（上海）自由贸易试验区为重点，以服务贸易开放为目标，积极推动建立负面清单制度和外商投资准入前国民待遇，凡国家法律法规未明令禁入的服务业领域，加快向外资开放。

四、形成市场主导的新常态

不管是稳增长还是调结构，都要求建设一个有活力的市场和有为、有效的政府。当前宏观经济的风险，主要来源于政府主导型的增长方式，尤其是竞争性地方政府增长模式。这不仅是房地产泡沫、地方债“雪球”的重要原因，也是造成中央改革政策难以落地、形成“中梗阻”的重要体制根源。例如，决策层对小微企业的扶持政策接连出台，但部分政策尚未落到实处，小微企业受益面有限，市场活力也受到影响。

客观看，竞争性地方政府的增长模式到了非改不可的地步。如果竞争性地方政府不改变，增长主义导致的投资扩张冲动改变不了，投资消费失衡加剧的状况改变不了，投资收益率持续下降、经济运行系统性风险增大的状况就难以改变。为此，建议尽快把推动竞争性地方政府向公共服务主体回归作为新阶段行政体制改革的重要目标，形成市场决定资源配置的新常态：以建立公共服务导向的中央地方财税关系为目标尽快形成新一轮财税体制改革的行动方案；以规范地方债务、改变政绩考核体系为重点，尽快形成地方政府经济行为的制度约束；继续加大简政放权力度，全面实施权力清单和负面清单；推进市场监管从行政监管向法治监管为主的转变，创造良好的消费环境作为政府的基本职能。

2015 年乃至未来 2 ~ 3 年，把握增长、转型与改革交织融合的趋势，更有赖于全面深化改革的新突破。在宏观政策调整的同时，不为短期的经济干扰所动，跳出短期看中长期，跳出速度看结构，跳出政策看改革，向深化改革要动力，以形成平衡、协调、可持续的增长新常态。

新常态下财税改革的目标、路径及挑战

倪红日　国务院发展研究中心研究员

一、财税体制改革的目标

十八届三中全会已经确定了财税体制改革的目标是建立现代财政制度。现代财政制度包括现代税收制度、现代预算制度以及现代中央和地方财政管理体制。但是，怎么理解现代财政制度，我认为简单概括就是现代的国际经验或者是通行做法与中国国情的结合。我们要建立的现代财政制度是借鉴市场经济国家在当代的国际通行做法，结合中国转轨经济的特点，缩小我国与国际通行和先进做法的制度差距，同时要探索适应中国社会主义市场经济体制的财政制度。当代世界各国的财政制度既有共性的、趋势性发展的一面，另外也有各国特色的差异性制度模式。因此，对中国来说，现实中具体化的现代财政制度还有很大的研究空间。

有一点值得特别说明，中国在建立现代财政制度过程当中，需要进行新的制度创新。因为在国际上，经历2008年以来的全球金融和经济危机之后，我们也发现了西方发达国家的财政制度当中有我们须警惕的教训，这些教训集中体现在欧洲、美国、日本等国家发生的主权债务危机和政府财政的巨额债务。所以，我们需要超越东西方传统理论和现状，在借鉴国际做法的同时，对现存的财税制度进行制度创新、思想创新和理论创新。

需要注意的是，十八届三中全会确立的财税改革的诸项任务，具有问题导向和有限目标的特点，并不是通过几年的改革完成这些任务就一步到达现代财政制度。我们只是通过这些改革向现代财政制度进行一次重大的迈进，而不是终点。现代财政制度的建立不仅需要这一轮的改革，可能还需要一个比较长的或者是相对长的历史阶段。

二、财税体制改革的路径

在中共中央全面深化改革领导小组已经决定的财税改革的方案中，财税体制改革的路径在三个层面上展开，包括现代预算制度、税收制度、中央与地方的财政关系调整，从这三个层面上进行财税改革。路径总体上是通过先行立法、局部试点以及全面推进来实现改革目标和任务。

从先行立法来看，2014 年已经完成了一些比较重大的立法改革步骤，比如，预算法经历四次修订，2014 年 8 月底已经通过了新的预算法修订案；再比如，现在酝酿并准备紧锣密鼓推进的税收征管法修订，会在不久的将来进行审议和通过；正在积极进行组织起草的房地产税法；等等。所以，这一轮改革的路径很重要的特点是立法先行，同时要进行一些试点。比如，在预算法修订案通过了以后，进一步扩大了地方政府发债的试点工作，进一步贯彻修订的立法改革措施。推进营改增改革，由部分行业逐步向更多的行业推进。预算制度改革正在贯彻落实预算法规定的完整性、民主性、透明性原则，推动预算会计改革，将管理会计引入政府会计核算，这都是借鉴国际的通行做法的改革。

三、新常态经济下的财税发展特点

从1994年到2012年的十多年中，财政的税收收入多数年份以明显高于GDP增速的两位数高速增长（见表1），因此，税收收入占GDP比重不断得到提高。1994年税收收入占GDP比重仅为10.64%，到2012年提高到19.4%（见表2）。

表1　1994—2013年税收增长率

年份	税收收入总额（亿元）	税收收入增长（%）
1994	5126.88	—
1995	6038.04	17.77
1996	6909.82	14.44
1997	8234.04	19.16
1998	9262.80	12.49
1999	10682.58	15.33
2000	12581.51	17.78
2001	15301.38	21.62
2002	17636.45	15.26
2003	20017.31	13.50

续表

年份	税收收入总额（亿元）	税收收入增长（%）
2004	24165. 68	20. 72
2005	28778. 54	19. 09
2006	34804. 35	20. 94
2007	45621. 97	31. 08
2008	54223. 79	18. 85
2009	59521. 59	9. 77
2010	73210. 79	22. 99
2011	89720. 31	22. 55
2012	100601. 0	12. 13
2013	110497. 0	9. 84

资料来源：《中国统计年鉴 1994—2013》

表 2　中国宏观税负水平　　单位：亿元

年份	税收总收入	GDP	税收总收入占 GDP 比重（%）	社会保险基金收入	含社保基金收入的税收总收入	含社保基金收入的税收总收入占 GDP 比重（%）
1994	5126. 88	48197. 9	10. 64	742. 00	5868. 88	12. 18
1995	6038. 04	60793. 7	9. 93	1006. 00	7044. 04	11. 59
1996	6909. 82	71176. 6	9. 71	1252. 40	8162. 22	11. 47
1997	8234. 04	78973. 0	10. 43	1458. 20	9692. 24	12. 27

续表

年份	税收总收入	GDP	税收总收入占 GDP 比重（%）	社会保险基金收入	含社保基金收入的税收总收入	含社保基金收入的税收总收入占 GDP 比重（%）
1998	9262.80	84402.3	10.97	1623.10	10885.90	12.90
1999	10682.58	89677.1	11.91	2211.80	12894.38	14.38
2000	12581.51	99214.6	12.68	2644.50	15226.01	15.35
2001	15301.38	109655.2	13.95	3101.90	18403.28	16.78
2002	17636.45	120332.7	14.66	4048.70	21685.15	18.02
2003	20017.31	135822.8	14.74	4882.90	24900.21	18.33
2004	24165.68	159878.3	15.12	5780.30	29945.98	18.73
2005	28778.54	184937.4	15.56	6975.20	35753.74	19.33
2006	34804.35	216314.4	16.09	8643.20	43447.55	20.09
2007	45621.97	265810.3	17.16	10812.30	56434.27	21.23
2008	54223.79	314045.4	17.27	13696.10	67919.89	21.63
2009	59521.59	340902.8	17.46	16115.60	75637.19	22.19
2010	73210.79	401202.0	18.25	18823.00	92033.79	22.94
2011	89720.31	471564.0	19.03	23500.00	113220.31	24.01
2012	100601.0	519332.0	19.4	31411.00	13457.1	25.91
2013	110497.0	568800.0	19.4	34515.56	145012.56	25.49

资料来源：《中国统计年鉴 1994—2013》

在经济转向新常态后，根据十八届三中全会决定，宏观税负将趋于稳定，即不再继续提高税收占GDP的比重。这也就意味着税收的增长速度将告别旧常态经济下的高速增长，转向与GDP增长基本同步的税收平稳增长态势。这一变化将使企业和居民的税收负担得以稳定，并使一些行业的企业税收负担减轻，居民的税收实际负担通过物价的稳定得到实惠。从2013年开始到2014年，税收收入的增长速度开始明显下降。2013年税收增长率已经降到一位数，2014年前三季度税收增长7.4%，与GDP增速基本同步。

四、财税体制改革面临的挑战

当前中国的财税体制改革面临着三个重大挑战：

第一个挑战，部门利益能否突破。2013年财政金库中的沉淀资金在年底前大致在3万多亿元，据媒体报道，财政金库的沉淀资金到9月底已经达到18万多亿元。这些沉淀资金是由于分配方面和制度方面的问题，所以无法及时支出和使用，而存款在政府各类机关事业单位的财政账户里。一方面是财政存在大量赤字，有些地方尤其是基层财政缺资金的问题需要解决；另一方面财政金库还存在大量沉淀资金，这本身就反映了财政分配的不合理和支出结构存在问题。想要重新分配利用好这些资金，就牵扯到一些部门利益的突破和调整，需要通过改革，运用零基预算方法，削减一部分部门和单位的经费规模，将财政资金运用到真正需要的支出方向，为此还需要改革和突破部门利益的勇气、决心和确实行动。

第二个挑战，公共设施投资、公益性投资的供给体制改革。对于地方融资平台改革和处理，在中央高度重视下已经推进得很快。但是在这个过程中，要建立一个新的地方公共设施投资的体制，确实存在很大的挑战，也有很多的制度建设需要解决。财政部现在希望运用PTT模式来解决政府融资问题，但这只能解决部分有现金流回报的项目融资，并不是全部项目的融资。政府对公共设施项目投资体系的建立，以及地方政府债务如何解决的问题依然面临很大的挑战。在新的体制和机制重构过程中，地方政府的投资积极性和经济增长速度显然会受到影响。目前经济增长的下行压力可能与地方政府债务和地方政府融资平台的清理有着一定的关系。下一步的城镇化的推进，主要是地方政府来落实，如果政府投融资体制问题解决不了，地方政府在那里观望和徘徊，会直接影响到城镇化进程的推进，所以这方面财税体制改革的挑战是很严峻的。

第三个挑战，“营改增”。直观上看，“营改增”是营业税改增值税的税制改革问题，但实质上牵涉到中央与地方财政关系的调整和重构，乃至税收征管模式和征管机构变化等体制问题。原来的营业税占地方财政税收的40%~50%，是地方政府的主体税种，“营改增”后地方政府的主体税种将不复存在，如何设立新的地方税主体税种，以及如何处理好中央和地方政府财政关系，如何完善分税制体制，需要统筹策划和安排。再就是税收征管的模式的变化和征管机构的变化。现在现实当中已经出现了大量的新情况。比如，地方税务局由于“营改增”以后把营业税改为增值税的企业户征管业务转给了国税局，国税局的业务量迅速增加，国税局在原有编制和人员不变的情况下如何搞好税收征管，地税局的工作如何与国税局进行衔接，等等。现在有些地方已经在探索国税局与地税局进行业务统一协调和管理的探索，这种探索是否意味着国、地税机构合并的趋势，这种趋势是否可行，会带来什么新问题，都值得观察和研究。这些问题都对下一步的“营改增”向房地产行业、建筑行业、金融行业推进构成很大的挑战。但是我相信，经过一段时间的努力，会找到解决问题的办法，迎接挑战，完成这一轮财税体制改革的艰巨任务。

从战略全局研判中国经济新常态

张占斌　国家行政学院经济学教研部主任

一、中国经济增长新阶段促成经济新常态

习近平总书记提出的“新常态”，其最基本的特征是经济增长速度的转换，这标志着我国经济正在发生阶段性变化，体现了经济中长期潜在增长率有所下降的客观趋势。中国经济过去30多年的年均增长率接近10%，创造了世界经济史上的“中国奇迹”。当前，经济发展的内在支撑条件和外部需求环境都已发生了深刻变化，要求经济增长速度进行“换挡”，要求经济增长目标向合理区间进行“收敛”。中国经济进入新常态主要基于以下几个方面的因素：

第一，全球经济格局深刻调整，外部需求出现常态萎缩。支撑我国30多年经济高速增长的重要因素之一，是因为走的是外向型经济发展道路。但在新的历史发展阶段，尤其是2008年国际金融危机以来，世界经济呈现出“总量需求增长缓慢、经济结构深度调整”的特征，使得我国的外部需求出现常态性萎缩。美欧等经济强国相继提出“再工业化”、“2020战略”、“重生战略”等措施，贸易保护主义纷纷抬头，而发展中

国家都在努力调整发展模式，加快发展具有比较优势的产业，使得支撑中国经济高速增长的外需环境已不复存在。

经济学链接

贸易保护主义

贸易保护主义（Trade Protectionism）是指在对外贸易中实行限制进口以保护本国商品在国内市场免受外国商品竞争，并向本国商品提供各种优惠以增强其国际竞争力的主张与政策。在限制进口方面，贸易保护主义主要是采取关税壁垒和非关税壁垒两种措施。前者主要是通过征收高额进口关税阻止外国商品的大量进口；后者则包括采取进口许可证制、进口配额制等一系列非关税措施来限制外国商品自由进口。

第二，创新驱动竞争更为激烈，产业结构转型升级滞后。当前，正面临着第三次工业革命，主要发达国家纷纷加快新兴产业建设，力图抢占未来科技创新和产业发展的制高点，这些新挑战倒逼我国的经济发展方式要加快向创新驱动型转换。但我国过度行政化的科技资源配置方式，导致科技资源浪费严重，很多产业竞争力不强、核心技术受制于他人，仍然是不争的事实，需要主动放慢经济增长速度，为创新驱动经济转型升级腾出空间、留出时间。

第三，传统人口红利逐渐减少，资源环境约束正在加强。我国的经济增长结构正在发生历史性变化。目前，东部发达地区的劳动力供给短缺情况更加明显，“刘易斯拐点”正在到来，带动外向型经济的传统人口红利正在逐步减弱。与此相对应的是，我国过度依靠投资和外需的经济增长模式，已使得能源、资源、环境的制约影响越来越明显，重要矿产资源的对外依存度在不断提高，生态环境压力在不断加大，要素的边际供给增量已难以支撑传统的经济高速发展路子，这也在客观上促使中国经济逐步回落到一个新的平稳增长区间。

经济学链接

刘易斯拐点

刘易斯拐点（Lewis Turning Point）即劳动力过剩向短缺的转折点。具体来讲，是指在工业化过程中，随着农村富余劳动力向非农产业的逐步转移，农村富余劳动力逐渐减少，最终达到瓶颈状态。这一观点由诺贝尔经济学奖得主刘易斯在人口流动模型理论中提出。刘易斯指出：经济发展过程是现代工业部门相对传统农业部门的扩张过程，这一扩张过程将一直持续到把沉积在传统农业部门中的剩余劳动力全部转移干净，直至出现一个城乡一体化的劳动力市场时为止，此时传统部门与现代部门的边际产品相等，二元经济完全消解，经济开始进入新古典主义体系所说的一元经济状态。此时劳动力市场上的工资，便是按新古典学派的方法确定的均衡的实际工资。

第四，面临跨越“中等收入陷阱”挑战，改革红利有待强力释放。2013 年，我国人均 GDP 超过 6000 美元，已进入上中等收入国家行列。当前正处于能否跨越“中等收入陷阱”的关键历史阶段，今后必须逐步调整高速增长的经济发展模式，寻求新的增长动力，保障和改善民生，实现改革与发展红利的全民共享。

二、新常态经济是全方位转型升级的经济

从整体上看，新常态经济包含着经济增长速度转换、产业结构调整、经济增长动力变化、资源配置方式转换、经济福祉包容共享等全方位转

型升级在内的丰富内涵和特征。

第一，增长速度由高速向中高速转换。从近10年来看：2003～2007年，我国经济连续五年保持两位数的高速增长，2008年受国际金融危机影响回落到一位数增长，而2012年和2013年进一步回落到7.7%的年增长率。根据国家统计局最近公布的数据，2014年上半年GDP同比增长7.4%，经济增速进一步呈现出回稳态势。经济增速回落是一个经济体达到中等收入水平之后的普遍规律。第二次世界大战后的日本、德国、韩国等一些成功追赶型国家，在20世纪六七十年代经历了高速增长，随后都出现了增速的回落。因此，必须理性对待经济速度的“换挡期”，用“平常心”对待中高速增长新常态。

第二，产业结构由中低端向中高端转换。改革开放以来，我国的产业结构主要位于全球价值链的中低端，比较利益较低。2013年，我国第三产业增加值占GDP比重达46.1%，首次超过第二产业，2014年上半年，这一比例攀升至46.6%，出现很好的结构优化迹象。十八大以来已陆续出台了一系列措施，为加快实现健康中国、养老中国、宽带中国等目标提供了有力的政策保障。通过大力推动战略性新兴产业、先进制造业等产业的发展，优先发展生产性服务业，逐步化解产能过剩风险等举措，将进一步提升我国产业在全球价值链中的地位，打造“中国效益”。

第三，增长动力由要素驱动向创新驱动转换。过去30多年我国走的是高投入、高消耗、高污染、低产出的经济发展路子，目前依靠要素驱动的经济高速增长模式已难以为继。面对世界科技创新和产业革命的新一轮浪潮，面对企业主动转型、创新意愿的明显加强，我国经济增长的动力正逐步发生转换。统计数据表明，2013年我国全要素生产率水平是

1978年的近3倍，正是由体制改革、技术进步、结构优化等因素综合作用的结果。我国经济正逐步转换增长动力，逐渐转入创新驱动型的新常态经济，打造“中国质量”，真正实现增长速度“下台阶”，增长质量“上台阶”。

第四，资源配置由市场起基础性作用向起决定性作用转换。十八届三中全会《决定》提出“使市场在资源配置中起决定性作用”，体现了党对市场经济规律认识的一次质的升华。在市场起决定性作用的新常态下，政府不搞强刺激、大调整，主要通过转变职能、简政放权、减税让利等途径，将资源配置的决定权限交给市场，不断增强经济内生动力，并通过区间调控、定向调控等方式来弥补“市场失灵”。

经济学链接

市场失灵

市场失灵（Market Failures）是指市场无法有效率分配商品和劳务的情况。这一概念通常用于无效率状况特别重大时，或非市场机构较为有效率且创造财富的能力较私人选择为佳时。另一方面，市场失灵也通常被用于描述市场力量无法满足公共利益的状况。综上所述，市场失灵的两个主要原因：一是成本或利润价格的传达不适切，进而影响个体经济市场决策机制；二是欠佳的市场结构。

第五，经济福祉由非均衡型向包容共享型转换。近年来，我国农村居民收入增速快于城镇居民，城乡收入差距缩小态势开始显现，居民收入占国民收入比重有所提高，收入分配制度改革取得新的进展。随着我国新型城镇化和新农村建设的加快推进，由城乡二元结构向一元结构转型，以工促农、以城带乡、工农互惠、城乡一体的新型工农城乡关系正在加快形成。此外，区域增长格局与协调发展正发生重大而可喜的变化。新常态下，经济福祉逐步走向包容共享型将是长期趋势。

三、以全面深化改革促进中国经济形成新常态

推动中国经济实现新常态不是一件容易的事情，更不是自然而然就能够实现的，必须经过艰苦的努力奋斗才有可能实现。未来一段时期，我们必须坚持稳中求进的工作总基调，积极适应新常态，既要保持战略上的平常心态，稳妥应对各种不确定性因素带来的冲击，又要在战术上主动作为。要突出全面深化改革的重要作用，遵循好经济规律、社会规律和自然规律这“三大规律”，实现经济的科学发展，自然的可持续发展，社会的包容性发展，积极释放“中国红利”，促进经济进入7.5%左右的平稳增长期。

第一，大力实施简政放权，实现市场起决定性作用新常态。新常态下，一是要深入推进行政审批制度改革，积极建立第三方评估长效机制，把那些含金量高的、管用的审批事项彻底放给市场和企业；二是要强化政府服务管理职能，加强事中事后监管，不断创新监管和服务方式，逐步转变服务管理方式、提高服务管理效能；三是要基本完成省市县政府机构改革，推进机构编制结构优化；四是要继续推进事业单位分类改革，逐步建立政府购买服务机制，推动基本公共服务实现社会化、市场化。

第二，推进结构性改革，保持经济平稳增长新常态。新常态下，经济增速是“换挡”而不是“失速”，经济发展仍需保持合理增长速度，

因为发展仍是解决中国一切问题的关键。2014 年上半年的经济数据显示我国经济运行面临较大下行压力，面临较大经济运行风险。对此，一是要推进需求结构改革，尤其要积极寻求新的消费热点和增长点；二是推进城乡结构改革，积极推进新型城镇化，构建城乡发展一体化体制机制；三是推进区域结构改革，稳住东部沿海发达地区的经济规模，避免经济出现“失速”；四是推进产业结构改革，构建创新驱动产业升级机制；五是推动收入分配结构改革，努力保障和改善民生。

第三，以全球视野谋划和推动创新，实现创新驱动经济新常态。新常态经济是创新驱动型的经济，必须将提升科技创新能力和应用转化能力放在促进形成新常态经济的核心位置。要坚持走中国特色自主创新道路，以全球视野谋划和推动创新，积极培育壮大新产品、新业态。要深化科技和教育体制改革，着力构建以企业为主体、市场为导向、产学研相结合的国家创新体系；要完善知识创新体系，强化基础研究、前沿技术研究、社会公益技术研究，提高研究水平和成果转化能力；要积极化解各种经济运行风险，走创新驱动和内生增长之路，努力形成“人人创新”的新局面。

第四，深化财政金融改革，支撑产业迈向中高端新常态。新常态经济是产业结构处于中高端的经济，要求有健全的财税金融体制做支撑。从财税体制改革层面看，要加快“营改增”改革，进一步加大对生产性服务业的财税支持力度。从金融体制改革层面看，要继续推进利率市场化改革，逐步拓宽金融机构负债产品市场化定价范围，使金融产品真正服务于实体经济的发展。要逐步稳步推进由民间资本发起设立中小型银行等金融机构的改革。

经济学链接

“营改增”

“营改增”即营业税改增值税。2011 年，经国务院批准，财政部、国家税务总局联合下发营业税改增值税试点方案。从 2012 年 1 月 1 日起，在上海交通运输业和部分现代服务业开展营业税改征增值税试点。至此货物劳务税收制度的改革拉开序幕。自 2012 年 8 月 1 日起至 2012 年年底，国务院将扩大营改增试点至 10 省市。截至 2013 年 8 月 1 日，“营改增”范围已推广到全国试行。国务院总理李克强于 2013 年 12 月 4 日主持召开国务院常务会议，决定从 2014 年 1 月 1 日起，将铁路运输和邮政服务业纳入营业税改征增值税试点，至此交通运输业已全部纳入“营改增”范围。自 2014 年 6 月 1 日起，又将电信业纳入营业税改征增值税试点范围。

第五，保障和改善民生，实现城乡人民共享改革红利新常态。要加强农村地权制度的建立，深化户籍制度改革，加大教育体制、卫生医疗体制、养老服务体制等改革的力度，积极稳妥推进新型城镇化建设，进一步实施区域协调发展战略，加快从城乡二元结构向一元结构转换；要深入实施大气污染防治行动；要创新宏观调控方式和加快发展服务业，支持小微企业发展，力争就业增速稳中有进、就业质量稳中提高。

中国经济新常态的内涵与战略取向

赵凌云　湖北省委政研室（省改革办）主任
夏　梁　湖北省社会科学院经济研究所助理研究员

正确理解中国经济新常态的基本内涵，准确把握新常态下中国经济发展的战略取向，有利于在新的历史阶段系统把握宏观经济政策的方向、重点和方式，在理论研究和政策制定上都有十分重要的意义。我们从经济发展史、世界经济格局调整和经济发展的使命三维角度来理解中国经济新常态的内涵，并在此基础上分析认为中国经济新常态应注重五大发展战略取向。

一、从经济发展史角度看，新常态是新中国成立后中国经济现代化的第三个台阶

实现经济现代化始终是新中国追求的目标。新中国成立以来，中国经济现代化发展已历经两个重要的历史性台阶。

第一个台阶是打基础阶段。从 1949 年开始，新中国在经济基础几乎一穷二白的基础上，经过社会主义三大改造、三次大规模技术引进和五个五年计划（其中第五个五年计划为 1976—1980 年）建设，建立了较

为完整的国民经济体系。第二个台阶是量的扩张。从1978年开始，由于在建设社会主义的探索阶段出现“大跃进”、“文革”等严重失误，中国经济再一次濒临崩溃的边缘，改革开放的正确抉择使中国经济迅速增长，目前已经成为世界第二大经济体。与前两个经济现代化发展的历史起点不同，当前中国经济现代化发展是建立在国民经济体系完备、基本完成量的扩张基础上，之所以将新常态视为第三个经济现代化发展的历史阶段，是因为中国经济出现了新历史转折点。

第一，经济潜在增长率出现拐点。从现实来看，中国经济发展新形态的出现符合经济潜在增长率下行的要求。一个经济体的增长速度，受到潜在增长率的制约。潜在增长率是一种增长的可能性，而经济体制、经济政策、宏观调控就是把这种可能性变为现实性。经济潜在增长率是指一国（或地区）在一定时期内，在既定的技术和资源（劳动力、资本）条件下，在充分就业和不出现严重通货膨胀的情况下，各种资源最优配置所能达到的最高经济增长率。经济潜在增长率主要由劳动、资本和全要素生产率等因素决定，其中任何一种因素的趋势性变化，都会引起经济发展的长期趋势变化。宏观经济政策与调控的重要任务是尽可能实现潜在增长率，同时，当潜在增长率下降时，尽可能顺应其趋势，降低发展速度目标，以体制优化、结构变迁和质效提升维持一定的潜在增长率。

在成长过程中，任何经济体的潜在增长率在维持一定时间后都会下降，中国也不例外。据测算，中国过去35年来的潜在增长率约为10%，所以一旦经济增长率超过10%，就会出现过热症状。

进入21世纪，特别是2012年以来，伴随经济发展新的阶段性特征的形成，决定潜在增长率的要素开始出现变化，导致中国经济潜在增长率开始下降。

经济学链接

经济潜在增长率

经济潜在增长率（Potential Economic Growth Rate）指一国（或地区）在一定时期内，在既定的技术和资源的条件下，在充分就业和不出现严重通货膨胀的情况下，各种资源最优配置所能达到的最高经济增长率。经济潜在增长率主要由劳动、资本和全要素生产率等因素决定，其中任何一种因素的趋势性变化，都会引起经济发展的长期趋势波动。宏观经济政策与调控的重要任务是尽可能实现潜在增长率，同时，当潜在增长率下降时，尽可能顺应其趋势，降低发展速度目标，以体制优化、结构变迁和质效提升维持一定的潜在增长率。

一是劳动力供给增长放缓。进入21世纪，中国进入老龄化社会，人口结构发生变化，劳动力供求关系开始逆转。2011～2020年就业年均增速将比前期下降0.9个百分点，拉动经济增长率下降约0.4个百分点。预计中国劳动年龄人口于2016年达到峰值，之后逐渐下降，到2020年将下降至9.87亿人。人口与劳动力红利正在趋向消失。城镇化加速推进所释放的农村富余劳动力和劳动力素质的提高，难以弥补劳动力人数下降对经济增长造成的负面影响。

二是储蓄率有所下降。过去35年的经济增长，依靠高储蓄率支撑。当前，由于老龄化进程加快，人口抚养比快速上升，储蓄率开始下降。据测算，人口抚养比每上升1个百分点，储蓄率将下降0.8个百分点。2011～2020年，人口结构变化将带动储蓄率下降2.8个百分点。

三是土地、环境约束加大。低土地成本和低环境成本的发展时代已经过去。2003～2012年，国有土地供应年均增长10.2%，高于经济增长速度。当前和今后，土地供应约束日益趋紧，环境恶化趋势尚未有效遏制，生态空间对发展约束加大。

四是国际市场红利衰减。改革开放30多年以来，中国抓住了全球产业分工调整的重大机遇，获取了国际市场红利，尤其是2001年加入世界贸易组织之后，对外贸易成为经济高速增长的重要动力。2014年，外贸依存度已接近大国经济发展的极限，继续上升的空间有限。特别是美国主导了跨太平洋伙伴关系协议，试图通过一套新的规则挤压中国的市场，加上发达国家加紧实施内外经济平衡战略，未来出口对经济增长拉动作用将逐渐递减。

五是全要素生产率难以大幅度提高。首先，短时期内技术水平难有大的突破和提高。其次，劳动力再配置效应有所减弱，劳动力从农业向工业转移开始减速。最后，市场化改革的制度效应减弱。低投入、低成本、高效益的改革基本完成，当前和今后的改革领域都是硬骨头，都伴随高成本、高风险，市场化改革对经济增长的拉动作用有所减弱。

综上所述，中国的潜在增长率将逐渐下降。但是，由于中国正处于起飞阶段和工业化的中后期，城镇化率刚过50%，服务业比重不到50%，中国经济的增长仍然有很大空间，潜在增长率不会大幅下降。多数学者认为，2011—2015年，中国经济的潜在增长率在8%～9%，2015—2020年将下降到7%～8%。中央政府提出7.5%的中间线，也是与潜在增长率的变化相联系，所以说是正常的、长期的。

经济学链接

城镇化率

城镇化率（Urbanization Rate），又称城市化率、城市化度、城市化水平、城市化指标，是一国或地区经济发展的风向标，也是衡量一国或地区社会组织程度和管理水平的重要标志。城镇化率通常用市人口和镇驻地聚集区人口占全部人口的百分比来表示，用于反映人口向城市聚集的过程和聚集程度。我国人口城镇化率的统计方法，是以2010年全国第六次人口普查得到的城镇化率为基础，以每年的人口与城镇化抽样调查结果进行推算的。

第二，经济增长积聚的新老矛盾正处于爆发的临界点。经过改革开放30多年来的高速发展，中国经济积聚了许多新老矛盾。习近平总书记在十八届三中全会《决定》中提到：当前，国内外环境都在发生极为广泛而深刻的变化，我国发展面临一系列突出矛盾和挑战，前进道路上还有不少困难和问题。比较突出的如发展中的不平衡、不协调、不可持续问题，产能过剩，结构失衡，出口竞争力下降、内生动力不足、产业结构升级乏力、经济增速放缓等问题，这些老问题再加上新的挑战，如人口红利消失、国际金融危机、债务危机、第三次技术革命等，新老矛盾的交织使中国经济的发展处于爆发的临界点，任何一个大的矛盾处理不好，都有可能引起整个国民经济的衰退，甚至引发一系列严重的社会问题。在这个临界点上，如同处于新中国成立初期、改革开放初期的矛盾临界点，是挑战的同时也是扬弃的机遇。

经济学链接

内生动力

内生动力（Endogenetic Impetus）在经济增长中一般来源于扩大内需拉动为主导的发展模式。宏观经济学认为拉动经济增长的“三驾马车”之说：就是消费、投资、出口。只有转变经济发展方式，大力发展中小城市，调整城乡结构，把城镇化作为扩大消费的重点；提高劳动所得的比重，调整收入分配结构；并积极鼓励创业，扶持中小企业，大力发展现代服务业，扩大中等收入者比重，增加老百姓的财富，从投资依赖转向消费支撑，构建消费支撑型发展模式，扩大内需，经济增长才会有不竭的内生动力。

第三，经济发展的主要特征发生不可逆转的趋势性变化。从当前中央有关经济新常态的表述中可以看出，新常态是中国经济发展新趋势的重大战略判断，具有明显的阶段性特征，可总结为“中高速、优结构、新动力、重改革、精调控和多挑战”六大特征。“中高速”即经济增长由高速向中高速换挡成为新常态；“优结构”即结构不断优化升级成为新常态；“重改革”即全面深化改革和资源配置机制市场化成为常态，“精调控”即宏观调控理念和方式创新成为新常态，“多挑战”即面对国内外复杂形势的严峻挑战成为新常态。这六个特征与 1949—1978 年、1978—2008 年两个历史阶段的经济发展特征明显不同，是经济发展进入更高阶段的具体表现。这六个特征已逐渐成为一种常态，说明中国经济的运行正发生不可逆转的趋势性变化，也就意味着中国经济发展站在了一个新的历史起点上。

二、从国际经济变迁角度看，新常态是世界经济发展格局深刻调整的一部分

从某种意义上来说，2008 年国际金融危机以来世界经济已经开始呈现出“新常态”，世界经济格局正在发生深刻调整。事实上，“新常态”一词源于 2009 年美国投资界对金融危机后经济增长低于平均水平的描述，最早由美国太平洋基金管理公司总裁埃里安提出，意指国际金融危机后世界经济缓慢而痛苦的低增长过程，可概括为“一低两高”，即低增长、高失业、高债务。中国经济发展“新常态”的出现，同西方国家的“新常态”有很大的不同。首先，中国经济发展“新常态”，是中国经济发展进入新阶段的标志，而不是由国际金融危机所造成。其次，这种“新常态”的出现，始终处于国家宏观经济政策许可的正常运行区间，从根本上有利于全面深化改革，有利于中国经济发展转型升级。中国“新常态”虽然也反映出经济增速从高速向中高速的变轨，但我们容忍经济增速的下降，目的是给经济结构改革预留足够的时间和空间，是主动的适应和调整，显然主动优于被动。

第一，中国经济新常态下的增速换挡有国际需求下降的影响。2013 年，美国经济增长率是 1.9%，2014 年预期的经济增长率是 2.1%，有所增长，但是与它长期经济增长在 3 个百分点相比目前还没达到正常水平。欧洲的情形也不乐观，2012 年经济第二次出现负增长，2013 年是 -0.4%，2014 年原来预计会好一点，但上半年情形不好，所以很可能欧洲 2014 年的增长率在 1% 以下。日本的情形一直不好，从 1991 年一直陷入到 20 年不增长的低迷中。安倍晋三上台以后，想恢复日本经济，但实际上 2013 年

日本经济增长率是1.5%，预计2014年的经济增长率只有1.3%。美日欧三大发达经济体集体衰退，失业率高企，导致中国外需下降明显。据海关统计，2014年上半年，我国进出口总值12.4万亿元人民币，比去年同期（下同）下降0.9%。其中，出口6.5万亿元，下降1.2%；进口5.9万亿元，下降0.6%；贸易顺差6306.1亿元，下降6.5%。由于2013年中国经济对外贸易依存度仍达46%，远高于美国、日本等国，所以中国经济新常态下的增速换挡受国际需求下降的影响比较明显。

第二，中国经济新常态下的产业结构调整是世界第三次产业转移的一部分。第二次世界大战后，全球范围内较大规模的产业转移发生了三次：第一次在20世纪50年代，美国将钢铁、纺织等传统产业向日本、联邦德国等地区转移；第二次在20世纪60～70年代，日本、联邦德国向“亚洲四小龙”和部分拉美国家转移轻工、纺织等劳动密集型加工产业；第三次在20世纪80年代，欧美日等发达国家和“亚洲四小龙”等新兴工业化国家（地区）把劳动密集型产业和低技术型产业向发展中国家转移，特别是向中国内地转移。而第四次产业转移与前三次不同，一方面，劳动密集型的以出口或代工为主的中小制造企业由中国向越南、缅甸、印度、印尼等劳动力、资源等更低廉的新兴发展中国家转移，或者由中国沿海地区向中国中西部地区转移；而同时也有一部分高端制造业在美国、欧洲等发达国家“再工业化”战略的引导下回流。在新常态下，中国将深刻融入第四次产业转移当中，在国际产业链的分工当中重新布局。第三，中国经济新常态与世界经济变化趋势基本保持一致。根据林毅夫对新常态的解读：2010年一季度以来，中国经济增长速度下滑，主要不是内部结构性原因，是外部国际转型的结果。因为从2010年中国经济增速是10.4%，2011年是9.3%，2012年是7.7%，2013年也是7.7%，确实是不断下滑。与其他发展中国家相比，2011年平均增速是10.1%，2012年是5.3%，2013年是4.9%，下滑幅度比中国大。比如，巴西2010年增长速度是7.5%，2011年只剩下2.7%，2012年仅为0.9%，2013年只有2.2%。不仅新兴市场经济体、发展中国家，一些高增长国家增速也在下降。韩国2010年增长速度是6.3%，2013年只有2.8%；新加坡2010年是14.8%，2011年只剩下5%，2012年仅为1.3%，2013年为3.7%。这些国家在同一个时间，经济增长的总态势是一样的，只能说一定有共同的外部原因。

三、从历史使命看，新常态是跨越“中等收入陷阱”重大战略机遇期

如果说1949—1978年中国打下了经济发展的基础，1978年至今实现了经济总量的飞跃，人均收入达到中等收入水平，表明中国已经成功跨越了“低水平均衡陷阱”或者说“马尔萨斯陷阱”，那么经济新常态的发展阶段将是中国跨越“中等收入陷阱”的重大战略机遇期。

经济学链接

低水平均衡陷阱

低水平均衡陷阱（Low Level Equilibrium Trap）是美国经济学家纳尔森于1956年以马尔萨斯理论为基础，说明发展中国家存在低水平人均收入反复轮回的现象。不发达国家的人均收入水平低下，死亡率高，人口增长缓慢，与此同时收入水平降低居民储蓄。如果以增大国民收入来提高储蓄和投资，又会导致人口增长，从而将人均收入拉回到较低的水平，这就是一些发展中国家难以逾越的“低水平均衡陷阱”。

经济学链接

马尔萨斯陷阱

马尔萨斯陷阱(Malthus Trap)是指人口不能超出相应的农业发展水平的理论。在工业革命之后,西方人口的高出生率、高死亡率、低增长率就逐步被低出生率、低死亡率、低增长率趋势所取代。马尔萨斯认为战争、饥荒和瘟疫都是促使人口下降到与生存资料生产水平相适应的道路,也就是说,人口数量要在某种方式和程度上与农业发展成比例。对此,有人还认为人口增长是按照几何级数增长的,而生存资料仅仅是按照算术级数增长的,多增加的人口总是要以某种方式被消灭掉。

跨越“中等收入陷阱”是经济新常态的历史使命。新常态是中国经济发展的趋势性变化,由于经济增速换挡,当前国际上一些投资者、企业家、政治家等各界人士对中国还能不能继续保持增长,即中国能否跨越“中等收入陷阱”产生疑虑,甚至再度出现“中国经济崩溃论”。“中等收入陷阱”的本质是福利陷阱。当一个国家进入中等收入水平之后,由于劳动力、土地等要素成本上升,汇率升值,支撑经济发展原有的比较优势开始丧失,而同时由于自身没有高科技优势,创新能力又不足以与发达国家竞争,出现“高不成,低不就”,因而导致竞争力丧失、产业开始转移、经济开始空心化。这样,一方面因为劳动力供给减少、工资福利快速上涨;另一方面由于生产力提高速度下降,导致收入增长快于生产力的提高速度,就有可能出现“中等收入陷阱”。

在新常态下,中国由于一方面经济增长速度下降,另一方面,工资福利增长率快速上升,因而就很可能进入“中等收入陷阱”。据国家统计局统计,2013 年全国城镇私营单位就业人员年平均工资同比实际增长 10.9%，涨幅超过了劳动率增幅和通货膨胀率，导致一些外企纷纷向生产成本更低的地区转移。在新常态下，这一趋势很可能继续保持，如果不能通过转方式、调结构，寻找新的发展动力，中国就难以跳出“中等收入陷阱”。所以说，跨越“中等收入陷阱”是经济新常态的历史使命。

经济新常态可以成为跨越“中等收入陷阱”的重大战略机遇期。经济新常态的主要任务是支持中国经济跨越“中等收入陷阱”，实现“两个百年”目标的需要。中国当前最大的问题不是经济增长减速的问题，更可能是如何跨越“中等收入陷阱”的问题。据国家统计局 2014 年上半年统计，中国已经进入中高收入国家行列，人均 GDP 超过 7000 美元，上海等沿海局部地区已经是高收入水平，人均 GDP 超过 10000 美元。尽管如此，“中等收入陷阱”仍近在咫尺。以菲律宾为例，它作为第二次世界大战后亚洲最发达的国家，没有成功跨越“中等收入陷阱”。后来，日本、“亚洲四小龙”、中国、越南、马来西亚等国家和地区都超过菲律宾。所以，尽管中国现在已经进入中高收入国家的行列，但要想跨越“中等收入陷阱”，进入高收入国家行列，将会面临巨大挑战。过去中国的发展主要依靠投资、生产要素成本优势、土地、破坏环境、财政，如果继续沿用以前的发展方式，不可能跨越“中等收入陷阱”。中国要跨越“中等收入陷阱”，就必须适应新常态。在新常态下，中国可以维持 7.5% 的速度，实现 2020 年比 2010 年 GDP 翻一番，支撑中央提出的“两个一百年”目标。

经济学链接

亚洲四小龙

亚洲四小龙（Four Asian Tigers）是指从20世纪60年代开始，中国香港、中国台湾和新加坡、韩国，推行出口导向型战略，重点发展劳动密集型的加工产业，在短时间内实现了经济的腾飞，一跃成为全亚洲发达富裕的地区。“亚洲四小龙”的发展历程，后来被亚洲许多国家借鉴。

四、中国经济新常态的发展战略取向

中国经济新常态的内涵十分丰富，对国家宏观经济的运行和发展趋势具有很强的指导作用。在此情形下，准确把握中国经济新常态的战略取向，使新常态对下一步经济政策走向的指导更加具体化，具有十分重要的意义。根据上述分析，中国经济新常态的战略取向应该放在新中国成立以来整个经济发展史、国际经济格局深刻调整和其应该完成的历史使命中来决定，总体来说，中国经济新常态应坚持五大战略取向。

1. 发展速度上以有质量的增长为战略取向

经济发展的速度、效益与质量及三者之间的关系，始终是宏观经济运行需要优先考虑的问题，像中国这样的大国尤其如此。总的思路应该是处理好提高总量与提升质效之间的平衡关系，做到速效兼取，质量优先。发展不够、发展不优仍然是中国最大的国情，扩大总量、提质增效仍然是中国面临的根本任务。

进入新常态后，中国仍然要坚持总量、质量双上台阶，不能动摇，不能偏废。总量上台阶，就是在较长时期继续保持一定的增速，争取总量稳步增长，并向更高层级迈进。质量上台阶，就是加快转方式、调结构，提高经济发展的质量和效益。要正确处理“上总量”与“转方式、调结构”的关系。以“上总量”为现实基础，在做大底盘中推动“转方式、调结构”；以“转方式、调结构”为主攻方向，在提质增效中促进“总量”。

经济新常态的最主要特征之一是速度换挡，由高速向中高速、中速转换。有些人因此认为经济增长速度不再重要。但这其实是非常危险的。因为中国社会主义初级阶段的基本国情、人民日益增长的物质文化需要同落后的社会生产之间的主要矛盾、发展中国家的国际地位“三个都没有变”，必须紧紧围绕经济建设这个中心，抓住发展这个第一要务。中国是一个人口众多的大国，不保持一定的经济增速，很多问题就难以解决，特别是就业问题。中国经济增长速度低于7%，经济就有可能停滞，因为中国GDP的基数小，人口多，消耗也多，6%的增长很可能被消耗掉了，没有增长。所以，必须仍然要保持7%左右的增长速度，因为这是一个保就业的增长速度。

李克强总理2013年在给全国总工会作报告时指出，为什么要强调一点速度呢？因为不强调不行，没有就业。按照工业化的经验估计，GDP一个点的增长率可以拉动100多万人就业，所以，以前中国每年可以增加1000多万人就业，就是靠年均10%左右的增长率保证的。现在中国每年差不多也要解决1000万人左右的就业，包括大学生、军转干部等。而现在中国的经济结构开始变化，服务业增长迅速，而服务业每增长一个点，可以增加就业150万人。所以，现在如果按每年需要解决1000万新增就业人口来计算，维持7.5%的增长速度刚好可以实现。低于7.5%，则难以吸纳新增就业人口。这是中央很明确的一个指导思想。

但是，经济发展不是短跑，而是没有终点的长跑，要有一定的速度，但更重要的是看耐力和后劲①。所以要全面认识持续健康发展和生产总值增长的关系，防止把发展简单化为增加GDP，要切实把发展的立足点转到提高质量和效益上来，转变经济发展方式，调整经济结构，推进改革创新，释放内需潜力、创新动力、市场活力。习近平指出：“各级都要追求实实在在、没有水分的生产总值，追求有效益、有质量、可持续的经济发展。”所以，要持续推进简政放权，有序推进非基本公共服务、资源、环保等价格改革；瞄准群众急需、迟早要干的水利、环保、信息网络等薄弱环节，加大投资力度，推广项目融资、特许经营等模式，鼓励社会投资；完善促进消费政策，提高居民收入，扩大消费需求；以结构性改革推动结构调整，更好支持“三农”、小微企业、新产业特别是以互联网为基础的新业态成长；用好用活财政货币政策，适时适度运用定向举措，推进普遍性降费，支持实体经济，缓解“融资贵、融资难”；研究出台扩大开放、培育外贸竞争新优势的措施。

2. 发展方式上以遵循客观规律的科学发展战略为取向

转方式、调结构是当前中国经济发展迫切需要解决的问题。在新常态下，应该采用什么样的发展方式？2014年7月29日，习近平在中央政治局会议上对此做出回答：“发展必须是遵循经济规律的科学发展，必须是遵循自然规律的可持续发展，必须是遵循社会规律的包容性发

① 李克强：《在中欧论坛汉堡峰会上的主旨演讲》，载《人民日报》，2014-10-12.

展。”经济规律、自然规律和社会规律都是客观存在的规律，中国当前经济发展中产生各种问题，正是因为对这些客观规律或者认识不清、或者遵循不力而造成的。因此，新常态下的发展方式，必须以符合经济规律、自然规律和社会规律为战略取向。

发展必须是遵循经济规律的科学发展，瞄准的主要是市场经济体制不完善的问题。市场是配置资源的最有效方式，建立完善的社会主义市场经济体制是实现科学发展的前提。

发展必须是遵循自然规律的可持续发展，瞄准的主要是生态环境问题，即发展必须重视生态文明。30 多年前人们“盼温饱”，现在“盼环保”；30 多年前人们“求生存”，现在“求生态”。这反映出随着经济发展进入新的历史阶段后，人民对生活品质的要求越来越高，而青山绿水、蓝天白云、新鲜的空气等良好的生态环境将成为一种本能的需求。建设生态文明本身蕴含着巨大的商机，是推动经济发展的重大契机。遵循自然规律的可持续发展，既可以降低经济发展的成本，也可以抓住新的经济增长点。

发展必须是遵循社会规律的包容性发展，瞄准的主要是收入分配等社会问题。发展本身不是目的，而是手段。不能惠及全体人民的发展是没有意义的发展，甚至发展到一定阶段会带来严重的问题。因此，必须统筹经济社会发展，做到以人为本。

但是，中国这样一个人口众多、社会各阶层利益诉求复杂的大国，必须注意效率与公平的关系。库兹涅茨曲线表明，人均财富增长与人均财富分配二者关系遵循倒 U 形曲线规律，当进入中等收入阶段后，一个国家开始进入利益分配矛盾不断加剧、收入分化加速的时期。但是，倒 U 形曲线的拐点不一定会自动出现，即在收入差距扩大化后，此差距不会在不施加任何人为作用的情况下自动缩小。因此，新常态下政府必须采取相应的缩小收入差距的措施，如政治变革、制度调整、财政税率的变化等。

3. 发展动力上以提高全要素生产率为战略取向

全要素生产率（TFP）是指扣除资本投入贡献率和劳动力投入贡献率之后的所有其他要素贡献率的总和。在全要素生产率中，既包括技术发明和工艺改进，也包括体制机制的进步和管理、模式的进步等。根据经济增长理论，经济增长既依靠资本、劳动的投入，更依靠全要素生产率的提高。经验研究表明，美国经济增长的全要素生产率贡献达到70%以上，对外技术依存度只有5%，而中国经济增长的全要素生产率贡献率只有39%，对外技术依存度达到50%，一些行业甚至达到80%以上。

经济学链接

全要素生产率

全要素生产率（Total Factor Productivity，TFP）指“生产活动在一定时间内的效率”，是衡量单位总投入的总产量的生产率指标，即总产量与全部要素投入量之比。这一概念最早由美国经济学家罗伯特·索罗提出。全要素生产率的增长率常常被视为科技进步的指标。其来源包括技术进步、组织创新、专业化和生产创新等。产出增长率超出要素投入增长率的部分为全要素生产率。

可以说，中国改革开放以来的经济增长主要是靠劳动力、土地等低要素成本和大量投资所驱动，当要素成本上升和投资的边际效率越来越低时，必须将经济发展的动力转移到全要素生产率的提高上，真正建立起创新驱动型经济。

创新驱动型增长有利于消除经济发展中普遍存在的资源日趋稀缺、要素报酬递减等制约因素，从而为经济持续稳定增长提供可能。创新，包括科技创新、体制创新、管理创新、市场创新乃至模式创新等多个领域，其中科技创新对于经济社会发展的推动、支撑和引领作用则尤为显要。

当前，世界科技正处在第三次产业革命的前夕，科学技术领域正在孕育新一轮突破的巨大能量，将会推动更多产业发生重大变革。云计算、大数据、能源互联网、泛在智能网、药物基因组学、生物器件制造、新一代智能材料等一系列技术突破，正在改变现有的全球产业格局和资源配置方式。我们必须紧紧抓住和用好新一轮科技革命和产业变革的机遇，大力发展高新技术产业和战略性新兴产业集群，尽快改变我国产业处于全球价值链低端的状况，全力构建新的产业价值链。作为企业，必须主动应对新一轮科技革命，通过技术创新、产品创新和商业模式创新，加快转型升级，打造竞争新优势。加快实现由“中国制造”向“中国创造”、“中国服务”乃至“中国品牌”的转变。同时，随着科技的发展，在新技术的改造和提升下，传统制造技术也在发生质的变化，传统产业仍可被赋予新的活力，成为优势产业，从而进入新一轮生命周期。在经济转型过程中，必须注重运用高新技术改造提升传统产业，将先进的管理理念和方法植入传统产业，千方百计做精做大做强传统产业，实现传统产业转型升级。

经济学链接

全球价值链

全球价值链（Global Value Chain）是指为实现商品或服务价值而连接生产、销售、回收处理等过程的全球性跨企业网络组织，涉及从原料采购和运输，半成品和成品的生产和分销，直至最终消费和回收处理的整个过程。它包括所有参与者和生产销售等活动的组织及其价值、利润分配，当前散布全球的处于价值链上的企业进行着从设计、产品开发、生产制造、营销、交货、消费、售后服务、最后循环利用等各种增值活动。

4. 发展格局上以重构经济发展新模式为战略取向

经济新常态的发展格局是重构经济发展新模式。积极适应经济发展新常态，不仅仅在于适应“经济增速换挡”，更重要的是要实现经济结构重组、增长动力重塑、体制机制再造，也就是要重构经济发展的新模式。这一新模式的主要目标是“四个追求”，即追求多层次文明融合发展、追求经济结构优化、追求经济转型升级和追求体制机制改革创新，把中国经济推向更高层次的发展阶段。

第一，在新常态下，必须坚持农业文明、工业文明、信息文明、生态文明一起推进、融合发展。在人类发展进程中，先后经历了原始文明、农业文明、工业文明，现正在经历以互联网为特征的信息文明或知识文明，经历以绿色发展、循环发展、低碳发展为特征的生态文明。进入新常态，各层次“文明”均在这里“汇聚”，都不可忽视、不可偏废，必须一起抓、一起上。第二，新常态下，转方式、调结构的要求更为迫切，必须以结构性改革创新，对传统经济结构进行战略性、整体性、创新性、升级性调整，包括需求结构、产业结构、生产要素配置结构、收入分配结构和城乡区域结构等。第三，新常态下，必须继续坚持以科学发展为主题，加快经济发展方式由粗放型向集约型转变，由资源依赖型、投资驱动型向创新驱动型转变，加快产业结构和产品结构由中低端向中高端转变，努力实现低投入、高效率、可持续发展。经济增长有两个相互推动的因素，即通过物质资本和人力的投入推动经济增长、通过知识资本的大量投入促推经济效益不断提升。第四，新常态下，要实现经济发展模式转换，要成功跨越“中等收入陷阱”，必须遵循经济规律、自然规律和社会规律，全面深化改革、进一步扩大开放，坚决清除一切束缚发展的体制机制障碍，着力推进体制机制改革创新，使之更好地与新模式相匹配、相适应。

5. 发展的国际定位上以成为世界领导型经济体为战略取向

中国作为一个独立经济体的最大特征之一就是规模大。2010 年，中国超过日本成为世界第二大经济体，2013 年又超过美国成为世界第一大货物贸易国，其中，中国进出口货物贸易总额为 41603. 3 亿美元，美国为 39104. 1 亿美元，拥有世界上现实和潜在的最大市场，多种商品产量居世界第一位。在国际经济学的理论中，将世界各国经济体大致划分为大国和小国，其区别在于大国能够影响世界价格，而小国不能。显然，中国早已经是世界经济格局中的大国，而且会越来越大，对世界价格的影响力也越来越大。

但是，当前世界经济格局的话语权仍然由美欧日等发达国家把握，石油、铁矿石等主要大宗商品的定价权，世界银行、国际货币基金组织、世界贸易组织等国际经济组织，均操纵在发达国家手里，中国作为新兴市场大国的代表，将不可避免地与以美国为代表的发达经济体产生利益碰撞。一些国家因此对中国经济发展充满疑虑，一方面世界各国都需要中国这个大市场，另一方面又害怕中国挑战它们的既得利益。中国近年来遭受越来越多的贸易摩擦就是很好的例证。

在经济新常态下，中国应该在世界经济格局中找到自己的新位置，以跨越“修昔底德陷阱”。中国目前处于中等发达程度，既离美日欧等发达经济体尚有较大差距，又比世界许多发展中国家要发达。这就决定了中国可以充分利用经济新常态的战略机遇期，通过自身的不断转型升级，与世界上绝大多数国家建立经济上的互利共赢关系，在竞争中发展，在发展中竞争。总体上，不必过多采取出口退税等代价较大的政策推动贸易的增长，而是以提高产品、品牌的世界市场竞争力来推动贸易增长。既然成为第一大经济体不可避免，那么可以采取“两步走”战略，首先成为新兴市场经济体中的领头羊，待自身竞争力充分增强后，再逐渐成为世界经济的领导者之一。

经济学链接

修昔底德陷阱

修昔底德陷阱（Thucydides's Trap）是指一个新崛起的大国必然要挑战现存大国，而现存大国也必然会回应这种威胁，致使战争不可避免。此说法源自古希腊著名历史学家修昔底德，他认为，当一个崛起的大国与既有的统治霸主竞争时，双方面临的危险多数以战争的方式而告终。

综上所述，经济新常态对中国经济在新的发展阶段具有重要意义，值得深入研究和自觉运用。应该明确的是，中国经济新常态刚提出的时候，并没有一个非常完整的理论体系或者依据，因此“新常态”的内涵将是不断丰富发展的，随着经济的发展不断充实和完善。就如邓小平提出改革开放的理念一样，什么是改革开放？怎么进行改革开放？刚提出的时候并没有完全阐述清楚，而是在实践中不断完善的。所以，对于中国经济新常态，应该坚持发展的观点，不断在实践中进行深化，进行补充和修正，以不断将中国经济发展推向更高水平。

CHINA'S REFORM
THINK TANK

第二编

深化改革如何铸就中国可持续发展之路?

中国经济结构转型新探
——人本型结构论

常修泽　国家发展和改革委员会宏观经济研究院教授

中国经济存在的问题，主要是三大病：一是体制病，二是结构病；三是发展方式病。其中，体制病和结构病是中国经济更深层次的矛盾。这里仅探讨结构问题，而且着重从人本主义这一角度来探讨。

早在1986年，我曾提出了一个关于建立“人本经济学”的课题申请，但是非常遗憾，没有获得批准，只好作为自选项目研究。经过多年努力，我开始用人本主义思想研究中国的体制问题。今天，我想在此基础上，用人本思想研究中国的经济结构问题。

一个人的眼睛，有白眼球、黑眼球，但要害是“瞳仁”；一个国家的经济结构，有这部分、那部分，但核心是“人本”。因此，中国下一步，包括“十三五”、“十四五”等期间的结构转型，必须要抓住人本这一“命门”。无论是总体结构，还是具体结构，都要注重人，注重人的解放、人的创造与人的自身发展。这是转型的灵魂。下面我讲三个大问题。

一、用人本思想来揭示中国经济结构存在的深层矛盾

下面按五个结构来剖析。

1. 需求结构：主要问题是居民消费率偏低

中国大陆居民消费率是35.6%（见图1），不仅低于美国、德国、日本等发达国家，而且也低于印度、巴西这样的发展中国家以及中等收入国家的平均水平。至今这个问题并没有得到很好的缓解。最新的数据，2014年1~9月，消费对经济的贡献率是48.5%，比2012年的55.1%低6个多百分点。居民消费率偏低，这是第一个矛盾。

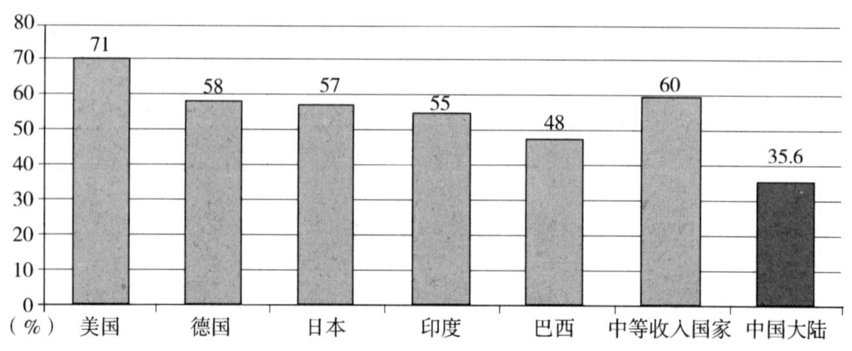

图1　中国大陆居民消费率：与国际比较（%）

资料来源：路透社

2. 供给结构（产业结构）：主要问题是与人的发展直接相关的服务业比重仍然较低

图2是一个反映中国30多年产业结构变化的柱状图，我再提供另一

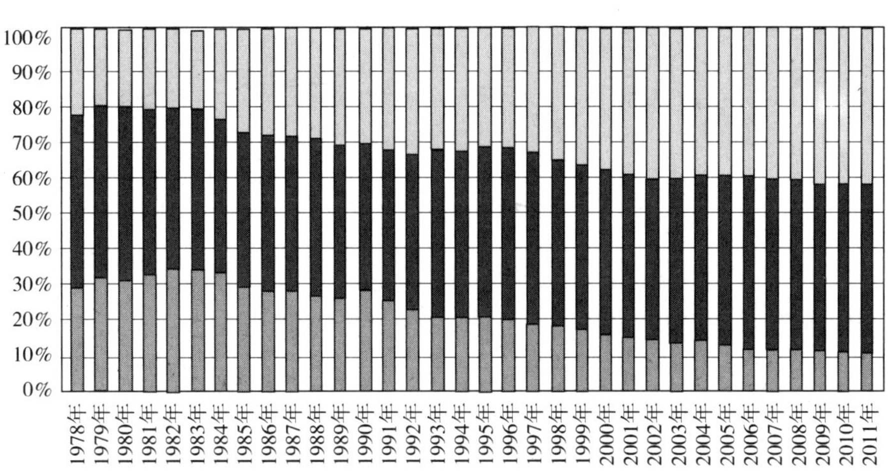

图2　1978—2011 年中国 GDP 构成

资料来源：国家统计局

个曲线图（见图3），可能看得更清楚。

以上两图反映了中国三次产业结构多年来的变化趋势。图 3 最下面的曲线走势是第一产业，最上一条是第二产业，中间一条是第三产业。从图上看，横向比较，发现第三产业发展的势头是可以的，是有所进步的；但如果从纵向比较，就会发现问题：全世界中等及以上国家平均数已经超过 60.4%，而中国 2014 年 1 ~ 9 月最新数据是 46.7%，相差 13 个百分点。假如再与全世界平均水平相比的话，得出的数据会更低。

3. 要素投入结构：主要问题是人的创造性没有得到很好发挥

中国的经济增长虽然速度较高，但存在严重的粗放性弊端，主要是

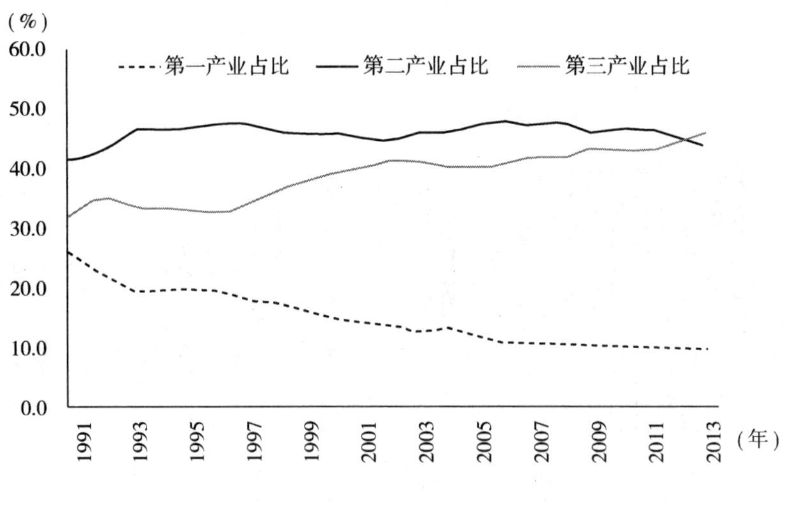

图 3 1991—2013 年三次产业占比变化趋势

资料来源：国家统计局

拼劳动力、拼资金、拼土地、拼生态环境，总之是靠要素资源的投入，而人的创造潜力则没有很好地发挥。

根据世界经济论坛 2014 年 9 月份最新公布的《2014—2015 全球竞争力报告》排序，中国位列全球竞争力第 28 位。但仔细研究一下与人相关的科技就绪度排名，中国仅排在第 83 位，这说明跟人相关的科技创新问题相当滞后，病根在于人的创造性没有得到很好的发挥。按世界经济论坛判断，中国仍未进入“创新强国（Innovation Power House）”的行列。如何从一个人力资源大国转变为创新强国，并没有完全“破题”。

经济学链接

《全球竞争力报告》

《全球竞争力报告》（*Global Competitiveness Report*）是世界经济论坛自1979年开始对每个国家竞争力的评判，是目前国际上从事竞争力评价最著名的机构之一，它通过对一个国家进行综合因素考评，推出一年一度的《全球竞争力报告》。全球竞争力报告的竞争力排名以全球竞争力指数为基础。这一指数包括制度、基础设施和宏观经济稳定性等12个竞争力因素。

4. 环境与资源结构：主要问题是“环境人权”受到损害

从人本发展的角度来看，当前，作为人自身权利重要组成部分的环境人权受到严重损害。刚才有专家讲了一些数据，我就不再重复，只从单位GDP二氧化碳排放情况来看，中国的污染情况是相当严重的，如图4所示。

由图4来看，中国单位CDP二氧化碳排放指标相当之高。为了逃避北京的雾霾，一些朋友从北京迁到海南，这固然是一种好的选择，但是从我的人本理念来看，这只是对自身“环境人权”的一种个体性的“自我维护”或“自我救赎”，这是远远不够的。这里有一个“小我”和“大我”的关系问题。我要强调的是，“大我”怎么办？一个负责任的执政者集团要从更广阔的角度来维护全体人民的“环境人权”问题。

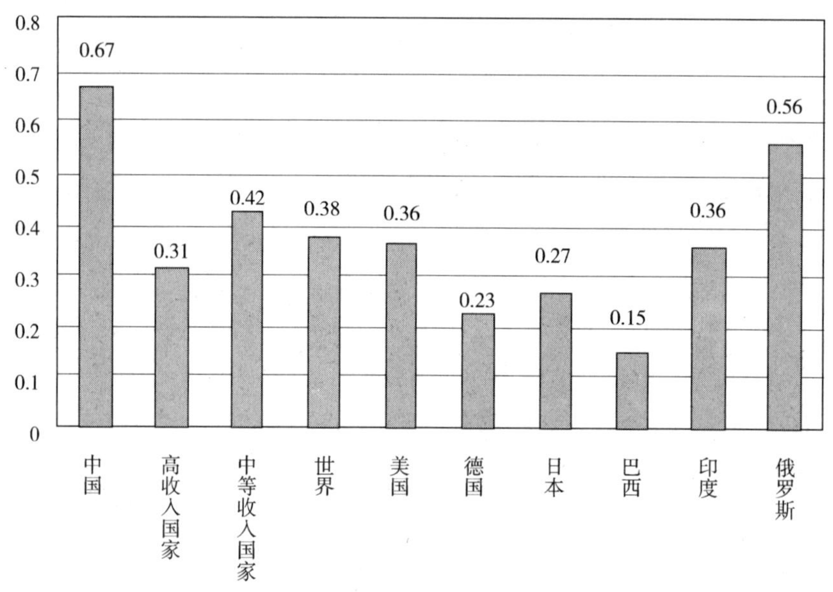

图 4　单位 GDP 二氧化碳排放

资料来源：世界银行

5. 区域城乡结构：主要问题是人群在地域空间上的落差和制度性鸿沟

中国东中西之间地域上的这种落差和城乡之间一系列人为割裂城里人和乡下人的制度安排（如户籍制度等），严重阻碍了以人为核心的各类生产要素流动、组合和创新，并滋生区域城乡的歧视与偏见，它严重挫伤了人的尊严，制约着人自身的发展。

二、中国结构转型必须以人本为导向

用什么理论来推进中国结构下一步的转型，解决以上五个结构问题?在我看来，应该以人本思想作为导向，这是解决问题的根本。

如何把握以人本为导向?三个要点：即三层含义，两个“奴役”，一个核心，简称“三二一”。

第一，把握人的三层含义

“人”字只有一撇一捺，其科学内涵是什么?怎么把握人的真谛?九个字：横向上“全体人”，纵向上“多代人”，内核上“多需人”。

(1)从横向来说，是“全体人”而非部分人。

一定要掌握全体人。目前一些文章说让“多数人”共享改革发展的成果，我不欣赏这样的说法。用我的“人本体制论”来解释，应该是“全体人民”共享改革发展的成果。就是说，不论穷人、富人或中产阶层，不论区域、城乡，不论哪个宗教和民族，都应该包容，一个也不能少。应该有这种海纳百川的胸怀。

(2)从纵向上说，是“多代人”而非一代人。

中国的结构转型和整个现代化事业是涉及多代人的事业。传统的经济结构中存在着“吃祖宗的饭，造子孙的孽”的问题。我们在结构转型中要协调几代人的关系，平衡代际之间的利益格局。

(3)从内核上说，是“多需人”而非单需人。

不仅是日常的物质需要，还有精神的需要以及政治方面的需要。因此，在结构转型中要建立各种社会参与、意见表达和社会评估的制度安排。

第二，摆脱“两个奴役”

中国存在着两种拜物教：一是权力拜物教；二是以GDP为代表的商品拜物教。我用“人本体制论”讲人本针对什么？一是针对官本；二是针对物本。早在1995年我就在《经济日报》发表的一篇文章中提出“人本高于资本”。之后，随着研究的深入，又提出“民富优于国富”。

以GDP为标志的“国富”这条线上升很快，而以城乡居民个人收入为代表的“民富”这条线上升缓慢（见图5），两条线之间呈剪刀状，而且这些年来，剪刀状的缺口呈现扩大趋势。缺口里面的收入哪里去了？鉴于GDP是在政府、企业和居民三方进行分配，显然缺口这部分是流向政府收入和企业留利中去了，底下的居民收入没有实现同步增长。这不仅涉及民富与国富的关系问题，而且涉及人本与物本、人本与官本的关系问题。

第三，一个核心：心灵放飞

我们要做思想的引领者而不是跟从者。这使我想到多年前德国的大思想家马克思在《共产党宣言》中说过的一段名言：“每个人自由的全面发展是一切人自由全面发展的条件。”这是新社会的本质，也是我提出“人本体制论”的一个理论来源。可惜现在人们在引用时，把“自由的”三个字给漏掉了。

在结构转型当中，我希望有一代有创造力的新人，像乔布斯、马云那样的人。这些人喜欢变革，喜欢破除传统的东西，特别是他们认为，“等级、职务、头衔是限制性的东西”，他们被称为“无限制的新人”。只有思想的放飞，才能有这样一批“无限制的新人”。没有这样一批创新型的人才，中国的结构转型是难以成功的。

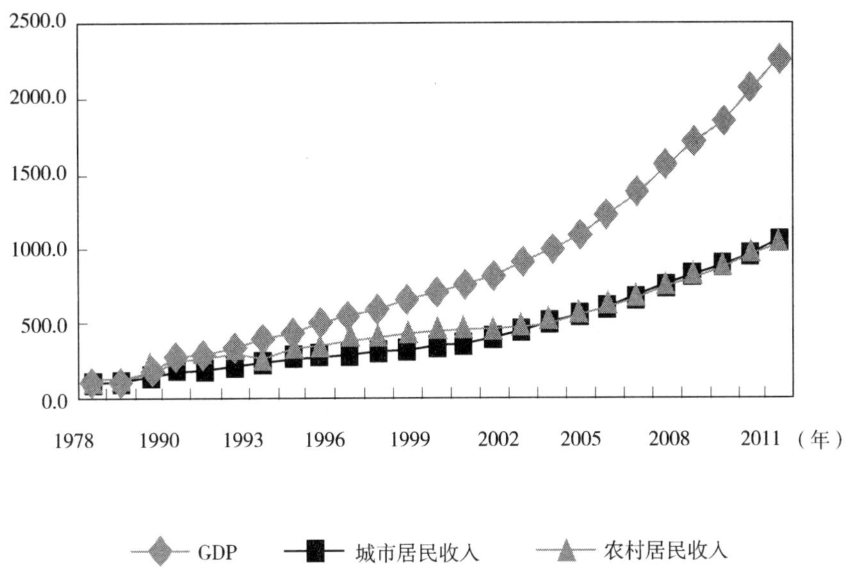

图 5　国内生产总值与居民人均收入指数比较

资料来源：国家统计局

三、人本型结构转型的五大要点

我这里只提出一些原则性的要点：

“人本型”需求结构，重在提高“居民消费率”；

“人本型”供给结构：重在发展与人直接相关的服务业；

“人本型”要素投入结构：重在人的创新和创意；

“人本型”环资结构：重在天人合一、保护环境人权；

“人本型”的区域城乡结构：重在填平区域和城乡之间人的结构性和制度性“鸿沟”。

最后我要强调指出，中国的改革开放事业发展到今天，物本主义已经走到了尽头，官本思路也走到了尽头。因此，在制定“十三五”规划乃至于更长时期调整中国的经济结构时，必须抛弃传统的物本思维和官本思维，真正用人本思想来推进结构的转型。

经济学链接

“十三五”规划

中国是从1953年开始制以五年一个时间段来做国家的中短期规划的，第一个五年计划，我们就简称为“一五”，然后以此类推。“十三五”规划的全称是：中华人民共和国国民经济和社会发展第十三个五年规划纲要。“十三五”规划的起止时间：2016—2020年。“十三五”时期要确保全面建成小康社会的宏伟目标胜利实现，确保全面深化改革在重要领域和关键环节取得决定性成果，确保转变经济发展方式取得实质性进展。

如果能做到上述诸点，中国根深蒂固的“结构病”就能得到缓解，一种新的可称为“人本型经济结构”将展现在世人面前。这需要大家做出不懈的努力。

中国经济转型与治理变革

汪玉凯　中国行政体制改革研究会副会长、国家行政学院教授

十八大以后，对未来经济转型发展和国家治理做出了一系列重大的政策选择。到了2014年，这些政策到底产生什么样的影响，我们该如何评价？作为世界上最大的新兴经济体、世界第一大贸易国，中国的一举一动必将备受世界关注。昨天德国官员在讲演中说，智库要扮演思想引领者的角色，不要扮演跟随者的角色，我很认同。今天，我也试图从扮演一个政策、思想引领者的角度，对这两年的经济转型和治理变革做出一个评价和分析。

经济学链接

新兴经济体

新兴经济体（Emerging Economies）指某一国家或地区经济蓬勃发展，成为新兴的经济实体。英国《经济学人》杂志将新兴经济体分成两个梯队：第一梯队包括：中国、巴西、印度和俄罗斯、南非，也称“金砖国家”；第二梯队包括：墨西哥、韩国、南非、菲律宾、土耳其、印度尼西亚、埃及等“新钻国家”。

一、十八大以后中国逐步确立了用治理变革促进转型发展的整体思路

这个思路最好的说法就是提出新“十二字方针”，即“稳增长、调结构、促改革、惠民生”。这 12 个字有三个特征：一是多目标定位、但内涵清楚，即不惜降低经济增长的速度，突出转方式调结构；二是在宏观层面，尽量不刺激或微刺激；三是通过推进简政放权、变革政府治理，释放改革红利。新“十二字方针”的成效毋庸置疑，但越到后面，越显疲态，标志有以下三个方面。

第一，经济下行的压力越来越大，突出调结构让位于稳增长。对中国经济的判断目前有很大的争议。西方普遍唱衰中国：认为 2008 年美国爆发金融危机后，西方普遍陷入衰退，而当时中国及其他新兴经济体却很风光。而目前的情况是，以美国为代表的发达经济体经济正在稳定复苏，而新兴经济体似乎都遇到了麻烦。中国的领导人不断放话，声称中国经济没有出大问题，中国经济增长的动能依然强劲，问题主要在眼前。没有大问题不等于没问题。实际上中国经济发展目前主要有四个隐忧：一是严重的房地产泡沫；二是地方债务；三是“影子银行”；四是产能过剩。

经济学链接

影子银行

影子银行（Shadow Banking）又称为平行银行系统，是指游离于银行监管体系之外、可能引发系统性风险和监管套利等问题的信用中介体系（包括各类相关机构和业务活动）。目前“影子银行”有三种最主要存在形式：银行理财产品、非银行金融机构贷款产品和民间借贷。

第二，调结构的进展相对缓慢。中国传统的发展之所以必须调整优化，集中体现在四个“难以为继”：一是低成本出口战略以金融危机爆发为标志难以为继；二是低端产业主导的经济结构难以为继；三是资源和环境的传统使用方式难以为继；四是收入分配不公引发的社会问题，使社会稳定的大局难以为继。比如，低端产业主导的经济结构，回顾35年中国的发展道路就会发现，我们实际上走了一条“三高换一高、带一低”的道路——资金高投入、资源高消耗、环境高污染，换来35年平均9.8%的高增长，还有低效率。我们是以大量地透支资源、破坏环境、过度消耗能源，作为高增长的支撑点。世界上流行三句话：三流企业卖产品，二流企业卖专利，一流企业卖标准。中国大量的是不入流的企业，没有自己的品牌、专利和核心技术。我们2013年创造的产值是56.8万亿元人民币，折合约9.3万亿美元，占世界经济总量12%，但是我们消耗的钢材超过全世界50%，消耗的水泥和煤炭超过全世界40%。可见，主要在世界产业链的中低端发展，而在高端没有多少话语权，我们可以成为经济大国，但几乎很难成为经济强国。因此，我们要下决心淘汰落后产能，发展绿色低碳经济，培养新兴战略人才，发展高端产业，争取在世界经济中的话语权。

尽管优化经济结构的紧迫性不容置疑，但实施起来并不容易，特别在经济下行压力大的情况下更是如此。一个简单的事实是：改变过度依赖低成本出口战略，必须以真正的启动内需为前提；改变低端产业主导的经济结构，必须有持续优化结构为条件；改变传统的资源和环境的使用方式，必须以大力发展低碳绿色经济、保护环境等有实质性举措；同样改变收入分配不公的社会问题，必须强力推进分配制度改革等。而这些问题的任何一项都几乎是一个系统工程，很难一蹴而就。

第三，以简政放权为核心的治理变革，遇到了中梗阻，落地不易。应该说十八大后，以简政放权为核心的行政体制改革取得了很大进展。仅国务院通过六次减少行政审批事项改革，就取消、下放了600多项。在一定意义上确实体现了壮士断腕、伤筋动骨的决心和毅力。但是中国的五级政府不是说中央政府有了简政放权的决心，有了实际举动，就能马上落地的，还有省、市、县、乡镇等多个层级，如果地方政府配合得不及时，企业、老百姓还很难马上感受得到。更何况本轮中央各部委的简政放权改革，也还没有改变部门主导的局面，这在一定意义上也可能使改革的成效打了折扣。

二、用治理变革促进转型发展，关键取决于三大因素

用治理变革促进转型发展，是十八大后中国经济改革的一个重要特点。但要使这一改革真正取得成效，关键取决于政府向市场、社会以及中央政府向地方政府放权三大因素。

从政府向市场放权来看，关键取决于能否处理好政府与市场的关系，真正体现市场决定论。这中间可能要过好三个关口：一是真正的开放市场，建立一个没有地区行政壁垒的统一完善的市场，如开放金融业、开放服务业，鼓励民营资本进入传统由政府垄断的一些行业等；二是政府要简政放权，比如要减少投资的审批、减少对企业生产经营活动的审批、减少不必要的检验检测认证等，还要减少行政事业型收费，改革企业注册制度，降低市场门槛、鼓励人们创业等；三是加大国企改革力度，打破垄断，为民营经济创造公平竞争的市场环境等。

从向社会放权来看，关键要处理好政府与社会的关系，最大限度地释放社会活力。包括要真正形成多元化社会治理结构，给社会组织更大的发展空间，增加其数量，提升质量，要采取强有力举措，将政府大量服务性职能转移出政府，让社会组织、事业单位承担，推进政府购买服务的实质性进展等。

从中央政府向地方政府放权来看，重点在于优化央地关系，激活地方在转型发展中的约束性和主动性。一是要大量取消、下放中央的行政审批事项，给地方政府更多的自主决定权；二是改革财政转移支付制度，使地方的财力与事权相匹配，要明确中央与地方的事权划分以及财力的合理分配，大幅压缩专项转移支付资金；三是要培植地方政府的税源，通过土地流转制度改革以及城乡统一建设用地市场的建立等，严格控制地方政府的征地范围，减少对土地财政的依赖等，与此同时，要尽快配置地方政府的税源。

三、化解改革阻力和避免出现颠覆性错误，是未来中国转型发展的两个重要条件

中国转型发展必将是一个长期痛苦的过程。在这一过程中，我们有许多重要的事情要做。但最关键的，一是化解改革的阻力；二是要防止出现颠覆性错误。

就化解改革的阻力来看，我个人认为“二次改革”的主要阻力可能来自两个方面：一是既得利益，二是政府自身。这意味着我们要同时在两条线作战。与既得利益作战，主要表现为不管打破垄断、为民营资本提供更大发展空间，还是推进分配制度改革、惠民生等都需要铲除既得利益，防止既得利益通过多种手段和途径制造事端，形成对改革发展转型的干扰。

十八大以后，中央没有急于改革，而是先“打虎”后改革，一个重要原因就是要通过“打老虎”、特别是“打大老虎”，遏制既得利益对改革的阻挠，让民众看到希望，有了信心，这样我们的改革才有可能再一次获得民众的支持，改革才能成功。从这个意义上说，“二次改革”说到底就是与既得利益作战，这与 1978 年后启动的“一次改革”主要和贫困作战完全不一样。同政府自身作战。政府对转型发展的阻力，主要是政府管理运行的惯性、广大公务人员的传统思维定式，以及行政审批制度改革阻力和部门利益的阻力。这方面的阻力同样不可低估。如果中国未来的转型发展，没有广大公职人员的观念的变革、没有审批制度改革的深入推进、没有遏制部门里取得实质性进展，许多改革举措都无法落实，这一点务必引起我们的高度关注，绝不可掉以轻心。

未来中国转型发展的第二个重要条件，就是要防止出现颠覆性错误。我们注意到，十八大后习近平总书记多次讲到颠覆性错误的问题。那么究竟什么是颠覆性错误呢？我个人以为，所谓颠覆性错误，就是违背客观规律，在事关全局性、战略性问题上出现严重的战略误判、战略失误，并对一定时期国家的经济社会发展造成巨大损失。

所以，在新的历史条件下，在新的转型发展征程中，我们如何防止出现颠覆性错误，是一个值得各方高度关注的大问题。比如，如何防止意识形态领域的沉渣再起，避免“左”祸的危害，就值得我们高度警觉。还比如，在中国共产党拥有执政地位和领导地位的同时，如何更好地利用这些执政资源和领导资源，也需要特别审慎，最大限度地防止出现战略性、重大决策失误。所有这些都会对中国未来的发展产生深远影响。

地方税改革关乎国家治理

刘尚希　财政部财政科学研究所所长

一、跳出“税改”论“税改”

财政是一个国家的基础，一旦基础出了问题，国家的治理将会动摇。所以，地方税改革应该放在我国“五位一体”的大局中来思考，不能就税论税、不能就地税论地税、不能就财政论财政。

从工作的角度，地税部门征管的税是地方税，国税部门征管的是中央税或共享税。对地方税的理解有三个角度：一是从税种属性来理解，税基流动性小、比较稳定的税适合做地方税，这是学术意义上的地方税。二是法律意义上的地方税，即地方政府有立法权、管理权和调整权的税。三是财政体制意义上的地方税，即随着财政体制的变化而变化，财政体制调整时划给地方征收的是地方税，划给中央的是中央税。目前我国只有体制意义上的地方税，没有学术意义上和法律意义上的地方税。

税收具有两个基本的功能，即收入功能和调节功能。在现阶段，我国作为发展中国家，其地方税应侧重于收入功能。地方税规模的确定至少要考虑三个方面的因素：一是地区差距。目前，中央政府平衡地区财力差距的任务很重。对最大的发展中国家而言，区域性差异和地区差距是国家治理中首先必须考虑的问题。二是主体功能区与基本公共服务均等化政策目标的设定。在设计地方税体系时，要考虑地方税源的异质性而不是简单地把一些税种划给地方。三是国家的治理架构。构建地方税体系需要充分考虑事权划分的现实制约，事权要调整，将部分事权的执行权上移，同时将部分事权的决策权下移，减少“中央点菜，地方埋单”的情况。地方税规模的确定需要考虑未来事权改革的变化。

二、以财力、财权、事权的重新组合来构建国家治理架构中的地方税体系

如何构建地方税体系？我认为，地方税体系构建要放到整个国家治理架构中考虑，财力、财权、事权应重新组合。

首先，目前面临的一个巨大变化是，我国从一个静态社会变成了动态社会，城镇化的进程带动和加速了人口的流动。公共服务应该“跟着人走”，而不是“人去找公共服务”。这意味着中央与地方的财权、财力、事权需要重组，以适应这种变化。

其次，财权包括税权、财产权和使用者付费，三者需要统一考虑。正税清费的基本方向正确，行政性收费应该减。但如果是财产性收入，不仅不应该“减”，而且还应该“增”。我国作为公有制为主体的国家，大量资源和资产属于国家所有。如果国家的财产收益流失，那么，也就意味着国家所有权的丧失。这个问题同时还是我国贫富差距迅速扩大的原因之一。国家财产性收益应在中央与地方财政关系上体现，与地方税体系构建紧密联系起来。财政体制的一个重大盲区是国

家财产性收益，长期以来只看到了“分税”，而忽视了公有制背景下如何“分产”，土地、矿产资源等大量财产性收益搁置在中央与地方财政关系之外。地方的税权和财产权不能割裂开来，地方税改革需要与公共产权改革结合起来。关于使用者付费的问题，世界上有很多通用的做法可以借鉴。地方税体系构建不是一个独立的问题，涉及方方面面，需要统筹考虑。

经济学链接

财产性收入

财产性收入（Property Income）也称资产性收入，是指通过资本、技术和管理等要素参与社会生产和生活活动所产生的收入。即家庭拥有的动产（如银行存款、有价证券）和不动产（如房屋、车辆、收藏品等）所获得的收入。包括出让财产使用权所获得的利息、租金、专利收入；财产营运所获得的红利收入、财产增值收益等。

最后，适当扩大地方的税收权限。我国的地方治理结构有很大的区域异质性，全国各地经济社会以及自然状况不同，应赋予地方因地制宜的能力，有必要适当扩大地方的税收权限。涉及全国性的税收立法权集中在中央，而仅仅涉及区域的税种可以由地方自行开征，但中央保持否决权，需报中央审议，中央同意方能开征。有的税源不涉及其他地方，或与中央政府不存在税源分割的问题，则可以明确交由地方政府自行决定。例如，生态旅游、休闲农业、养生服务、垄断性特产等具有很强的地域性，在省级立法的框架内可由市或县来选择性执行。这样可使地方税制保持一定的灵活性，以更好地与地方治理结构相适应。

三、构建以消费为税基的地方税种

要构建以消费为税基的地方税种，动产消费、不动产消费、服务消费、文化消费、健康消费等，都可以成为地方税基。房产消费与地域环境相关联，地域环境也要靠地方政府来提供。因此，地方政府的努力与地方税源可以形成联动机制，有利于形成正向激励。如果地方税收主要来自“生产”环节，地方的努力就会指向生产，热衷于搞各种大型工业项目，而忽视消费环境的打造。地方独享税的税基落在“消费”，应该具有可行性。如果地方政府要扩大收入，必须鼓励进一步扩大消费。这与当前扩大消费战略、转变经济发展方式以及推进人口城镇化是相吻合的。

经济增长、收入分配与结构调整

王小鲁　中国经济改革研究基金会国民经济研究所副所长

改革开放30多年来，中国经济增长取得了重大成就，但也面临着严峻挑战。通过对过去一个时期中国经济增长率与资本存量增长率的比较可以看到，在20世纪80年代到90年代初，经济增长率在多数年份高于资本存量的增长率，但到了90年代中期以后，出现了一个新的现象，资本存量的增长率开始快于经济增长率，特别是从2008年开始，两个增长率出现了巨大分野，资本存量增长率急剧上升，经济增长率逐渐走低。这说明资本产出率在急剧下降，背后隐含的因素是投资过度带来的资本效率的下降和增长的放缓。

一、为什么资本投入增加了增长反而放缓，原因是内需不足

应对内需不足，过去常用的办法是用宽松的货币政策和政府直接投资的办法拉动经济增长，但是效果变得越来越差，越来越拉不动，原因在于投资不断地扩大生产能力，而产能扩大以后，产品卖不出去，就变成过剩产能。从一些学者的研究来看，产能过剩从20世纪90年代中期以后到现在有一个明显上升的趋势，产能利用率却在不断下降，也就是

说，产能过剩变得越来越严重。

资本生产率下降还可以从资本的平均生产率和边际生产率看出来，特别是从2000年到现在，资本生产率急剧下降。在我看来，问题的原因主要是投资和消费的结构出现了失衡。过去30多年中，尤其是20世纪70年代到90年代，消费率（消费占GDP的份额）基本上保持在60%以上，而储蓄率和资本形成率大致保持在40%以下或者是40%左右，尽管趋势是在不断上升，但相对缓慢，突出的变化发生在最近10多年。2000年以来，储蓄率和资本形成率上升了10多个百分点，储蓄率超过了50%，资本形成率接近50%，而消费率从大于60%降到50%以下，其中，居民消费下降到35%。

随着投资扩张，也带来了能源消费的急剧增加，过去10多年，我国化石能源消费翻了一番多，现在化石能源的消费量约为35亿吨，已经远远超过美国的化石能源消费量。大量的化石能源消费带来严重的环境问题，当前的空气污染主要与化石能源的大量消费有关，与工业排放和燃油的排放有关。

二、中国已经出现明显的过度投资

出现这样的一种情况，我并不是说投资不好，也不是反对投资，我反对的是过度投资。我认为，中国在最近10多年已经出现了明显的过度投资。这个现象首先是与政府的行为相关，政府投资和国有企业的投资在总投资中占相当大的比重，超过了1/3，而且政府投资常常在投资的扩张中起主导作用。特别是当政府采取宽松的货币政策和积极的财政政策、靠刺激投资拉动经济的时候，这点表现得非常明显。

对各级地方政府而言，至今仍然在很大程度上把 GDP 和扩大投资作为首要任务。也就是说，政府职能的转变到目前为止并没有完全落实，各级政府并没有把公共服务作为自己的第一要务，而是把 GDP 增长、扩大投资作为首要目标。这说明政府的激励机制存在相当严重的问题，为此，需要改变政府的激励机制，改变政府的行为方式，使政府在经济发展和社会发展中扮演一个更均衡、更有效的角色。

三、结构失衡与收入分配状况直接相关

之所以出现消费率不断下降，储蓄率不断提高的情况，很大程度上是收入分配出了问题。一方面，近 20 年来，在 GDP 中，居民收入的占比明显下降，政府收入和企业收入占比明显上升。另一方面，在居民收入中，收入差距在不断扩大，我国的基尼系数已经接近 0.5。由于边际消费倾向递减规律的作用，收入差距的扩大会直接影响储蓄率和消费率。

调结构，需要至少降低储蓄率大约 10 个百分点，从目前的 50% 降到 40%。把消费率提高 10 个百分点，从现在的 50% 左右提高到 60% 左右。这不但不会影响经济增长，反而会使经济增长更加可持续。但是，这需要一系列政策调整和体制改革。

十八届三中全会关于体制改革做出了重要的决定，首先是让市场在资源配置中起决定性作用，同时要减少政府的不必要干预，还要实现公共服务均等化，推进财税体制的改革，实现城乡一体化发展，等等。这些改革对改善收入分配和调结构都是非常必要的。但是，我们面前的改革任务非常重，改革的关键在于落实，能不能在未来若干年中落实这些改革目标，是中国经济能不能继续健康发展的关键。

中国财产分配差距与再分配政策选择

李　实　北京师范大学经济管理学院教授

我主要讲四个问题：一是中国当前财产分配的差距有多大？二是房产占有不均对财产差距扩大的影响有多大？三是财产分配不均对收入差距的影响有多大？四是如何改革收入分配制度？

一、中国当前财产分配的差距

过去10年中，中国出现了一个居民财产不断积累，而且是急剧增加的过程，同时也出现了居民财产差距急剧扩大的过程。首先看居民财产的增长情况，2002—2010年，中国国民收入年均增速是10%，居民收入年均增速只有8%，但是财产的年均增速达到了22%，特别是房产价值的增长速度尤其高，达到了年均25%的增速，其他财产相对于房产来说低了一些。也就是说，这是一个居民财产快速积累的时代。再看居民财产差距，通过测算，2002—2010年中国居民财产分配的基尼系数急剧上升，农村的基尼系数从0.45上升到0.71，城市的基尼系数从0.45上升到0.66，全国的基尼系数从0.54上升到0.73。而且，2002年财产最少的10%人群占有的全社会的财产份额只有0.7%，而到2010年降为负数，因为很多的少产人群有一些负债。然而，最富的10%人群的占有全社会的财产份额在2002年为40%左右，到2010年上升到64%，短短8年上升了近25个百分点。这在西方社会可能要经过几十年的历程，但在我们国家只用了8年。中国的财产差距在全球范围内是什么情况？从150多个国家财产差距的情况看，现在中国的财产差距不是最高，有很多国家，如拉美、非洲一些国家比中国还要高。但是，比中国财产差距高的国家仅有10%左右，这意味着中国已成为财产分配高度不平等的国家之一。

二、房产占有不均对财产差距扩大的影响

房价在某种程度上推动了财产差距的扩大。房产是财产的一部分，过去几年，房产的价格不断上升，房产价格对居民财产差距会产生什么影响？如果房价不上涨，居民财产差距会是什么样？我们做了一些模拟分析，对城市、农村以及全国作了比较，房价对城市居民财产差距的影响最为明显。如果房价不涨，城镇居民的财产差距也在扩大，但是扩大的幅度没那么大，财产差距的基尼系数从2002年的0.45左右上升到0.57，但是加上房价的因素后，就上升到0.66。全国的情况也是如此。也就是说，房价在某种程度上成为推动财产差距扩大的一个重要因素。

三、财产分配不均对收入差距的影响

财产差距和收入差距形成了一个相互影响、相互推进的过程。从统计数据看，过去30年，中国收入差距基本呈现扩大的趋势，现在居民收

入差距处在高水平上。现在我们又看到了居民财产差距的扩大，也处在一个高水平上。在这样的情况下，我们不得不考虑收入分配和财产分配之间的关系。财产差距扩大会对收入差距有一定的影响，收入差距又会反过来影响财产差距。居民占有的收入份额与其占有的财产份额之间有非常强的正相关性，而且不同收入组所占有的财产份额不同，高收入群体占有的财产份额比低收入群体高得多。也就是说，收入差距扩大在助推着财产差距扩大，财产差距扩大反过来又导致更大的收入差距。

四、如何改革收入分配制度

必须重新思考收入分配政策。当前，中国收入再分配政策对于缩小居民收入差距的作用，与很多发达国家相比是非常有限的。通过模拟可以分析发现，中国再分配政策可以使收入差距的基尼系数缩小10%左右，而OECD国家的平均水平大概是40%，其中有些国家的比例更高。由此可见，我们的收入分配政策所产生的再分配效果是相对有限的。因此，需要考虑如何调整我们的再分配政策。在初次分配领域，最重要的是完善要素市场环境和机制，破除市场的垄断和价格扭曲，消除市场分割和身份歧视，增加公平机会和竞争；在收入再分配领域，加大税收调节力度，增加直接税的比重，特别需要开征财产税或房产税和遗产税；增加社会福利项目，如农村儿童的免费医疗，实现社会保障的全覆盖，缩小不同人群社会保障水平的差异。

资本市场发展与中国金融的结构性改革

吴晓求　金融与证券研究所所长

一、中国金融体系面临一定系统性风险

2014 年年末，有几组金融数据引起了我的疑虑，甚至是一丝恐慌。有些人可能会对这些数字一带而过，但在我看来，这些数字却反映了中国金融体系的缺陷，同时又包含未来经济的风险甚至是危机，由此引发了我对未来中国需要一个什么样金融体系的思考。

一是中国银行业金融机构的总资产规模在迅速膨胀，占金融资本总资产的比重不断上升。2004 年中国银行业金融机构总资产占金融资本总资产的比重是 62%，2013 年这一比重上升到 80% 左右。二是银行业金融机构总资产占 GDP 的比重在逐步上升。2004 年中国银行业金融机构总资产占 GDP 的比重为 150%，2013 年银行业金融机构总资产超过 150 万亿元，占 GDP 的比重达到 260%。从 2004 年的 1.5 倍上升到 2013 年年底的近 3 倍，仅用了不到 9 年的时间。按照这个趋势发展，到 2020 年这个比例可能达到 5 倍左右。三是 M2 占 GDP 的比重也在不断上升。2004 年，中国 M2 为 25.4 万亿元，是 GDP 的 1.59 倍；2013 年年底，中国

M2 达到 103.61 万亿元，是 GDP 总量的 1.82 倍。

由于银行业金融机构的资产是非证券化的，没有流动性，而且银行的风险也是不能流动的，以前风险没有暴露出来，是因为中国经济高速增长，经济增量巨大，可以对冲相对小的存量风险。但是当增速下行的时候，风险就显现了，银行业的不良资产率就会逐步攀升，这就是未来银行所面临的巨大风险。

二、中国金融体系亟须改革

中国必须加快推进金融资产结构性改革。改革的核心是调整金融资产结构，使银行业金融机构的总资产占金融总资产的比重不断下降，同时提高金融资产的证券化比例。之所以提出这个建议，基本的考虑是：中国作为一个大国，必须着眼于未来的竞争态势和现代金融的发展趋势，构建一个与大国经济相匹配的金融体系。

在我看来，新加坡的金融体系模式是没有任何价值的，一些小国的金融模式也没有太多的参考价值。这是因为，2013 年中国经济的规模是 56 万亿元人民币，大约 9 万亿美元的规模。如果按照平均 7.2% 的增长速度，到 2020 年中国 GDP 的总规模将达到 100 万亿元人民币，接近或者是相当于 16 万亿美元的规模。

为了维持庞大经济体的持续增长，这个与之相适应的金融体系必须具备两个功能：第一，必须要有良好的全球配置资源的功能。美国如果缺乏其金融机构在全球资源的配置能力，就难以有今天的竞争力。第二，必须要在全球有分散风险的能力。这两个功能至关重要，缺一不可。

三、中国金融体系结构性改革的思路

首先，要推动中国资本市场的发展，包括债券市场、股票市场等，要推动存量化的、非证券化的金融资产的证券化过程。简单地说，就是要推动存量金融资产的证券化，使现在银行信贷资产的风险有提前释放的机制。

其次，中国的金融体系必须是开放的，必须在全球配置资源，必须在全球分散风险。美国的金融体系有这样的作用，虽然2008年的金融危机给美国带来了很大麻烦，美国之所以能够在如此短的时间内化解这场危机，主要得益于他们的金融体系。我们要开放金融体系，开放的前提是人民币国际化。

最后，如果从元素的角度来看，我认为未来的中国金融体系可以拥有60%的美国金融体制的特质，即强大的资本市场，15%的德国特质，即相对稳健的银行体系，25%的中国元素则应是由中国文化决定的。未来的中国金融体系不是对美国金融体系的照搬，也不是我们现在的金融体系，一定是改良后的具有强大市场功能的金融体系。

名家观点综述

一、对于经济新常态的理解

张军扩　国务院发展研究中心副主任

新常态，一是过去粗放增长模式下所积累的结构矛盾和财政金融风险要得到一定程度地化解；二是新的增长动力和增长模式基本确立。

迟福林　中国（海南）改革发展研究院院长

所谓经济新常态，不仅仅指短期，更重要的是反映长期：从短期看是个速度问题，从长期看是个结构问题、发展方式问题。

宋　立　国家发展和改革委员会经济研究所副所长

国际经验表明，新常态是未来一个新阶段的一般性特征，经济高速增长以后，减速是不可避免的，但这并不意味着高速增长的永远结束；从增长速度看，由于中国经济具有工业和出口比重高的特征，经济将会出现减速，但不会出现大幅度下降；从内部看，中国是一个双重“二元结构”，这两点决定中国经济不会出现折叠式下降。

张占斌　国家行政学院经济学部主任

经济新常态是一个动态的过程，不是静止不变，它既不追求过高的经济增长，但也不允许经济大幅度的下调，而是经济的全方位转型升级。一是增长速度由高速向中高速转换；二是产业结构由中低端向中高端转换；三是增长动力由要素驱动向创新驱动转换；四是资源配置由市场起基础性作用向起决定性作用转换。

于　吉　中国企业联合会常务副理事长

新常态意味着中国经济从高速增长转向中高速增长，经济增长模式从粗放式增长转向创新和消费驱动增长，经济结构从失衡转向优化再平衡，调控从总量宽松粗放刺激转向总量稳定、预调微刺激。

孙晓文　甘肃省委改革办副主任、省政协经委副主任

“新常态”意味着发展现状的新变化、创新需求和正在出现的新目标，也伴随着应对成长变化的烦恼、期待和必须的积极态度。

二、经济新常态与深化改革和结构调整的关系

宋　立　国家发展和改革委员会经济研究所副所长

走向经济新常态关键是改革。如果改革不到位，中国未来7%~8%的增长也很难实现。当改革与调结构取得一定的效果之后，中国经济仍可能会继续上升。要把中国经济新常态置于全球治理结构变革中。中国潜在增长率下降既是国内周期性因素、结构性因素所致，也是世界经济大背景所致。湖北省委副秘书长赵凌云认为，中国经济新常态与世界经济变化趋势基本一致，增速换挡有国际需求下降的影响；产业结构调整也是世界第三次产业转移的一部分。中国国际经济交流中心副理事长魏建国认为，对中国来说，战略对策不是自搞一套，而是考虑在原有的基础机制上建立走向中国新常态的全球平衡机制。比如，把尽快同各大经济体签自由贸易协定上升为国家战略，应该把重点转向国际能源产区，应同海湾合作委员会尽快签订自由贸易协定。

张占斌　国家行政学院经济学部主任

新常态不是自然而然出现的，需要以全面深化改革促进中国经济形成经济新常态，重点推进结构性改革。一是要推进需求结构改革，尤其要积极寻求新的消费热点和增长点；二是推进城乡结构改革，积极推进新型城镇化，构建城乡发展一体化体制机制；三是推进区域结构改革，稳住东部沿海发达地区的经济规模，避免经济出现“失速”；四是推进产业结构改革，构建创新驱动产业升级机制；五是推动收入分配结构改革，努力保障和改善民生。

郑新立　中国国际经济交流中心常务副理事长

需要通过深化改革打破思维定式：一是打破农民工市民化会加大城市公共服务负担的思维定式；二是打破如果推进农村土地改革将会冲击农户在农村的经济主体地位和18亿亩耕地红线的思维定式；三是要打破一谈发展就上工业项目的思维；四是要打破允许民间资本发起设立金融机构，必然会加大金融风险的思维定式；五是要打破允许民营企业进入垄断性行业必然会带来无序竞争的思维定式。

三、工业大国走向服务业大国牵动经济社会转型

迟福林　中国（海南）改革发展研究院院长

到2020年，中国实现由工业大国向服务业大国的转型，意味着中国经济的全面转型升级。它不仅是一个经济增长新常态的形成过程，还伴随着经济结构新常态、利益结构新常态、制度创新新常态的形成；不仅涉及经济领域的改革，还涉及社会、文化、生态等各个领域的改革。实现这一转型，既可以在结构升级的基础上形成7%左右的经济增长新常态，又能够为从中等收入国家迈入高收入国家创造有利条件。

消费的本质需求是服务。中国进入消费新时代，现代服务需求逐步高于传统物质需求，已成为消费需求释放与升级的大趋势。一是消费结构升级带动服务消费比重明显提升；二是消费规模的扩大将为服务业较快发展提供市场空间。2020年服务业规模有望实现倍增。服务业供给瓶颈问题突出，根源在于服务业市场开放的严重滞后。当前，服务业行政垄断的特点仍然突出，市场开放程度较低，不适应转型升级的大趋势。

常修泽　国家发展和改革委员会宏观经济研究院教授、中国（海南）改革发展研究院学术委员

中国结构转型必须以人为导向，建立“人本型”的供给结构，重在发展与人直接相关的服务业。

张占斌　国家行政学院经济学部主任

城镇化为服务业的发展提供了重大的历史机遇：一是城镇化意味着大量农民变市民，为整个服务业提供了巨大的需求空间；二是城镇化在很大程度上意味着以工业为主转向以服务业为主，为服务业发展提供了巨大的动力；三是城镇化建设由单纯的发展经济到提供服务的转变，也为服务业提供了制度上、政治上的支持。

中国可以在低碳、节能、环保、智慧、生态等方面展开广泛的国际合作，不断降低合作的门槛，建立负面清单制度，建设更加开放型的经济，进一步提升中国产业在全球价值链中的地位，打造“中国效益”。

宋　立　国家发展和改革委员会经济研究所副所长

中国城镇化重心正从以劳动力城镇化为主向以消费者城镇化为主转变，由此带来的居民消费率提升、城乡区域协调性增强，必然要求服务业，特别是生产性服务业和教育、医疗、住房等公共服务的跟进。

四、经济新常态的财税体制改革

魏建国　中国国际经济交流中心副理事长

走向经济新常态，一定要加快财税体制改革，通过财税体制改革做大做强中产阶层，使中产阶层成为消费的主体。

倪红日　国务院发展研究中心研究员

新一轮财税体制改革面临着三大挑战：一是部门利益能否突破的挑战；二是公共投资供给体制改革以及地方政府债务如何解决的挑战；三是“营改增”的挑战，这实质上是地方政府主体税种的问题。“营改增”后，地方政府和地方税务机构把大量的业务转入国税局，地方在征管上出现了大量的空白，这些问题对下一步的营改增向房地产行业、建筑行业、金融行业推进，构成很大的挑战。

现代财政制度包括现代税收制度、现代预算制度以及现代中央和地方财政管理体制，简单的理论概括就是60%的国际通行做法加上40%的中国国情。但中国需要吸取西方发达国家的教训，超越东西方传统理论，进行制度创新，这需要一个比较长的历史阶段。

这一轮财税制度改革路径的重要特点是立法先行，同时要进行一些试点。比如，在预算法修订案通过了以后，开始制定地方政府进行发债的试点，进一步贯彻修订的立法内容。预算制度改革要贯彻完整性、民主性、透明性，这都是借鉴国际的通行做法。

汪玉凯　国家行政学院教授

用治理变革促进转型发展，中央必须向地方放权，改革转移支付制度，使地方财力和事权相匹配。

刘尚希　财政部财政科学研究所所长

税收法定是建设法治中国的基础和核心问题，依宪治国、依法治国是从税收法定开始，无论是征收、管税、交税都要依法进行，不能任意而为之。在落实税收法定方面，更重要的是要落实到人民主权上，充分体现人民的意愿，具体来说就是由立法机关说了算。例如，房产税到底征不征，怎么征，最终由立法机关说了算。

五、经济新常态的金融体制变革

朗哈默尔　德国基尔世界经济研究院原副院长

随着金融市场的开放，今后中国的储蓄者是为了某种目的储蓄，或是为投资，或是为消费，而不是把钱存在银行里。

罗萨莱斯　联合国拉美经委会国际贸易与一体化部主任

服务业的开放，要明确区分金融服务和非金融服务。对中国而言，服务业市场开放、资本市场开放、利率开放是中长期的目标。中国的金融服务业应该是逐渐的开放，这样即使出现偏差，也不会妨碍中国的经济改革，不会给世界经济带来重大危机。

魏建国　中国国际经济交流中心副理事长

金融体制改革是新时期全面深化改革的关键。目前，中国金融体制改革仍然比较滞后。上海自贸区是中国金融改革的最大突破口，它不简单是一个改革试验区，不能局限于其本身，而要超越短期利益和地区利益，站在全球宏观大视野下思考其发展定位和战略任务。如果中国在金融领域的改革再落后的话，可能会比TTIP 还要落后。

曹文炼　国家发展和改革委员会国际合作中心主任

当前中国面临着经济下行的压力，要通过深化金融改革，优化金融资源的配置支持金融体系的发展。

加强中国金融业国际合作，一是要保持合理的信贷货币增长；二是加快“走出去”，实现多层次的货币特色，加快人民币国际化；三是加强跨境资本流动管理等政策协调；四是推动国际货币体系和国际金融治理的改革。无论是金砖国家、新兴经济体国家还是中国，必须主动参与国际金融治理和国际金融改革。对于中国金融体系，60% 应有中国自己的特色，20% 为美国特色，20% 为欧洲特色。

吴晓求　金融与证券研究所所长

在经济增速放缓的新常态环境下，中国金融体系面临一定系统性风险，亟须加速推动存量金融资产证券化和建立开放的金融体系来化解风险，为经济稳定发展提供新动力。一是推动宽度改革，核心是证券化，扩大融资的渠道，让投资者有充分的自由选择权；二是推动市场化，重点在利率市场化；三是推动国际化，重点在人民币国际化。

中国金融改革的核心是调整金融资产结构，降低银行业金融机构的总资产占金融总资产的比重，首先是推动存量金融资产的证券化，包括债权市场、股票市场，使现在银行信贷资产的风险有提前释放的机制。

中国未来的开放金融体系，有60%应当是美国金融体系的特质，有15%是德国金融体系的特点，还有25%是中国金融体系的特点。开放金融体系的前提是人民币国际化。

六、走向经济新常态的收入分配制度改革

朗哈默尔　德国基尔世界经济研究院原副院长

收入分配的问题是一个普遍的国际性问题，在中国、德国以及在其他国家在经历高增长之后，收入分配的不平等都呈现出上升趋势。如果今后中国的经济放缓，收入分配的问题将不会那么突出。对于经济增长来说，有一点财富差距是有必要的，因为富人对于投资要承担风险。

王小鲁　中国经济改革研究基金会国民经济研究所副所长

之所以出现消费率不断下降，储蓄率不断提高的情况，很大程度上是收入分配出了问题。一方面，近20年来，在GDP中居民收入的占比明显下降，政府收入和企业收入占比明显上升；另一方面，在居民收入中，收入差距在不断扩大。由于边际消费倾向递减规律的作用，收入差距的扩大会直接影响储蓄率和消费率。

迟福林　中国（海南）改革发展研究院院长

未来6年，随着服务业主导地位的确立，中国服务业就业比重有望达到50%以上，到2020年服务业就业的人口将不少于4亿，由此将带动中等收入群体的倍增，并形成利益结构和社会结构优化的新常态。

李　实　北京师范大学经济管理学院教授

收入差距推动着财产差距扩大，财产的差距反过来又作用于收入差距。过去10年中，中国处于一个财产不断积累和急剧增加的过程，也是一个财产差距急剧扩大的过程，全国的基尼系数从0.54扩大到0.73。这其中，房价上涨在某种程度上推动了财产差距的扩大。中国财产差距在全球110个国家财产差距排名中靠前。

当前中国的收入再分配政策与很多国家相比是非常微弱的，对收入差距的影响在10%左右，而OECD国家的平均水平大概是40%。为此，在初次分配领域，最重要的是建立和完善要素市场环境和机制，破除市场垄断和价格扭曲，消除市场分割和身份歧视，增加公平机会和公平竞争；在收入再分配领域，加大税收调节力度，增加直接税的比重，特别需要征收财产税、房产税和遗产税；增加社会福利项目，实现社会保障的全覆盖，缩小保障水平的差异性。

CHINA'S REFORM
THINK TANK

第三编

中国崛起需要面对哪些世界经济新挑战？

欧洲区域经济一体化的启示

朗　诺　欧洲政策研究中心首席执行官

欧盟是由一些独立的国家组成的，自1951年欧盟的前身——欧洲煤钢共同体成立至今，欧盟每年都有新的成员加入，目前已有28个成员国，这对欧盟的未来发展以及国家间的合作将是一个很大的挑战。目前，欧盟对所有的市场都能够很好地融合。那么，欧盟是以一种什么样的方式融合？危机之后欧盟面临哪些新的情况？欧盟的经济合作究竟意味着什么？

一、欧洲一体化的历史进程

1951年，欧洲一些国家为了对最基本的经济进行融合，成立了“欧洲煤钢共同体”。1957年，6个成员国签署了《罗马条约》，此后成员国数目不断扩大，从最初的6个增加到9个，后来又增加到12个。这是一个从经济融合逐渐走向政治融合的过程，最初的阶段（即《罗马条约》签署时）是一个很困难的阶段，因为我们当时希望能够增强融合，包括政治融合，需要通过一些法案、一些决定使大部分的欧洲国家都能够参与进来，这时法案的通过非常重要，然而有时却出现投票不足的情况。对此，曾经担任过法国财政部长的欧盟主席雅克·德洛尔曾指出，我们必须意识到如果没有欧盟这样一个市场将会付出什么样的代价。

经济学链接

欧洲煤钢共同体

欧洲煤钢共同体（European Coal and Steel Community）的缔约国有法国、西德、意大利、比利时、荷兰及卢森堡。根据1951年4月18日通过的《巴黎条约》规定：成员国无须交纳关税而直接取得煤和钢的生产资料。生效期限为50年，因此，2002年7月23日之后，欧洲煤钢共同体已不再存在。欧洲煤钢共同体是欧洲漫长历史上出现的第一个拥有超国家权限的机构。成员国的政府第一次放弃了各自的部分主权，并将这些主权的行使交给一个独立于成员国的高级机构。欧洲煤钢共同体1965年4月8日通过合并条约与欧洲经济共同体及欧洲原子能共同体合并。

到1992年，欧盟已经有了大量的立法措施用来改善市场融合，我们要做的就是包含所有服务、产品、资本和人力在内的一体化的市场。1992年，欧盟实施了一个最大的刺激项目，有效促进了市场的融合，并促进了一种渴望，即希望欧盟成为一体化的市场。但事实上我们并没有达成一体化市场，在很多领域依然存在着很多问题，许多成员国的跨国贸易和服务出现了停滞，1993—1994年甚至出现了经济下滑。因此，我们希望找到新的方法来克服这些问题。

1999年欧盟一体化迈出了重要的一步，即所谓的新的“欧元区”。到2014年11月欧元区已经有18个国家，2015年1月1日还有一个新的成员国加入。欧元区的形成在很大程度上促进了市场间的融合。南欧获得了很好的融资渠道，但也引发了我们现在看到的金融风暴和主权债务危机。虽然欧盟在1996年就已经形成了《稳定与增长公约》，但是并没有很好地执行。除此之外，尽管金融部门有很大的发展，但由于监管不力，也产生了很大的问题。

二、欧盟应对危机的重要举措

2008 年金融危机的爆发，给欧盟带来了很大影响，然后又出现了债务危机。为了应对危机，欧盟在 2010—2013 年间采取了大量措施。

首先，欧盟改善了经济治理体系，于 2010 年形成了新的《稳定与增长公约》。其次，实施经济再监管。但问题在于监管是否有效，法国财长萨潘曾写给布鲁塞尔一封信，从中可以看出目前欧盟存在很大的问题，例如再监管等。未来，欧盟要推进法治，必须要有健全的法律体系，这样欧盟需要的规则就会更多。最后，2012 年欧盟建立了银行联盟。由于对金融部门的监管不够，欧盟决定成立一个统一的监管机构，从 2014 年 11 月 4 日开始，银行联盟已建立统一的监管机制，欧元区的银行由欧洲银行监管，并制定共同的规则。也就是说，大银行不论在欧洲哪个地区，都要受到欧洲中央银行的监管。

经济学链接

《稳定与增长公约》

《稳定与增长公约》（Stability and Growth Pact）是为了保证欧元的稳定，防止欧元区通货膨胀而制定的。1997 年 6 月 17 日在阿姆斯特丹首脑会议上通过的欧盟《稳定与增长公约》规定，欧元区各国政府的财政赤字不得超过当年国内生产总值（*GDP*）的 3%、公共债务不得超过 *GDP* 的 60%。按照该公约，一国财政赤字若连续 3 年超过该国 *GDP* 的 3%，该国将被处以最高相当于其 *GDP* 0.5% 的罚款。

三、欧洲一体化面临的新挑战

第一，受金融危机和债务危机的影响，欧盟某些领域碎片化问题加剧，如能源、电信、劳动力市场等领域并未实现有效的融合。

第二，金融市场的融合不尽如人意。目前，欧元区的融合程度依然停留在1999年的水平，融合程度不够，机制也不健全。受各成员国互相竞争的影响，欧盟各国的能源价格都不相同，除电力以外，欧盟的能源成本是美国的2倍，欧盟的能源市场需要进一步的一体化，亟须建立一个统一的能源市场。

第三，个人的职业资格需要一体化的协调。目前，职业人员在欧盟各国流动都需要在各国获得职业资格，然而各国的职业资格要求并不相同。英国在职业资格方面的要求不高，但其他国家，如卢森堡、意大利等对职业资格的要求很高，这使得个人职业资格方面的协调难度较大，迫切需要加强一体化的协调。因此，欧洲一体化还有很长的路要走。

四、欧洲区域经济一体化对新兴经济体的启示

从欧洲区域经济一体化的进程可以看出，欧盟采用的是一种自上而下的做法，例如自上而下的监管。但是，其他地区一般都是采用自下而上的做法，欧盟模式在其他地区很难复制。

经济学链接

欧盟与加拿大的全面经济贸易协议

2013 年 10 月 18 日，欧盟委员会主席巴罗佐和加拿大总理哈博在布鲁塞尔签署了欧盟加拿大经济贸易协定谈判的相关文件，就欧盟与加拿大《全面经济贸易协定》（*Comprehensive Economic and Trade Agreement*，CETA）的关键条款达成了原则性协议，这一协议会加速扩大双边贸易投资。协定实施后，欧盟与加拿大的双边服贸增长 23%，并使欧盟 GDP 年增长 120 亿欧元。

就亚洲开发银行而言，其在亚洲努力使资本市场一体化，但目前一些国家并不愿意合作，因为它们不希望放弃一些主权。欧盟可以借鉴的经验是其监管一直致力于一体化的协调，比如商品要进口到欧洲，欧盟有安全的协调标准。目前，欧盟－新加坡、欧盟－韩国的协议已经开始做，欧盟与加拿大的全面经济贸易协议（CETA）也已基本完成，而由美国主导的 TTIP 可能需要 5 年的谈判才能达成。中国将是欧盟需要考虑的另一个重要对象，尤其是在自由贸易协议方面。

应急储备安排对中国及发展中国家的影响

穆哈扎姆　孟加拉政策对话研究中心主任

请大家暂时将目光离开新兴国家，转向发达国家，首先关注一下金砖国家和发达国家的经济关系。为什么要采用不同的思考方法，在此之后，我将会讨论我们现在面临的问题。

金砖国家面临什么样的安排，新兴国家是什么样的安排。第一个问题是发展中国家采用的金融安排，应急储备如何帮助这个进程，这是我们主要的职责。其目的是为了解决新兴经济体短期的问题。第二个问题

经济学链接

金砖国家应急储备安排

建立应急储备安排的磋商由金砖国家领导人于2012年6月在墨西哥洛斯卡沃斯二十国集团峰会期间正式启动。2014年7月15日，中国人民银行行长周小川代表中国政府与其他金砖国家代表在五国领导人见证下，在巴西福塔莱萨签署了《关于建立金砖国家应急储备安排的条约》。应急储备安排将补充和强化由国际货币基金组织、区域金融安排、中央银行间双边货币互换协议及各国自有的国际储备构成的全球金融安全网。

更为重要，即加强全球金融。因为我个人认为要解决发展中国家的问题，应急储备安排要给予很多的帮助。

金砖国家、发展中国家的交往越来越多，在过去的5年当中，金砖国家和发展中国家的贸易很多，几乎增加了一倍，金砖国家从发展中国家的进口额也占其进口总额的一半。可以看到，金砖国家和发展中国家的交往越来越密切。FDI（外商直接投资）也是这样，中国、俄罗斯对外的投资也在增加，印度、巴西和南非的投资也在增加，金砖国家的FDI也在增加，我们考虑的不仅是FDI，同时考虑证券投资也是一样，中长期的投资工具也是发展中国家、金砖国家经常使用的，这就带来了若干利益，这些利益是需要金砖国家考虑的。

经济学链接

外商直接投资

外商直接投资（Foreign Direct Investment，FDI），指外国企业和经济组织或个人（包括华侨、港澳台胞以及我国在境外注册的企业）按我国有关政策、法规，用现汇、实物、技术等在我国境内开办外商独资企业、与我国境内的企业或经济组织共同举办中外合资经营企业、合作经营企业或合作开发资源的投资（包括外商投资收益的再投资），以及经政府有关部门批准的项目投资总额内企业从境外借入的资金。

我们现在面临的挑战是什么？我们谈了很多新的现实，新的常态，新常态对于其他的发展中国家也有影响。金砖国家的出口在下降，来自发展中国家的进口也在下降，这就带来了一些压力。还有就是进出口平衡，金砖国家对外投资也在减少，现在大多数金砖国家对外投资都在减少，中国和印度投资也是如此。这是往来账户和资本账户遭到了压力，金砖国家发生了变化，发展中国家也发生了变化，所以，金砖国家的经济有所放缓，外币兑换也发生了变化，金砖国家跟美元、欧元的汇率也有所变化，特别是在2020年的时候，这不光是对发展中国家有影响，同时对其他的发达国家也产生了影响。印度的卢比贬值，对其他的货币也产生了影响。我们必须要考虑到这一点，也就是说，金砖国家发展变化对其他的发展中国家也将产生影响，我要说的是，我们需要更好地支持金砖国家发展。

在这些问题发生的时候，比如说危机引发货币升值或者贬值20%，这就需要发达国家的介入，发达国家提供一些支持，当然这可能会附一些条件。发展中国家接受的帮助，比如阿根廷、莫斯科、孟加拉都从发达国家接收到了援助。我想对发展中国家来说，如果出现了国际收支问题的时候，国际组织是必不可少的。除此之外，我们还需要加强跟金砖国家的一种往来和相互的保护保障，这样一来，有利于减少风险。

中国、印度、巴西、南非也从发达国家接受援助，但这是很多年前的事情了。在过去几年中，说明金砖国家没有必要从发达国家接受援助，像中国是20世纪80、90年代，如果有应急机制，是有助于金砖国家控制其风险的。

但是应急储备安排还需要有其他的修正，更多地支持发展中国家，不光是支持金砖国家本身，这是我关注的要点。应急储备安排还处在初始的阶段，现在是一千亿美元的投资额，中国是出资最多的国家，这将有利于控制金融危机。所以，我个人认为这样的机制还有宽阔的空间，为发展中国家提供便利，包括在国际收支平衡上发挥作用。

OECD 国家对发展中国家援助与影响趋势

朗哈默尔　德国基尔世界经济研究院原副院长

我所谈的是一个经久不衰的老话题，但这一话题具有很强的专业性，谈的是 OECD 与发展中国家的关系，以及 OECD 对发展中国家的援助有什么影响。首先谈事实，联合国对南南合作的评估，也就是南南合作的机遇窗口，自从 1999 年以来，传统的援助是很少的，除了北欧国家，其他国家的援助逐渐减少。低于国民收入的 7%，这是发达国家对发展中国家援助的一个承诺，多年以来一直没有达到这个比例，2003 年后下降，两年之后这一比例达到了 0.3%，这是非常令人失望的一个数字。第二，私人资本流动，这些 OECD 国家的资本流动并不是很大，图表显示了外商直接投资汇款以及私人资本的援助，官方的援助比较稳定，从人均的数字来看，先从发展中国家的接收方来看，每年少于 50 美元，这是非常低的数字，没有办法改变世界的状态，这是一个事实。OECD 根据 2015 年发展目标规划发展援助的现代化，大家知道，明年是前期发展目标的结束年，在这一年新的发展目标，OECD 的援助也以新的发展目标相协调，以便能够帮助这些国家实现这些发展目标，包括教育和清洁饮水的权利。

经济学链接

经济合作与发展组织

经济合作与发展组织（Organization for Economic Cooperation and Development, OECD）是由34个市场经济国家组成的政府间国际经济组织，旨在共同应对全球化带来的经济、社会和政府治理等方面的挑战，并把握全球化带来的机遇。成立于1961年，目前成员国总数34个，总部设在巴黎。

官方的援助是有争议的，我这里采取中立的立场。可以看到，对发展中国家的影响有很多的研究。作为外生变量和经济运行指标，援助渠道之间的跨国回归扁平的态势，结构不是很好，也就是说，发展援助的条件是很重要的。在政治方面，如果受援国政策不好，靠援助也没有什么作用，援助要想成功需要一个良好的政策背景，需要有肥沃的土壤。当然，下一个是援助不仅可以推高国内劳动力成本，还可能导致利率提高，提高了竞争力。援助是来得太多，援助可能达到GDP的30%，这个时候会导致劳动力成本升高，这样就妨碍了出口的竞争力，好处是帮助他们挺过艰难的时期。官方的援助确实有一定的影响，现在重要性在下降，但是对几个弱的国家很重要，比如说受埃博拉影响的国家。

南南合作的结果是什么呢？也许南南合作可以补充或者是替代北南合作，在这里我引用联合国的报告，南南合作的重要性在增加，在总体数字上占国际援助的10%，也很难测量南南合作的影响，也很难与北南合作的影响进行比较。如果真的要比较南南合作和北南合作，南南援助仍然是项目援助，这是传统的援助方式，但是近几年来，预算支持和债务的减免也很重要，尤其是在北南合作当中，预算越来越多。主要表现在通过小额信贷开展，社会与农村发展方面这一点很重要，因为我们需要帮助贫困的人，帮助这些人获得贷款，获得资源。在这里，南南合作可以给他们提供很大的帮助。

2010 年联合国发展理事会强调，南南合作的几个特征是基于北南合作，包括通常没有政策限制，也就是没有条件，有更多的横向关系，而不是一种援助不援助的关系，而是合作的关系。我们需要的是基础设施投资是私人投资亟须的先决条件。在过去的南北援助中，基础设施投资没有得到足够的关注。南南援助的目标应当为改善受援国向援助国出口非传统产品。但是，关税壁垒方面的南南保护制度与南北保护制度相比仍然是最高的。南南援助应当避免捆绑式援助方案。作为南南援助的组成部分，易货限制是不应当有的，易货贸易未必具有限制性，援助国和受援国均面临风险。南南援助还可包括危机时期的国际收支，但应做好为经合组织国家货币提供财务资源的准备。

中国转型改革是中欧深化合作的重大机遇

迟福林　中国（海南）改革发展研究院院长

未来6年将是中国转型改革最重要的时期，对中欧问题的观察要在这个大趋势下来考虑：一是中国的增长、转型、改革高度融合；二是改革和危机并行对我国既是机遇也是挑战；三是改革的时间和空间约束全面增强。在这种背景下，中国走向服务业大国会给中欧间贸易投资带来巨大市场空间，中欧深化改革合作面临重大历史机遇。

中欧合作的方向

从全局来看，未来6年中国的市场潜力很大，市场开放的速度将会加快。例如，未来6~10年，中国健康产业的潜力有可能将超出医疗市场的规模，现在很多国外机构看好中国潜在的健康产业大市场。市场开放的速度特别快，尤其是服务业贸易领域已经发生了很大变化。最近，政府在健康、医疗、教育、文化、体育等方面已经出台多份文件，鼓励社会资本进入，也陆续放开外来资本的进入。估计未来几年全国都会放开医疗市场，开放速度较以往明显加快。

与此同时，自由贸易的趋势不断加快。比如，2014年11月中韩两

国政府签署了结束中韩自贸区实质性谈判的会议纪要。相应地我们也应看到:

第一，中国—东盟“10+1”自贸区升级版在不断推进。借鉴欧盟模式，在各国平等协商的前提下，中国与东盟10国的人流、物流、资金流、信息流在区域内无障碍流通和基础设施的互联互通正加快实现，逐步形成以自由贸易、共同市场、货币合作为重要特征的区域经济一体化格局。如果排除某些政治因素的干扰，按照这种发展速度，该自贸区升级版在未来5~6年即可能实现。

第二，中美自由贸易新一轮谈判预期在2015年会有重要突破，审批权限方面将会有大幅度减少。

第三，中国和欧盟的自贸合作应当最有前景。欧盟在城镇化、中小城市合作、职业教育、生产性服务业领域等很多领域成绩斐然。只要打开思路，中国将给欧盟提供巨大的市场空间。2015年中国和欧盟的自由贸易谈判有望取得重大进展。在这种背景下，未来5~10年世界经济大格局将发生变化，东亚、美国、欧盟构成了世界三大经济中心板块。中欧需要适应未来的发展趋势，把握住自由贸易区建设的重要机遇。

中欧合作的立足点

中欧的服务贸易目前占双方贸易总额的比重仅有12.5%左右，占全球服务贸易的比重只有0.8%左右，发展空间十分巨大。按照《中欧合作2020战略规划》，中欧贸易额到2020年要达到1万亿美元的目标。如果中欧服务贸易占双方贸易总额的比重提高到20%，双方服务贸易将达到2000亿欧元的规模。围绕这个问题，下一步中欧合作要有新趋势、新格局、新要求。中国走向服务业大国的转型与改革，是未来5～10年中欧合作的最重要立足点。

经济学链接

中欧合作2020战略规划

2013年11月21日，国务院总理李克强在人民大会堂同欧洲理事会主席范龙佩、欧盟委员会主席巴罗佐共同主持第十六次中国欧盟领导人会晤。双方共同制定《中欧合作2020战略规划》（*China－EU 2020 Strategic Agenda for Cooperation*），这一全面战略规划确定了中欧在和平与安全、繁荣、可持续发展、人文交流等领域加强合作的共同目标，将促进中欧全面战略伙伴关系在未来数年的进一步发展。

第一，在未来5～10年，中国将成为世界最大的服务业市场之一。据统计，2013年中国的名义城镇化率为53.7%，人口城镇化率为35%左右，正处于快速发展的区间。但生产性服务业占服务业的比重仅为15%，发展严重滞后。中国正在步入老龄化社会，到2020年中国约20%左右的人口将超过60岁。但来自全国老龄委员会的调查结果表明，目前老年人消费能力每年约为1万亿元，而老年人产品供给尚不足2000亿元。所以未来5～10年将是中国服务业市场发展最快、规模最大、机会最多的时期。

第二，中国服务业的发展主要依靠市场开放。未来5～6年，服务贸易市场的开放，将是中国转型升级、转型创新的内在需求，是“一带一路”对外开放新格局的一个最大优势，也是中国扩大内需和提高老百姓生活质量的重点。毫无疑问，未来中国服务业市场将会越来越开放，开放的速度也会越来越快。

第三，服务业的转型与改革紧密结合。发展重化工业要靠国有大中型企业，发展服务业则需要发展中小企业。中国要从工业大国走向服务业大国，实现服务业主导的新格局，实现从“中国制造”到“中国创造”的转变，核心是发展中小企业。未来 5 ~ 10 年将是中国发展中小企业、通过中小企业创新创业的最关键时期。

第四，中国的结构性改革需要与此相适应。除了人民币国际化，民间资本银行、中小银行也需要得到实质性突破。而且，中国的教育结构、教育体制需要改革。未来 5 ~ 10 年中国的职业教育会得到很大发展，相当一部分中国大学会向职业教育转型，中国政府将会采取一些政策鼓励社会资本、外来资本投资合作发展职业教育。

在中国经济转型改革的大背景下观察中欧合作，会得到很多新的启示。我们希望能够通过加强中欧合作来促进中国经济的转型和发展。欧盟在发展服务业上有诸多优势，中国需要抓住机遇，打破服务贸易壁垒，放宽市场准入，实现共同发展、互利共赢。

CHINA'S REFORM
THINK TANK

第四编

别国经济成败给我们提供哪些前车之鉴？

发达国家经济复苏模式的启示

柯乐芙　德国科隆经济研究院国际经济研究所经济学家

美联储决定退出量化宽松政策，美国国内报纸也有很多报道，也说到新兴经济体可能将会遇到一些问题。这大概是关于发达国家和新兴经济体国家的一种联系，大概是关于为什么我们要做这样的发展中国家的研究，特别是考虑全球状态下的一种研究，我希望能给出一些答案。我试着给出两个问题的答案，第一个问题：关于发达国家的经济恢复，恢复有多强，这样的恢复是不是覆盖了所有的发达国家。第二个问题：这对新兴经济体的发展有什么样的影响。

我们不能把新兴经济体独立于全球经济发展之外，现在的经济危机来自于发达国家，但是，我们的各种渠道，包括投资渠道、贸易渠道，可以说是把所有国家连在一起的。我们看到，在整个世界范围内各方面的增长都有大幅度的下降，几乎所有人都预测我们的经济将会维持这样一个状况，但这只是针对于大的发达国家的经济发展而言，我们不可能去考虑所有的国家。然而，我们应该看到两个趋势，一个是美国，另外一个是欧元区和欧盟，他们的发展有非常大的差异化。

就美国而言，美国经济的复苏逐渐加强。我们看到自从 2013 年以来，尤其在 2014 年过去的几个季度，美国经济发展还不错，虽然 2014

年第一季度经济指数虽然由于天气因素有所下降，但是经济在二季度恢复得很好，二季度的 GDP 环比增长超过了 1%，若是年度同比将更强，第三季度恢复的情况则更好。未来的预期可能会更好，与前季度相比可能是 0.8% 的增长，具有良好的经济活跃度。我们预期，这样的发展在未来也将会显现，将会持续下去。

就欧盟区的情况而言，2013 年以来经济不容乐观。我们不能排除欧盟区可能会在 2015 年再次进入衰退。2014 年第二季度法国和德国的经济增长都是停滞的状态，这一情况对新兴经济体有什么样的影响？发达国家和发展中国家、新兴经济体国家之间的贸易联系非常强，发达国家经济活跃度的下降可能会导致国际贸易的下降，当然也可能会导致需求的下降。这就会影响到新兴经济体。以印度为例，由于来自于发达国家的需求下降，其对印度出口的贡献就降低了，以前出口对印度经济的贡献具大，但在 2010—2013 年间，出口或者是国际贸易的贡献不再那么强，甚至出现了负增长。

那么，我们能够从中获得什么教训呢？尤其是发达国家和新兴经济体国家的联系的教训，这不仅是贸易，也是投资、资本的流向。还有我们的国家集团，在这样的场景下，我们讨论量化宽松，在 2013 年相当大的资本流出很多是投机性的。可以说，这样的发展主要是由于临时性的货币政策造成的，但是，考虑到汇率的问题，我们也观察到在巴西只有 50% 的民意增长有临时因素，超过 50% 的通货紧缩是长久性的，比如纯粹的经济活跃度的下降，所以很可能我们看到的是新兴国家可能会从发达国家的恢复中获益。

但是，如何增强新兴经济体国家的作用？这是我们希望去观察的。此外，要保持一种强势，我们这些国家应该进行结构调整，保持他们的竞争力，保证这些资本留在他们的国家，而且资本是非常需要的，比如，巴西就很需要资本来保持稳定。

互联互通的亚洲经济

庄 建 亚洲开发银行驻华高级经济官员

关于亚洲全球价值链的问题。我讲两个部分，一是对亚洲的展望，二是全球价值链在亚洲的情况。

我简要的介绍以下几个要点，亚行45个发展的成员国当中，我们当时对2014年的预测是6.2%，比2013年增长了0.1个百分点，2015年会继续运行到6.4%这样的增长。

对亚洲来说，国内大调整包括很多相应的改革能够抵消掉外国环境的外需增长缓慢带来的负面影响。这样的情况下，我们认为通货膨胀程度还算比较合理，2014年是3.4%，2015年是3.7%。很多人谈到关于美国的量化宽松政策的退出这一问题，我认为较去年来说影响不会太大。最后一点谈谈亚洲参与全球价值链的进程，现在是不均衡的，有些国家比较深入，有些国家比较浅显，总的来说，我们是需要加强的。

美国、欧洲、日本的预测。2014年美国和日本可能略差一些，但是预计2015年都会向上，并为此做出一些经济调整。我着重谈一谈中国的情况和印度的情况，这两大主体贡献了80%左右的所谓的泛亚洲的份额，这是非常重要的。其他的像中南亚地区所占的比例不是很高，影响不明显。

首先是中国，从 2014 年来看，经济增长虽然有所减缓，但是仍旧徘徊在中高速的增长，进出口的贡献变正，国内需求消费的空间超过了投资，这是非常好的现象。2014 下半年以来，中国的外需呈良好态势增长，对经济增长的贡献已经变为正值。

印度的情况也是有很多新的进展。无论是企业还是金融，还是就业等方面的指标都在改善，有一些改革会陆陆续续地推出，这样会使得印度的经济往好的方向发展。

东南亚五个国家在资本市场的情况是不一样的，泰国由于政治方面的原因，下降较为明显，但是经过一些调整，我们预测 2015 年会有比较好的表现，其他的一些国家，都是相对比较偏冷的，总的来说，我个人对 2015 年亚洲的经济发展状况持谨慎乐观态度。

接下来我讲讲通货膨胀的问题，具体包括两个方面，一是国际大宗商品价格的影响，二是国内需求的影响。最近一段时间，国际大宗商品价格变化非常大，往下行发展。基于这样的考虑，2014 年是 3.4%，2015 年是 3.7%。这次我们做了一些分步研究，通货膨胀或者是所谓的产需缺口的关系，2015 年的缺口可能会缩小一些，但是始终还是在负范围，国内的需求对通货膨胀是发挥抑制作用。当然还有不确定性的因素，上文提到亚洲国家推进改革，能不能按正常的程序运行，会不会拖延，包括中国的房地产以及大宗商品的价格问题，让我们拭目以待。

关于全球价值链的问题。一个大的趋势不会改变，价值链除了国家之间，也涉及国家内部和区域之间。在制造方面，中国制造的增加值是非常少的。原来我们讨论了很多出口的总值，但是出口总值掩盖了增长值的现象，扣除这个因素，中国和很多其他国家的贸易关系都需要进行调整。全球价值链对亚洲来说会产生积极作用，无论是对产出还是对收入还是对就业都有积极的促进作用，但是也存在一些问题，特别是如果某一个国家出现问题，会波及其他的国家，我们的认识还十分有限。在东南亚这方面的价值链在其他的地区没有那么深了，我个人认为亚洲国家可以通过一系列的政策梳理有效促进全球价值链的提高。

东盟经济一体化的系统架构

斯里桑南　泰国朱拉隆功大学东盟研究中心学务处主任

我要跟大家介绍的内容是：2015 年以后的：东盟经济一体化系统架构。我将介绍东南亚的发展背景与主要的挑战，以及 2015 年以后东盟应该做什么。

随着全球经济的不断扩张和经济区域性的不断增强，东南亚国家联盟（东盟）决定到 2015 年建立东盟经济共同体，实现区域经济一体化的目标。自 2007 年签署《东盟经济共同体蓝图》以来，东盟已逐步采取了许多措施，但仍然面临巨大挑战。

我认为 2015 年建立东盟经济共同体要经历两个阶段，但是这一目标目前无法实现。2015 年之后，东南亚将面临更大的挑战。对于东南亚而言，东盟经济共同体是我们的战略目标，我们推进区域融合，提高竞争力，期望以形成 AEC 共同体实现经济达到 3% 的增长，但这并不是经济共同体的全部目标。目前，泰国、马来西亚、印度尼西亚、文莱、老挝、越南等 10 个国家正努力建立东盟共同体，这个共同体包括各个不同方面的合作。这是东盟国家合作的一个纬度，可以分成三个方面，一是经济共同体；二是经济安全共同体；三是社会文化共同体。关于经济共同体的界定，我们希望将 10 个国家转变为统一市场的基地，当然我们会把东南亚打造为具有高度竞争力的基地，使东盟成为经济发展较快的地区。最后我们希望能够实现东盟10国之间充分的融合，并且融入世界经济，尤其是与中国、日本、韩国、印度、澳大利亚以及新西兰的融合。

越来越多东南亚国家愿意跟中国合作，如2004年，东盟经济共同体设计了发展蓝图，并采取了许多措施。到2012年，东南亚经济共同体的目标已实现了80%，但剩下的20%经济目标是难以实现的，也许需要等待到最后时刻才能实现。这正是经济共同体所面临的主要挑战。因此，在2015年之前，经济共同体必须完成以下任务。

首先，在货运贸易方面，即便是从2010年以来我们建立了东南亚自由贸易区，但是利用率只有47%，还比较低。比如，泰国对于FTA的利用在东南亚仅位列第六。由于生产者和贸易者之间的协调也不够，我们必须要回归自我认证的制度。像欧洲经济共同体一样，在20世纪80年代和90年代，东盟也在讨论外部的规则，因为各国的规则不同，使东南亚各国之间的国际贸易变得非常的复杂。这是我们需要进一步讨论的问题，即实施统一的对外关税规则。我们需要推进一系列的改革，如对越南、老挝、柬埔寨实行特殊的政策，除了关税措施以外还有非关税措施。因此东盟需要修改现有的非关税规则，并公布非关税规则和数据，尽快促成各成员国在这方面的意愿，这是极为重要的。目前，我们努力建立东盟贸易共同体，是为了促进国际贸易便利化，我们要建立统一的市场，以及统一的市场法，如同20世纪八九十年代欧洲的做法。目前最为需要的是根据这个规则，互相承认规则、技术规范等，据了解，目前已有一些组织专门处理这些问题。

其次，在如何减少差距方面，东盟也存在一些问题。在发展差距方面，我们有两个纬度，一个是经济发展的融合，即这6个国家和其他国家的融合，我们希望中小企业能够与跨国公司共同发展，以一系列创意举措促进中小企业的发展，尤其在促进服务贸易发展方面，使中小企业能够在各个国家流动。

再次，投资问题、财税政策问题也需要讨论。我们从来没有讨论过共同货币，东盟国家的共同货币至少在2030年之前不能与人民币抗衡。现在我们讨论三个问题，第一问题是，2014—2020年需要做什么？第二个问题是，2020—2030年应该做什么？第三个问题是，采取紧急措施还是正常的措施？大多数都是紧急采取的措施，有些是正常轨道的措施。

最后，东盟走向2030年有不同的渠道。第一个是实现AEC共同体，我们需要进一步的融合，到2030年经济共同体的融合是有可能的，在对外贸易方面是可以实现的，对于东盟自由贸易区来说，它也可能发挥重要的作用。最后一个是东盟10+6，东盟是驱动的力量，再加上中国、日本、韩国、澳大利亚、新西兰等伙伴，我们共同建立亚太自由贸易区。这将成为最大的经济贸易区，这是东盟在未来15年可能形成的状况。

非洲的视角

——这个大陆扮演的经济角色

奥乌苏　南非人文科学研究委员会经济表现与发展部高级研究专家

我终于有这样的机会展现非洲。首先来看，非洲与世界进行融合的过程，金砖国家在过去10年有非常好的经济增长，跟南南合作有非常重要的关系。严格来讲，我们对南南合作没有明确的定义，可能有相互依靠的经验，我们有着很多相同的特点。

我演讲的重要一点是非洲作为一个大陆会扮演怎样的经济角色？欧洲在各国有不同的利益，根据过去的援助，比如，西班牙分别对一些国家进行不同的援助，比如，在一些疾病方面，俄罗斯通过世界银行或者是其他组织的参与非洲的援助，印度主要是技术方面的援助，以及教育、卫生方面的援助。中国几乎在所有的部门都有援助，比如在农业、基础设施、采矿、石油、服务业等各领域都有援助。对于非洲来说，中国可谓无处不在。中国将大量制成品出口非洲，在许多非洲国家参与到零售行业中。中国在安哥拉、刚果民主共和国、苏丹进行大额基础设施建设投资，以谋求和这些国家在石油供应方面的合作。因此，我们在区域贸易中非常活跃，在石油、教育、卫生、零售等各方面都有参与。

由于金砖各国的利益不相同，没有共同的发展合作框架，也没有共同的对非政策。金砖国家集团并未作为一个整体与非洲进行往来，而是成员国为了自身利益单独与非洲国家往来。而往来的主要领域集中在：贸易、外商直接投资、发展融资以及技术援助。非洲国家可能会成为增加产品出口商的风险，对于经济增长并不会带来实质性的影响。大多数的非洲国家都希望能够走工业化道路，不依赖单一的矿产品。我们认为经济的多元化将建立长期经济增长的手段，尤其是在制造业和农产品出口方面，贸易和其他的方面也可以起到促进作用。

同时，农产品价格上涨并没有为其他行业的发展带来促进作用。现在的问题是，我们如何把我们的经济从促进产品出口转向其他的方面，我们需要资本投资和技术转让，比如，钻石的加工大部分都是在非洲之外的地区进行；我们出口农产品，但在国内没有办法加工；我们与金砖国家合作进行技术转让。

目前，中国正在进行工业化，在非洲也有一些劳动密集型的产业，有些国家外商投资对促进地方经济发展方面，并不是只是向中国输出工人，比如：尼日利亚有两亿人口，会不会成为非洲国家的门户，非洲和其他的地方相联系的桥梁。

对于金砖国家来说，另外一个挑战是非洲国家不同的区域之间进行合作。比如，肯尼亚在非洲各个区域都有发展，对于金砖国家来说，如何保证在这些地区的安全，如何促进区域的稳定性。非洲国家不喜欢西方国家干预主义的援助，促进投资的同时加强政治的稳定性。

金砖国家都有不同的利益，金砖国家必须改变与非洲的交流方式，促进食品安全和非洲实际的经济发展。在这方面，我们需要有一个综合性的援助方案，而不是各个国家分别去做。所以，非洲大陆应该有一个综合性的做法，应当在经济发展合作方面与金砖国家应该加强合作，把金砖国家当作一个实体。

非洲是一个极其多样化的大洲，强大的次区域协议和群组与南北关系相符。要成为非洲传统贸易伙伴和市场的替代，金砖国家必须改变方法，更好地帮助非洲解决经济增长但就业未改善、贫困、不平等、食品安全、实质性发展等问题。金砖国家作为一个集团，需要共同、制度化的“非洲发展合作战略”，而不只是金砖国家成员国与非洲国家的双边往来，金砖国家必须采用不同于以往非洲援助国的方法。我们需要一个统一、制度化的金砖国家—非洲发展合作战略。

新兴市场的教训

——以21世纪土耳其产业转型为例

萨 克 土耳其经济政策研究基金会研究所所长

我在过去30年是一个职业的经济学家，过去我根本不太了解南南合作，现在我开始关注，南南合作为发展中国家的发展创造了很多的机会。让我们共同合作，共同往前走，所以，我想强调工业化的重要性。对于发展中国家来说尤为重要，我们的国家GDP水平要达到发达国家的水平，实现趋同，所以我们要通过工业化来实现。

正如很多经济学家所描述的，土耳其的经济有很好的表现。如果关注走向新常态的新兴经济体，我们需要了解现在市场的流动性。事实上，土耳其也经历了结构改进的过程，现在的世界经济发展速度变得越来越常态，当然也受到了这样或那样的冲击，我们的问题是我们的经济还需要长久才可以反弹回去。对于新兴经济体来说，要重视改革，重视市场的力量。所以，我想给各位介绍的是土耳其经济发展的进程。我要讲的内容是21世纪土耳其产业转型：新兴经济促进投资的经验教训。

我先介绍一下我们的国家，然后说一下我们的问题，接着集中说一下技术的问题，这是我们实现跨越式发展的基础。我们重点发展技术的平台有通信技术、医药技术等，这是政府重点发展的领域。它改变了土耳其经济投资的质量，这是土耳其的经济历史，从它可以看到市场的转型、政府的变化。

随着土耳其经济的发展，土耳其逐渐地融入了世界经济。20 世纪 60 年代我们采取了很多发展经济的措施，90 年代开始实行市场开放，随后开始了土耳其的改革进程，在这个过程中我们碰到了政治的问题以及政治以外其他的问题，然后开始了工业化。1960 年土耳其城镇化率是 30% 以上，到 20 世纪 80 年代我们进行了政策的改革，包括价格的改革、金融自由化、贸易自由化等。2010 年的改革主要是加入欧盟的进程，这就得符合一些相关的规定，包括银行的改革、私有化、税负的改革、货币政策和财政政策的制定。在 20 世纪 80 年代土耳其是一个农业化国家，农业占 GDP 总量在下降，工业占的份额在上升；90 年代初出口额为 30 亿美元。从出口产品的状况来看，这个国家出口组合和发达国家相比，工业品越来越多，越来越复杂。中国 20 世纪 80 年代以来比土耳其做得好，对土耳其来说，最重要的问题是让我们的产品更加具有技术含量。我们在这里看到一个机会，在这方面我们应当专注于技术升级换代，比如医药业、医疗器械、生物科学的技术升级换代，这些可以帮助我们进行跨越式的发展。我们可以使用工业政策或财税政策达到这样的目标，我们可以从这张幻灯片看到，生物技术产业向土耳其的转移，提高了出口的可能性。

现在的问题是，如何选择重点发展的行业，政府需要做出决策。对于我们所有国家来说，需要更多的协调，土耳其现在的协调还不够。我相信如果各方面能够进行协调，能够变成一个交响乐团，重点利益能够进行改革的话，未来的发展当中也可以做得很出色，也可以让新兴国家获得经济的发展和技术的进步，赶上发达国家。

名家观点综述

一、东盟经济一体化的目标及其面临的挑战

斯里桑南　泰国朱拉隆功大学东盟研究中心学务处主任

东盟国家合作可以分成三个方面：一是经济共同体；二是经济安全共同体；三是社会文化共同体。其发展愿景是，将10个国家转变为统一市场的基地，把东南亚打造为具有高度竞争力的基地，使东盟成为经济发展较快的地区，实现东盟10国之间充分的融合，并且融入世界经济，尤其是与中国、日本、韩国、印度、澳大利亚以及新西兰的融合。

2004年东盟经济共同体设计了发展蓝图，到2012年东南亚经济共同体的目标已实现了80%，但剩下的20%经济目标目前是难以实现的。这正是东盟经济共同体所面临的主要挑战。首先在货运贸易方面，2010年以来建立了东南亚自由贸易区，但是利用率只有47%。东盟需要实施统一的对外关税规则。其次，在如何减少差距方面，东盟也存在一些问题。如何促进经济发展的融合，并使中小企业能够与跨国公司共同发展，尤其在促进服务贸易发展方面，使中小企业能够在各个国家流动，面临一系列挑战。再次，从投资问题、财税政策问题的角度看，东盟从来没有讨论过共同货币，东盟国家的共同货币至少在2030年之前不能与人民币抗衡。

2030年东盟期待共同建立亚太自由贸易区。首先是实现东盟经济共同体，东盟自由贸易区会发挥重要的作用。最终发展方向是东盟“10+6”，东盟是驱动的力量，再加上中国、日本、韩国、澳大利亚、新西兰等伙伴，成为最大的经济贸易区，这是东盟在未来15年可能形成的状况。

二、非洲作为新兴经济体之间自由贸易的重要平台

胡江云　国务院发展研究中心对外经济研究部研究室主任

从21世纪以来，非洲的经济增长速度都超过5%以上，近10年全球经济增长最快的国家之中，非洲占了一半以上，前10名当中非洲占了6个。非洲是世界经济格局的重要一员，西部非洲、南部非洲关税同盟自由贸易协定很多，跟美洲国家一样重要。

中国在加入WTO以后，中国占全球的贸易比重很大，但是非洲占中国对外贸易的比重更高，并且这个比重是持续增长的，可以说非洲是中国重要的贸易伙伴之一。当前中非贸易格局发生了变化，在20世纪90年代初期，中国对非洲是贸易顺差，但是到了2013年，中国对非洲贸易逆差达200多亿美元。一方面，中国是非洲连续五年来最大的贸易伙伴，占比从2%提高到15%；另一方面，非洲很多地方是欠发达国家，但是对中国的投资总规模却在10亿美元以上。与此同时，中国对非洲的投资是260亿美元。

奥乌苏　南非人文科学研究委员会经济表现与发展部高级研究专家

大多数的非洲国家都希望能够走工业化道路，不依赖单一的矿产品，这就需要金砖国家与非洲国家更多进行技术转让。对于

金砖国家来说，另一个挑战是如何保证在这些地区的安全，如何促进区域的稳定性。非洲国家不喜欢西方国家干预主义的援助，这就需要在促进投资的同时加强政治的稳定性。金砖国家有不同的利益，它们必须改变与非洲的交流方式，促进食品安全和非洲实际的经济发展。在这方面，金砖国家需要有一个综合性方案，而不是各个国家分别去做。

三、重视应对超大型区域贸易协定

罗萨莱斯　联合国拉美经委会国际贸易与一体化部主任

超大贸易区的谈判所包含的内容是 WTO 所没有的，对全球的供应链的形成有重大意义。

TPP 现在能够在全球的供应链当中创造更加复杂的生产活动规则、贸易规则、投资规则。第一，希望能够通过 TPP 重新恢复自己的竞争力；第二，限制中国企业在东亚的扩张，在包括产权保护、国有企业的介入、劳动标准和环境标准等方面提出过高标准；第三，加强美国公司在亚洲价值链中的存在；第四，让中日韩自由贸易区中性化；最后美国还必须把 TPP 的承诺纳入到 APEC 或者是其他的多边自由贸易框架当中。

对美国制定的规则，其他一些国家也有反对的，比如劳动和环境标准并不是所有的国家都同意的。还有知识产权和商务方面都有约束性的规定，要求日本、澳大利亚的条款在各个方面都有不同的反对意见。美国和其他的国家也有分歧，比如农业是通过双边谈判还是通过多边谈判，比如与日本或者其他国家谈，如果是多边谈判，就把加拿大、澳大利亚等加进去。

朗　诺　欧洲政策研究中心首席执行官

欧洲区域经济一体化面临着新的挑战。欧元区在多个领域，如能源、劳动力、电力等融合不够。信贷的成本在各个国家不一样，即便是货币统一了，信贷利率也不一样，金融市场的融合仍然是1999年的水平。由于能源市场融合还不够，能源价格上各国都不相同，除了电力以外，能源的成本是美国的两倍。职业人员在各国流动要在各国获得资格，需要一体化协调。亚洲努力使资本市场一体化，但是目前存在一些国家不愿意合作，对此可以借鉴欧盟经验，形成一体化的监管协调机制。

四、中国在推动区域自由贸易中扮演的角色

罗萨莱斯　联合国拉美经委会国际贸易与一体化部主任

中国要加入TPP的话，TPP必须有有限的规则，中国不是按照目前的规则加入，而应该有新的规则。归根到底，美国可能会单方面修改协议的内容，所以，中国不能仅仅与美国谈。对中国来说，也需要促进改革，包括金融监管、产权保护等。中国可以促进多哈回合的谈判，特别是在下一步的谈判中促进在WTO进行2.0升级版的谈判，促进亚洲银行的发展。建立中日、中韩之间的自由贸易区，中国可以发挥更大作用。

景朝阳　国家发展和改革委员会国际合作中心区域所所长

第一，针对目前以及未来一段时间内一些国家有所抬头的贸易保护主义政策，切实推进贸易以及产业结构的优化升级，合理防范和妥善应对贸易摩擦，同时加强双边以及多边谈判，为中国出口企业争取公平的贸易待遇；第二，利用危机后人民币相对升值，扩大从发达经济体的进口，加大对外直接投资力度，依托已经签署的自贸协定和投资协定，配合中国提出的“走出去”战略，鼓励中小企业以及科技类企业通过海外直接投资、并购等方式，获取海外的先进技术和管理经验，将进口和投资同中国产业结构优化升级结合起来，为中国储备和提高技术与竞争软实力；第三，面对发达国家经济低迷不振和新兴经济体的转型与崛起，中国应设法保持在发达国家的市场份额，积极扩展新兴市场，实现对外贸易市场的多元化，除了利用贸易以外，还可以通过产业合作拓展新兴市场；第四，积极推动与新兴市场国家的区域经济合作谈判，首先关注市场规模较大、人均资本存量较高的新兴市场国家，同时把握好参与全球治理的历史性机遇，通过加强与新兴经济体的合作，制定新的国际规则，为中国的发展创造有利的外部环境，也争取更大的发展。

盛　毅　四川省社会科学院副院长、《经济体制改革》总编

分布在丝绸之路经济带上的新兴经济体，有中国、印度、俄罗斯、韩国、土耳其、哈萨克斯坦等，其中金砖国家就有三个。丝绸之路经济带是一个包容性的、开放性的战略构想，具有多元的战略诉求，包含多重的对外开放功能，呈现广阔的地域延展性。丝绸之路战略实施将扩大各国利益汇合点，寻求合作最大公约数，是要构建一个新的全球性贸易体系。丝绸之路的复兴将促进新兴经济体之间的相互往来，提供比海运更快捷、比空运更廉价的货运通道。近期丝绸之路战略重点和主攻方向主要是贸易、交通、投资领域的合作，尤其是建设欧亚大陆通道的公路、铁路、港口、通关等软硬件条件，促进基础设施互联互通。在此基础上提升经贸合作水平，拓展产业投资合作，深化能源资源合作，加强金融合作领域，促进人文交流合作。逐步推进交通一体化、能源一体化、产业一体化、城市一体化、贸易一体化，金融一体化。鼓励融资以应对地区交通运输项目的资金短缺问题，加强不同运输方式之间的互联互通。解决跨国贸易所遭遇的贸易壁垒。以加入国际公约的方式，或以不违背国际公约的地区协议的形式，动员私人部门参与运输基础设施的运营与维护。形成区域全面经济伙伴关系协定及一系列自贸区谈判，逐步形成高标准自贸区网络，建立起定期会晤机制，促进彼此之间的相互了解，加强区域成员国非官方合作。如果能够在边境口岸建立两国间“一站式”服务，建立统一的电子信息平台，实现数据交换和信息共享，优化口岸作业流程，提高联检内部的协作效率和效能，减少不必要的重复性的检查环节，同一批边境贸易货物仅实施一次检验检疫，缩短通关流程和通关时间，将极大地方便区域内的交通、物流、贸易等。

CHINA'S REFORM
THINK TANK

第五编

后危机时代的新兴经济体腾飞路在何方？

新兴经济体继续发挥着关键性作用

魏建国　中国国际经济交流中心副理事长

一、QE 落幕不会对新兴经济体形成重大冲击

美国联邦储备委员会 2014 年 9 月 29 日宣布 10 月结束资产购买计划，即量化宽松措施（QE）。这会给新兴经济体带来哪些挑战？

经济学链接

美国联邦储备委员会

美国联邦储备委员会（Federal Reserve Board）简称美联储，是联邦储备系统的核心机构。它是一个联邦政府机构，由 7 名成员组成，须由美国总统提名，经美国国会上院之参议院批准方可上任，任期为 14 年。其基本职能为通过公开市场操作，规定银行准备金比率，批准各联邦储备银行要求的贴现率等手段来实现相关货币政策。

有分析认为，与发达国家相比，新兴市场国家遭受到的由 QE 退出引发的冲击显然更大。比如，有可能进一步加剧国际资本从新兴经济体

的撤离，引发全球金融市场的新一轮震荡，使新兴市场面临新的金融危机。再比如，带来新兴经济体的通胀，出口减少，新兴经济体遭受资产抛售，不少汇市、股市和债市连续下跌。

我不同意这个观点。新兴经济体国际资本流动受全球宏观经济环境和新兴经济体经济基本面影响更大，不必对 QE 退出过于恐慌。新兴经济体绝不会一蹶不振，新兴经济体的机遇和挑战并存，未来将会发挥关键作用。

二、世界经济格局变化与中国战略

2014 年 6 月 8 日，美国总统奥巴马在西点军校发表演讲："美国要再领导世界 100 年，我的底线是什么？美国必须成为一如既往的世界舞台的领军者，发挥领军作用。如果美国不能领导世界，谁来领导？"拜登却说："当前全球经济正处在一个拐点，美国继续做未来世界的领导者还是游离观望。目前美国与世界其他地区的关系比任何时期都重要……"由此可见，奥巴马是在给自己打气，美国对未来继续成为世界舞台领导者信心不足。

全球的经济格局正在发生变化。按"中心－边缘"格局划分，一些边缘国家在向中心靠拢，而一些传统中心国家则逐步被边缘化。比如，韩国、以色列等国正从边缘往中心走，而英国正在从中心往边缘走。但因为这些国家体量小，影响不大。然而，这个格局开始面临挑战。拥有 13 亿人的中国正从边缘向中心靠拢。自从中国 2001 年加入 WTO 之后，美国一些智库学者认为，美国搭好了贸易体系平台，中国从中获利太多，而美国得不偿失。

在这个背景下，美国有三个选择：抵制、暂缓、全面阻挠。从现在看，美国的战略是“能阻止多少就阻止多少”。为此，美国推出TPP、TTIP，将WTO贸易组织边缘化，积极推进对自己有利的FTA（自由贸易协定）。比如，美国不提贸易自由化，而提贸易公平化；不提WTO，而提FTA。由此可以看出，美国是准备创造出更多的区域和次区域的合作模式和组织来排斥中国，其战略意图是让中国在全球贸易和投资范围没有话语权、参与权和规则的制定权，最后用新的规则来约束中国。

对中国来说，战略对策不是自搞一套，而是考虑在原有的基础机制上建立适应中国新常态的全球平衡机制。比如，把尽快同各大经济体签FTA上升为国家战略，应该把重点转向国际能源产区，应同海湾合作委员会（GCC）尽快签订自由贸易协定。

经济学链接

海湾合作委员会

海湾合作委员会（Gulf Cooperation Council，GCC）成立于1981年5月，是海湾地区最主要的政治经济组织，总部设在沙特阿拉伯首都利雅得，成员国包括阿联酋、阿曼、巴林、卡塔尔、科威特和沙特阿拉伯。2001年12月，也门被批准加入海湾合作委员会卫生、教育、劳工和社会事务部长理事会等机构，参与海湾合作委员会的部分工作。自成立以来，海湾合作委员会各成员国充分发挥语言和宗教相同、经济结构相似等方面的优势，积极推动经济一体化进程。

三、中国需要加快自身改革

第一，加快金融体制改革和财税体制改革。十八届三中全会提出要全面深化改革。中国金融体制和财税体制的改革仍然比较滞后。金融体制改革是全面深化改革的关键，上海自贸区是中国金融改革的最大突破口，它不简单是一个改革试验区。上海自贸区不能局限于其本身，而要超越短期利益和地区利益，站在全球宏观大视野下思考其发展定位和战略任务。与此同时，财税体制改革一定要加快，中国应该扩大中产阶级，把中产阶级做大做强，使中产阶级的消费潜力释放。

经济学链接

上海自贸区

上海自贸区即中国（上海）自由贸易试验区（Free Trade Zone）：是根据本国（地区）法律法规在本国（地区）境内设立的区域性经济特区。这种方式属一国（或地区）境内关外的贸易行为，即某一国（或地区）在其辖区内划出一块地盘作为市场对外做贸易，对该地盘的买卖活动不过多地插手干预且对外运入的货物不收取关税。

第二，加快产业结构调整。一些专家提出把传统产业转移出去的观点我不敢苟同，产业的核心和优势是在原有的基础上进行传统产业的改革。

第三，积极转变依赖出口的经济增长模式。重点扩大国内消费需求，提高居民的服务消费、生产消费、养老保健消费和文化等消费。

第四，加快人民币国际化进程。作为全球第二大经济体的中国，必须抓住国际金融中心的调整和中国经济转型的难得的历史机遇，加速实现人民币国际化。中国做好“一路一带”、特别是海上丝绸之路的建设，更需要金砖国家开发银行的支持。

最后，我认为，要尽快发挥中国的改革优势，需要强化三个平等，这就是“权力平等、规则平等、机会平等”。

新兴经济体发展与全球治理

薛 澜 清华大学公共管理学院院长
俞晗之 清华大学公共管理学院博士

当今世界，新兴经济体在全球经济发展和治理中发挥越来越重要的作用。虽然学界对于新兴经济体的理解没有统一标准，但至少包括中国在内的金砖国家和G20中的11个发展中国家都是公认的新兴经济体。这些经济体在近几十年内经历了较为快速的经济发展，被视为当今全球治理体系的重要参与主体。基于此现状，我们想谈论三个观点：第一，新兴经济体的发展与全球面临的新兴挑战共存；第二，全球经济秩序的改革必须与全球治理体系的改革相结合，要想重振全球经济，必须解决全球治理体系目前存在的问题；第三，全球治理体系的改革必须改变陈旧的观念。

一、新兴经济体与新挑战

新兴经济体的发展情况众所周知，尤其是在2008年世界金融危机爆发以后，一些新兴经济体的经济发展情况与传统发达国家相比更加受人瞩目。最近英国智库莱加顿研究所（Legatum Institute）公布了基于比较全球上百个国家和地区的各种因素而做出的全球繁荣指数排名（2013 Global Prosperity Index），中国总体排在51名，经济排在第7名。而且从总体的趋势看，亚太和很多新兴发展中国家的排名在上升，一些传统的发达国家在下降，这个指数从一个侧面反映出新兴经济体的发展。

但与此同时，新兴经济体的发展也伴随着全球发展面临的很多新挑战。例如，全球传染病的威胁。由于全球化的影响，各个国家人员及货物交往更加频繁，但一个国家的传染病流行变成对全球公共卫生威胁的概率也大大增加，最近西非流行的埃博拉就是这样的挑战。还有一个例子就是全球恐怖主义的威胁，从2001年美国“9·11”事件以来，全球的极端恐怖主义的问题不但没有解决，而且有蔓延的趋势，中国也难以幸免，受到很大的影响。此外，全球气候变化更是悬在人类生存头上的一把利剑。2013年全球二氧化碳的浓度有史以来第一次达到400PPM，对未来全球气候变化有很大影响，由此产生的各种极端天气，也是我们必须要面临的问题。

综上所述，与发达国家以前发展的过程相比，新兴经济体的发展过程缺乏一个比较平稳安定的国际环境，各种挑战和威胁总是伴随着这些国家经济社会的每一点进步。而且这些挑战和威胁从本质上看都是全球治理挑战的问题，不是哪个国家单独靠自己可以解决的。

二、当今全球治理存在的缺陷

要解决当今世界面临的各类问题，尤其是具有全球性质的问题，就需要一个非常有效的全球治理体系。但是，我们现有的全球治理体系已经很难适应当今世界的发展，面临着很多问题，具体可以归纳成为四个方面的缺陷。

第一，治理知识缺陷（Knowledge Gap）。在我们面临的很多新的挑战中，有很多问题产生的原因及其可能的影响，我们到现在仍然不完全清楚，还有很多未知的东西需要我们更加深入地研究。例如，在全球气候变化的问题上就存在着很多不确定性。在癌症、艾滋病和埃博拉等很多危害人类生命健康的疾病领域也存在着很多知识缺陷，阻碍了我们防控和降低这些疾病危害的努力。另外，其他知识缺陷也存在于对复杂的新型国际格局缺乏全面的认识。

第二，治理规范缺陷（Norms Gap）。不同的国家有着不同的政治、经济和法律体系，有着不同的治理规范。有些概念虽然在国际上通行，但在不同文化背景下的理解很不相同，如对“人权”、“民主”、“治理”、“规制”和“同等机会”等概念的理解，不同国家的认识可能大相径庭。

第三，治理政策缺陷（Policy Gap），很多新兴的挑战是非常典型的外部性问题，可以通过有效的公共政策手段来解决。但是，这些外部性的产生地和影响地很有可能不同，要跨越国界。同时，问题产生的时间和影响显现的时间也有可能不同，要跨越年代。这些困难的存在导致政策缺失的现象大量存在。同时，政策执行也是一个大难题，很多情况下有了政策也很难得到有效的执行。

第四，治理机构缺陷（Institutional Gap）。很多新兴的挑战是近年来才发现和产生的。所以，没有现存的国际治理机构能够很好地解决这些问题。例如，如何应对全球恐怖主义的威胁，目前就没有一个很好的机构来协调应对。还有一些情况是，现有的国际治理机构由于没有足够的资源或其他原因而未能充分发挥作用。例如，20世纪70年代，世界卫生组织的总经费有62%来自各国正常提供的经费，但今天这个比例已经降到不足25%。根据联合国人道主义事务协调办公室2011年9月的最新报告估算，全球应对埃博拉需要9.88亿美元，但到目前为止仅仅获得2000万美元的承诺，其中只有10万美元到位。

三、解决全球治理缺陷的各种路径

要想解决全球治理失灵的问题，就必须针对上述的各种缺陷，对现有全球治理体系进行改革，例如改革现有的国际机构，如IMF、世界银行等；建立和强化新的国际治理协调机制，如APEC、G20等；建立新型的国际治理行动机制，如金砖国家开发银行、亚洲基础设施开发银行等；此外，还需要加强各国民间组织与智库之间的联系与协调，如强调联合国可持续发展行动网络（UNSDSN）等多方参与合作网络的作用。当然，我们还需要各个国家投入更多的人力和物力。

经济学链接

金砖国家开发银行

金砖国家开发银行（New Development Bank）是在2012年提出建立，目的是金砖国家为避免在下一轮金融危机中受到货币不稳定的影响，计划构筑的一个共同的金融安全网，可以借助这个资金池兑换一部分外汇以应对紧急情况。金砖国家开发银行优先考虑对金砖国家基础设施建设进行扶持。金砖国家开发银行不只面向金砖国家，而是面向全部发展中国家，作为金砖国家，可以获得优先贷款权。

但在所有这些解决方案中最关键的还是改变观念。如果人类的观念还停留在“冷战”时期或更早，以上这些方案都很难发挥作用。2012年，《纽约时报》曾经刊登了两位著名评论家伊恩·布雷默和大卫·戈登的一则专栏评论，触目的标题名为《差异型国家的崛起》。他们将1945年至1990年期间“其他国家的崛起”与当今“差异型国家的崛起”区分开来。所谓“其他国家”是指二战之后在美国庇护下崛起，在经济、政治上很大程度都效仿追随美国的国家，如日本等。而包括中国、印度和俄罗斯在内的“差异型国家”，据布雷默和戈登的看法认为应属于另外的范畴。这些国家相对贫困，政治格局多变、不稳定，拒绝承认由美国主导的国际体系之合法性。并且，这些国家在全球体系中缺乏领导经验。综上原因，布雷默和戈登预测“差异型国家的崛起”将“以难以预测和控制、并且很可能是有害的方式，撼动目前的全球治理体系”。

我们对此看法不能苟同。本文作者之一在*Governance*期刊上发表了一篇题为《变革中的全球秩序：危机四伏的转变还是充满机遇的时代?》的评论，说明有足够的证据表明，所谓的“差异型”国家是能够在全球事务中发挥建设性作用的。这些国家能否施展潜能，则在很大程度上取决于美国及其传统盟国对现有治理体系改革所持有的态度。

无独有偶，前一段时间我们在跟日本一位资深的国际公共政策专家交流时，他也谈到了日本有些官员对于新成立亚太基础设施银行的思维模式。由于这位朋友曾经多年在日本政府部门工作，他认为日本有一些官员考虑这个问题是从中日利益博弈角度考虑的。例如，从他们的思维角度来看，日本如果与亚洲基础设施银行合作，虽然会使得该银行的作用发挥得更好，但同时也会使得中国的影响和作用更大；如果日本不与该银行合作，当然日本没有收益，这个银行发挥的作用也会受到影响，但中国的影响也许不会那么大。这种博弈思维考虑的格局还是太小，如果改变观念，把收益分析从中日两国拓展到亚洲，拓展到全世界，这样合作的收益对谁来说都是远远大于不合作的。因此，如果我们都能够改变原有的思维格局，用更加开放的心态和思维模式来分析问题，用互相尊重与合作的态度来携手共治，那么一个稳定、有效的全球治理新体系一定会出现。

新常态下新兴经济体的发展前景

于　吉　中国企业联合会常务副理事长

近些年来，世界经济持续走低，各种矛盾盘根错节。新兴经济体与世界经济密切相关。新兴经济体的经济增长已从快速增长转变为中低速增长。这将成为一种常态。新兴经济体应当适应经济发展新常态，以新思路谋划新发展。

一、拓宽贸易空间，增强出口盈利能力

增加出口是新兴经济体适应新常态获取外汇的主要手段。在国际贸易中，新兴经济体所占比重从1990年的15%上升到40%左右。但近几年新兴经济体出口受阻，增长率降低。根据世界贸易组织发布的全球贸易增长预测，2014年和2015年全球贸易额增长分别为3.1%和4.0%，大大低于1993—2013年这20年5.2%的平均增长水平。

随着各国政府和央行提供的政策支持，2014年发达经济体和新兴经济体出口预计将分别增长2.5%和4%，进口将分别增长了3.4%和2.6%。2015年发达经济体和新兴经济体出口预计将分别增长3.8%和4.5%，进口将分别增长3.7%和4.5%。新兴经济体出口走低，主要是

三个原因：一是贸易保护主义抬头。部分发达经济体凭借自身经济社会的先发优势，创造出种种新的贸易壁垒，如技术标准壁垒、绿色环保壁垒、劳工标准壁垒等。贸易保护的范围涉及货物贸易、服务贸易、金融、知识产权等领域。二是受世界局部动荡、恐怖活动和地缘危机的影响。国际贸易面临的是传统安全威胁和非传统安全威胁相互交织。局部动荡和地缘危机复杂难解，国际安全挑战复杂多元，恐怖活动乱象纷呈，使新兴经济体贸易风险加大，有些贸易活动不得不中断。三是新兴经济体的产品缺乏竞争优势。新兴经济体出口到发达国家的产品趋同，多是初级产品、附加值较低的产品，不仅造成新兴经济体内相互之间的激烈竞争，而且新兴经济体受制于发达经济体的种种制约，出口盈利水平很低。

据国际货币基金组织预测，发达经济体的经济增长在2014年和2015年将分别为1.8%和2.3%。美国2014年经济增长为2.2%，2015年为3.1%；欧元区经济2014年和2015年将分别增长0.8%和1.3%；日本2014年为0.9%，2015年为0.8%。新兴经济体应当适应新常态，抓住世界经济温和复苏的良好时机，充分发挥低成本的生产优势和海外的市场优势，合理选择贸易和投资手段，在全球范围内统筹布局生产和营销力量，努力提高市场竞争力。一是加快产业转型升级，推进贸易结构转型，增加高端、高附加值产品的生产和出口。二是抓住世界投资和贸易领域的新变化，加大过剩产能的国际转移，积极开展海外投资与并购，拓展国际投资与贸易空间。三是积极融入国际产业链的分工，通过上下游的分包协作形成供应链的整体优势，提升企业在全球价值链分工中的地位，强化产品全球市场竞争力。四是呼吁发达经济体肩负起促进全球经济复苏和增长的重要责任，履行不采取新的贸易保护主义措施的承诺，督促发达经济体审慎克制、规范使用贸易救济措施，维护和加强多边贸易体制，杜绝各种形式的贸易保护主义。五是针对贸易地区经济社会政治特点制定稳健的风险管理策略，加强境外风险识别与预警，确保经营风险做到可知、可控、可承受、可管理。

二、开展区域合作，增强对外竞争能力

加强区域经济技术合作是新兴经济体适应新常态的战略选择。区域经济合作日渐活跃并推动了区域贸易自由化。区域合作是多边贸易体制的补充，并促进了多边贸易发展。中国作为新兴经济体国家，与新兴经济体的合作越来越紧密。一是中国和东盟战略伙伴关系已经经历10多个年头，双方投资的重点从传统制造业及矿业开采业加工转移到绿色科技创业园、生物科技、现代农业、中医药基地建设、电子商务、养生旅游等新领域，在不断扩大市场的同时，增强了中国和东盟的整体影响力，双方关系已成为睦邻友好合作的典范。二是中国和中亚国家即哈萨克斯坦、乌兹别克斯坦、塔吉克斯坦、吉尔吉斯斯坦等贸易额稳定增长。三是中国是俄罗斯最大的贸易伙伴，中国拥有广阔的市场，俄罗斯拥有丰富的资源，两国经济互补性强，又同为转型经济体，合作涉及能源、工业产品等多个领域。四是中国和印度相互协调与合作，双边贸易额不断扩大。五是中国和拉美合作稳定增长，拉美国家的矿产品、植物产品、飞机、肉类、酒类、奶制品等产品已进入中国市场，中国的机电产品则进入了对方的市场。中国和拉美在投资、贸易合作的领域有很广阔的空间，在新能源、新材料、节能环保、绿色经济、生物产业科技创新、先进制造业等新兴战略领域，交流合作都有很好的前景。

区域合作的互补性和互惠互利是新兴经济体合作的基础。区域合作

发展和经济全球化趋势，促使新兴经济体拓展经贸合作领域，走出传统上依赖欧洲和美国出口模式，努力挖掘国内需求，并加强与其他地区经济体的融合。中国作为新兴经济体国家，正在积极寻找调整经济结构、扩大内需、创业创新等方面的契合点，促成一批有影响的合作项目。例如，中国与东盟国家生产商用车合作。泰国、马来西亚、新加坡三大市场占据了整个东盟87%的汽车市场份额，而商用车所占比例高达93%。根据拟订中的中国与东盟自由贸易区规则，只要在东盟任何一个成员国建立装配厂，并且本地化达到一定比例，就能利用未来东盟经济共同体间互免关税优惠待遇，出口到东南亚国家联盟的任何国家。2015年，中国—东盟经济共同体一旦建立，将为中国商用车企业带来极大的机遇。又如，中国与中亚国家投资经贸合作，鼓励企业投资或利用中方贷款，参与中亚国家油气中下游产业建设，参与中亚地区火电开发、太阳能和风电发电，鼓励纺织、化工、设备制造等产业到中亚投资，引导企业参与中亚国家农产品种植、加工、农机设备生产和农业示范园等项目。再如，中国与拉美国家深化能源合作，涉及石油、天然气、水电、风能、太阳能、生物能源等，合作形式涵盖技术服务、能源融资、基础设施建设、勘探开采等。

经济学链接

中国—东盟自由贸易区

中国—东盟自由贸易区（China - ASEAN Free Trade Area，CAFTA）是中国与东盟十国组建的自由贸易区。中国和东盟对话始于1991年，中国于1996年成为东盟的全面对话伙伴国。2010年1月1日贸易区正式全面启动。自贸区建成后，中国和东盟的贸易占到世界贸易的13%，成为一个涵盖11个国家、19亿人口、GDP达6万亿美元的巨大经济体，是目前世界人口最多的自贸区，也是发展中国家间最大的自贸区。

三、优化经济结构，增强转型升级能力

加快结构调整是新兴经济体适应新常态的重要举措。近年来，新兴经济体经济增长放缓，传统的经济增长方式遇阻，必须调整经济结构，从以外需为主导转变为内需外需并重，并积极培育新的增长点。据国际货币基金组织预测，新兴经济体经济增长 2014 年和 2015 年分别为 4.4% 和 5.0%。全球经济增长的短期和中期下行风险仍令人担忧。在生产资料和劳动力成本不断上升的背景下，新兴经济体成本优势将减弱。以美国为代表的发达经济体掀起“再工业化”浪潮，新兴市场国家竞争越来越激烈。这种新常态既是新兴经济体发展的新环境新要求，也是新兴经济体提质增效、创新发展的新动力。在新常态下，我国的钢铁、建材、汽车、家电等传统增长点活力下降，对经济的贡献率降低。拉美国家资源优势下降，非洲国家矿产品需求减少，亚太地区铁矿石、煤炭等市场容量递减。

新常态下新兴经济体提高市场竞争力需要采取多种措施，尤其要在结构调整方面下更大工夫。新兴经济体加快经济结构调整，应当从本国国情出发，因地而异。

一是从外需为主调整为内需外需并重。依靠国内国外两个市场，向发达经济体和新兴市场国家拓展的同时，努力挖掘国内需求，注重培育和开发本土市场，根据国内市场需求研发适销对路产品。

二是逐步实现制造业转型升级。依靠科技创新，实施技术更新换代，提升生产效率和产品附加值，推动产业从中低端向中高端转化。

三是积极发展网络经济。随着科学技术的突飞猛进以及消费升级、

产业升级加快，网络经济带来了新的发展机遇。互联网在PC、手机、电视三大终端贯穿后，新的业态、产品迅速增长。网络经济实体化和实体经济网络化相辅相成，电子商务已经成为传统商业必须接受的一种销售渠道。

四是大力发展现代服务业。制造业服务化代表新常态下制造业发展的趋势和升级的方向。在现代制造业链条中，附加值更多地体现在两端。将制造环节向两端延伸，加快生产性服务业发展，必将提高制造业的整体水平。目前新兴经济体生产服务业发展相对滞后，结构不合理问题比较突出。如果新兴经济体采取积极措施，把制造业服务化的新增长点培育好，形成新的生产力，对经济持续增长将会起到带动作用。

五是扩大服务消费。我国在服务消费上的缺口较大，养老、医疗等领域尤为突出。顺应居民消费结构升级趋势，完善消费政策，改善消费环境，增加紧缺公共产品供给，把服务消费的潜力挖掘出来，对经济发展将起到推动作用。

四、扩大融资渠道，增强筹措资金的能力

多方融资是新兴经济体适应新常态持续发展的重要保证。近些年来，新兴经济体十分重视融资，在向发达经济体寻求融资的同时，主动加强新兴经济体内的融资合作。例如，金砖国家已经启动应急储备机制，决策者管控与应对风险能力增强。金砖国家于 2014 年 7 月 15 日签署了设立开发银行协议，初始资本 1000 亿美元，以应急储备安排，加强全球金融安全网。该机制在帮助成员国应对短期流动性压力方面具有积极的预防作用，将有助于促进金砖国家进一步合作，加强

全球金融安全网，并对现有的国际机制形成补充。该协议的签署具有里程碑意义，是新兴市场经济体应对共同的全球挑战、突破地域限制，创建集体金融安全网的重大尝试，有助于提振市场信心，联合应对外部冲击。未来的参与成员可能包括新兴经济体的其他国家。金砖国家的这个资金安排具有积极的预防意义，对帮助各国防止短期流动性压力，对保证金砖国家和全球的金融稳定将发挥重要作用。又如，加强信用合作。中国出口信用保险公司、巴西担保公司、俄罗斯出口信用与投资保险署、印度出口信用担保公司、南非出口信用保险公司共同签署了《金砖国家出口信用机构合作谅解备忘录》。根据此谅解备忘录，金砖国家出口信用机构将在第三国的联合项目上开展合作，共同支持贸易和投资。各机构将加强信息共享和相互协调，从而降低承保风险，提高承保能力。

国际货币基金组织发布的《世界经济展望》指出，一些主要新兴和发展中经济体，过去一年里供给方面的制约和金融条件的收紧对经济增长造成的不利影响可能持续更长时间。如果供给方面的限制因素一直存在，新兴经济体的潜在增长率可能低于预期。根据联合国贸易和发展会议的预测，发展中国家面临每年 2.5 万亿美元的资金缺口。因此，新兴经济体在新常下态要保持经济持续增长，必须扩大融资渠道，多方筹措资金。一是与发达经济体建立良好的关系。继续寻求发达经济体的资金支持，加强与海外资本的合作，探索海外当地融资以及进入东道国当地资本市场的模式，用全球化的手段降低资金成本。二是在新兴经济体内抱团取暖。目前新兴市场汇率灵活，区域内合作紧密，金砖国家成立的国家开发银行和国际货币基金组织与世界银行相比，规模和影响力都很小，但为新兴经济体树立了良好的典范，增强了新兴经济体筹措资金的能力和抵御金融风险的能力。三是开辟新的融资渠道。人民币的使用逐步在全球流行起来，在美元汇率不稳定的情况下，各国对使用人民币的预期持续上升，目前中国全部贸易中有超过18%的比例使用人民币结算。中国应当与发达经济体和新兴经济体加强合作，推进人民币国际化进程。

新常态下新兴经济体产业转型升级

杜传忠　南开大学经济与社会发展研究院教授
刘英基　河南师范大学政治与公共管理学院副教授

进入21世纪以来，以“金砖国家”为代表的新兴经济体以强劲的发展势头成为引领全球经济增长的中坚力量，为全球经济复苏贡献了新动力。后金融危机时代，全球经济逐渐呈现出了非均衡复苏态势，发达经济体积极利用全球新工业革命成果推动经济转型和政策调整，实施“再工业化”战略和推动全球价值链重构。而2012年以来，受欧洲债务危机和全球初级产品市场价格周期变化等因素的影响，新兴经济体经济增长势头明显放缓，进入经济发展的新常态。在新兴经济体逐步融入全球价值链，成为全球产业新型分工格局的重要环节过程中，新兴经济体如何推动产业转型升级，鼓励企业提升全球价值链的高附加值环节，实现经济可持续增长成为全球关注的热点。然而，由于缺乏关键的核心技术和知名品牌，新兴经济体在全球价值链中主要从事组装加工业务，核心业务被发达经济体所控制，多数企业嵌入在全球价值链的低附加值环节，亟待推动产业转型升级。

经济学链接

后金融危机时代

后金融危机时代（Post - Financial Crisis Era）是指2008年美国次贷危机后，全球经济触底、回升直至下一轮增长周期到来前的一段时间区间，可能是两年、三年抑或八年、十年甚至更久。进入后金融危机时代，我国企业的发展到了一个关键点，如果不能及时调整发展战略，很有可能在即将来临的下一个经济增长周期中被市场淘汰。

一、新常态与新工业革命：新兴经济体产业转型升级的必然选择

20世纪80年代初期，亚洲和拉美几个经济发展较快的国家被形容为“新型工业化经济体”，世界银行经济学家Antoine Van Agtmae从发展的状态最早将由发展中国家向发达国家过渡的国家称之为“新兴市场”。随着亚洲和拉美等新兴市场经济体的发展壮大，“新兴经济体”（Emerging Economies）或“新兴市场国家”逐渐成为这些经济发展较快的新兴国家的称呼。国际货币基金组织（IMF）界定的新兴经济体包括：中国、印度、俄罗斯、印度尼西亚、马来西亚、泰国、菲律宾、巴基斯坦、爱沙尼亚、拉脱维亚、立陶宛、乌克兰、波兰、罗马尼亚、匈牙利、保加利亚、斯洛伐克、土耳其、墨西哥、委内瑞拉、哥伦比亚、秘鲁、巴西、阿根廷、智利和南非等26个国家。中国社会科学院与博鳌亚洲论坛界定的新兴经济体是G20集团中的中国、巴西、阿根廷、墨西哥、韩国、印

度尼西亚、印度、沙特阿拉伯、南非、土耳其和俄罗斯等11个国家。进入21世纪以来，以“金砖国家”为代表的中国、俄罗斯、印度、巴西和南非等新兴经济体成为引领全球经济摆脱世界金融危机雾霾的重要力量，受到世界各国的普遍关注。2000—2012年，中国、俄罗斯、印度、巴西和南非等“金砖五国”的年均经济增长率超过了6%。全球金融危机爆发后，新兴经济体对世界经济增长的贡献率超过了70%。然而，2012年以来，部分新兴经济体的经济增长速度开始出现普遍下滑。到了2013年，近八成的新兴经济体经济增长速度继续下降，巴西、印度等国民经济增长率下降到了5%以下，俄罗斯国内生产总值同比增长率仅为1.5%，工业生产增长为0.1%，几乎处于停滞状态。新兴经济体从“普遍高速增长”到“集体减速”，其原因既包括外部的全球化经济周期性因素，也包括其内部的经济结构和增长粗放等因素。面对全球经济周期和内部经济增长压力，要求新兴经济体加快经济结构调整和产业转型升级步伐，意味着新兴经济体发展进入了所谓的“新常态”。新兴经济体经济增长速度将持续显著下降，只有在完成经济结构调整和产业转型升级后，新兴经济体的经济增长速度才可能重新上升，并发挥对世界经济增长的引领作用。

新兴经济体进入了新常态。“新常态”从字面上看，“新”就是有异于旧，“常态”就是时常发生的状态。新常态就是不同以往的、相对稳定的状态。根据2014年马光远等经济学家的分析，“新常态”包括以下内容：一是经济由高速增长转变为中高速增长，7%左右的经济增长率将成为常态；二是政府的宏观经济调控政策将由刺激增长向推动可持续发展转变；三是经济增长动力将由投资驱动、要素驱动向创新驱动转变，政府投资、出口导向让位于民间投资、国内消费，产业结构不断优化和转型升级；四是经济发展面临着来自国内国外的诸多挑战，产业发展中的一些不确定性显性化。

另外，伴随着快速的经济增长，新兴经济体几乎都存在着生态环境恶化的明显趋势。污染的空气、水和土壤对人的健康造成了巨大威胁。新兴经济体必须摒弃掠夺自然资源、破坏生态环境、追求短期经济效益的粗放型发展模式，通过产业转型升级实现社会经济的可持续发展。

总体上看，新兴经济体所面临的新常态就是摆脱传统的粗放型高速增长态势，进入高效率、低成本的集约型、可持续的稳态中高速增长阶段，“新常态”的“新”，关键在于产业转型升级。

新常态下新兴经济体与欧美等发达经济体之间依然存在着生产效率、品牌和质量等诸多方面的差距，必须通过技术创新加快产业转型升级。

一方面，在经济全球化背景下，新兴经济体与发达经济体之间链接关系更加密切，尽管制度、发展水平、资源禀赋差异较大，但双方的经济发展和波动趋势呈现出高度同步性。来自发达经济体的经济周期性变化和经济结构变化对新兴经济体的经济结构调整和产业转型升级的影响至关重要，新兴经济体的经济发展方式转变既取决于自身的制度特性和发展阶段，也受全球产业分工模式、技术创新和经济周期性变化的影响。

另一方面，全球金融危机之后，美欧等发达国家对制造业在国民经济中的地位和价值重新进行了审视，纷纷提出了“再工业化”的战略。美欧“再工业化”战略并非是简单地重回工业化道路，而是基于制造业在经济结构中的地位持续下降、工业品在全球市场上的竞争力相对削弱而提出来的，强调以计算机、智能技术、信息技术、互联网技术、生物技术、新材料、新能源等重大技术创新推动制造业转型升级，是对传统制造业的“否定之否定”。“再工业化”是运用第三次工业革命的新技术实现制造业发展转型，制造业转型升级的基础是技术创新、禀赋升级和人力资本，制造业转型升级的过程就是技术创新、禀赋升级、结构优化和产业升级过程。以新技术为基础的新兴产业快速发展并替代传统制造业，推动发达国家的制造业生产模式和协作方式发生重大变革，进而实现交易方式和生活方式的重大改变。美欧“再工业化”必将对全球产业格局产生革命性冲击，并对新常态下的新兴经济体的产业转型升级产生深远影响。

经济学链接

第三次工业革命

第三次工业革命（The Third Industrial Revolution）是人类文明史上继蒸汽技术革命和电力技术革命之后科技领域里的又一次重大飞跃。20 世纪三四十年代以来，一批新兴技术开始兴起，诸如原子能技术、空间技术、电子计算机技术、激光技术等是名副其实的科学技术，即完全是以科学为基础的技术。由于这些技术的发展，导致了新兴的“知识工业”部门的产生，引起了产业结构的新变化。这样的变化不仅极大地推动了人类社会经济、政治、文化领域的变革，也深刻影响了人类的生活方式和思维方式。

新工业革命以“互联网 + 新能源”为聚合推动力，信息技术、数字技术、网络技术与可再生能源相结合将对全球价值链分工和生产方式产生深远影响。《金融时报》的著名新闻记者彼得·马什认为，新工业革命带来的智能软件、新材料、3D 打印技术以及互联网服务等将组合应用到高技术产业中，从研发设计、流程优化和品牌营销等环节推动高技术产业生产经营发生彻底改变。新工业革命依托可再生能源技术、信息网络技术的发展，实现能源绿色化和用能高效化，将从根本上改变对传统能源和能耗方式的依赖，破解当前社会生产力发展的深层矛盾，摆脱制约现代社会生产力不断向前发展的桎梏，推动传统产业向以可再生能源和信息网络为基础的新兴产业调整。随着绿色能源、智能网络、节能环保等战略产业率先获得突破，将实现对通信、交通、制造、材料等主要产业的全面带动，引发世界经济产业结构重大调整。未来制造业数位化与可再生的绿色能源充分利用后，发达经济体凭借科技实力与先进的创新体制将会在世界制造业中重新占据优势。这要求新兴经济体密切关注美欧“再工业化”战略和发展动向，抓住全球新工业革命的契机，盯住全球产业价值链的高端环节，加强技术创新和自主知识产权培育，改变以往制造业在低端环节徘徊的老路；要面向全球价值链高端环节，采取有效的应对措施推动制造业转型升级，实现从价值链低端环节向资本、技术、信息与管理等密集的高端环节转移。

面对新工业革命和发达经济体“再工业化”战略的冲击，新兴经济体有必要积极利用自身优势，如中国已经在电子商务和互联网金融等领域实现了与发达经济体同步，印度拥有全球增长最快的 IT 服务品牌，抓住新工业革命的契机，尽快从世界制造工厂向高科技、研发和品牌营销服务等产业转型，推动产业结构由劳动密集型向资本、技术和知识密集型跨越和升级。

二、新常态下新兴经济体产业转型升级的困境：挑战与竞争

尽管在全球金融危机后，新兴经济体在遭受“金融海啸”的冲击下依然通过大规模的经济刺激计划在较短的时间实现了经济复苏，然而，2012 年以来，新兴经济体的经济增长势头明显放缓，处于全球产业分工

与价值链低端位置的劣势逐渐展现出来。加大产业结构调整优化，谋求产业转型升级，向全球价值链高端迈进已成为应对新工业革命引发的全球价值链重构和全球金融危机后新兴经济体进入新常态的必然选择。但是，新常态下新兴经济体推动产业转型升级面临着多方面的挑战与竞争，既包括新兴经济体自身的技术创新、制度创新、劳动力素质带来的挑战，也包括面临着欧美日发达经济体的技术、市场挑战和来自发达经济体之间的竞争。如何有效应对内外部的挑战和竞争是新兴经济体必须面对的现实问题。

1. 新兴经济体产业转型升级面临的内部挑战

近年来，新兴市场经济体普遍面临着产业全球竞争优势不足、环境污染严重、经济增长放缓等迹象，推动产业转型升级面临着来自新兴经济体内部的挑战。

第一，技术研发与创新体系缺失。新常态和新工业革命进一步凸显了新兴经济体产业转型升级过程中知识和技术的重要性，尖端技术与关键共性技术创新与突破离不开高素质人才和研发投入，更需要高等院校、科研机构和高技术企业间相互渗透、相互协作。与发达经济体相比，新兴经济体在新产品开发和品牌创新等方面的研发投入较低，缺乏具有全球竞争优势的尖端技术与核心技术。现阶段，如俄罗斯每年仅有不足30%的商业资金用于产品与技术研发，企业技术创新薄弱，政府主导的科研机构进行了占全国75%的研发创新活动。中国取得的有效专利数量不足全球专利数量的2%，其中，本土企业获取的有效专利主要是改良性质，涉及重大创新的专利主要由外资企业获得。我国政府主导的研发资金分配主要向应用研究倾斜，而对前沿性理论和技术研究投入相对不足。同时，高素质人才培养体系不完善，缺乏高素质人才培养的长期性和规划性。企业、高校和科研机构之间缺乏有效的协同机制，高技术企业难以从高校、科研机构获得稳定的技术供给来源，科研机构缺乏与企业的协同合作，其科研成果难以有效转化为现实的产业竞争优势。

经济学链接

有效专利与失效专利

有效专利（Effective Patent）是指专利申请被授权后，仍处于有效状态的专利。要使专利处于有效状态，首先，该专利权还处在法定保护期限内，另外，专利权人需要按规定缴纳了年费。

失效专利（Expired Patent）是指专利申请被授权后，因为已经超过法定保护期限或因为专利权人未及时缴纳专利年费而丧失了专利权。失效专利对所设计的技术的使用不再有约束力。

第二，体制创新和管理变革滞后。推动新兴经济体产业转型升级过程中的产品创新、工艺创新和品牌营销创新需要企业管理和制度基础的变革。新工业革命中，现代产业面临着更多的大规模定制、网络化组织和开放式创新，企业与消费者的互动关系更加紧密，对全球市场变化的快速反应更为重要，企业要通过管理创新进行学习和知识积累，提升研发、生产和营销等环节的管理效能，这对新兴经济体国家的政府经济管理体制创新、高技术企业管理变革提出更大的挑战。在应对新工业革命过程中，发达经济体国家凭借其雄厚的知识创新能力，积极通过管理、商业模式等创新来保持其在全球价值链中的控制能力，而目前新兴经济体国家的经济体制变革相对滞后，企业管理能力相对薄弱，难以适应新工业革命带来的挑战。

第三，新兴经济体产业发展的路径依赖与低端锁定效应。基于“经济超赶”的目的，新兴经济体产业发展过程中存在着技术、体制和生产模式的路径依赖现象。新兴经济体的一些地方政府和企业致力于短期收益最大化，对技术创新、产品设计和品牌营销等能够获取高附加值的认识不足，缺乏积极性、主动性。很多经营者认为，与自主创新相比，技术引进更实际、更快捷。因此，依靠技术采购和技术模仿来实现产品升级，其结果导致企业的技术创新能力被锁定，产品也被锁定在全球价值链的低端环节。新兴经济体对技术、体制和生产模式的路径依赖导致其粗放型增长方式造成的环境污染日益严重。目前，我国工业生产和能源消费结构产生的大气、水源等环境污染已经蔓延至全国各地，俄罗斯技术创新不足、法律滞后、行政程序烦琐和对资源型产业的过度依赖导致其商业环境恶劣、产业升级滞缓。巴西对资源性产业的过度依赖也降低了其制造业竞争力，难以全面融入全球产业链。

第四，公共设施和公共服务供给不足。新工业革命的突出标志是新能源技术、数字技术、信息技术、智能技术和互联网技术，新能源、信息等资源的生产与传输对公共基础设施和公共服务水平提出了更高要求。新兴经济体尚处于工业化中期阶段，公共基础设施建设、城市化建设、信息化建设、农业现代化建设等相对滞后。以我国为例，能源网络设施和信息通信基础设施都相对落后。已有的能源网络设施主要以传统能源的存储、运输为主，改造进程缓慢，严重缺少生物能、风能、太阳能、潮汐能等新能源传输网络基础设施。尽管我国的数字化信息技术取得了飞速发展，但与美欧等发达国家相比，智能化、网络化水平依然较为落后，难以满足新常态下和新工业革命背景下的产业转型升级要求。新兴经济体对技术创新的制度、法规和知识产权保护等公共服务体系依然亟待完善。

第五，劳动力素质提升缓慢延缓了产业转型升级的步伐。新兴经济体存在着劳动力成本上升，对推动产业转型升级提出了迫切要求，但与此同时，劳动力素质提升缓慢则难以支持产业转型升级的客观要求。现阶段，巴西的劳动力成本上升速度已经超过了劳动生产率上升速度，俄罗斯的低生育率导致劳动力供给呈下降趋势，印尼实施严格的就业保护法、较高的最低工资水平和解雇成本使其成为东南亚劳动力成本上升最快的国家。南非由于教育系统培养的劳动技能与劳动力市场不匹配，导致存在着高达25%的失业率，严重制约了其产业转型升级的能力。土耳其对低素质劳动力的大量雇用导致其低技术含量产品出口结构特征明显。

2. 新兴经济体产业转型升级面临的外部挑战与竞争

新兴经济体产业转型升级还面临着外部挑战与风险，这也是制约新兴经济体产业转型升级的重要因素。

第一，对国外市场的过度依赖。如中国社会科学院亚太与全球战略研究院沈铭辉认为，自2012年以来，以“金砖五国”为首的新兴经济体经济增长速度整体趋缓，凸显了新兴经济体依然高度依赖外部市场，与发达经济体的经济联系十分密切，新兴经济体产业转型升级难以孤立于全球经济之外，可能会持续受到来自发达经济体的挑战与其他新兴经济体的竞争。新兴经济体之所以陷入困境，除了自身产业结构失调、金融支持不足等原因之外，发达经济体经济不振、对资源和大宗商品需求下降、国际直接投资能力下降也是重要的外部因素。发达经济体经济变动对新兴经济体具有重大的冲击作用，其根源在于新兴经济体的经济结构失衡和内生增长动力不足。新兴经济体经济发展过度依赖于发达经济体的市场需求、技术外溢与产业转移，这既为新兴经济体的经济跨越式发展提供了条件，也为其有效需求不足、产业结构失衡、产能过剩和技术依赖等隐患埋下了伏笔。现阶段，尽管发达经济体经济已经逐渐复苏，但新兴经济体由于本币升值、劳动力成本上升和经济规模的扩大，已经难以继续以往的产业生产模式。另外，新兴经济体依靠高能耗、高投入的粗放型增长模式也难以为继，亟待通过产业转型升级来适应新常态。因此，新兴经济体在产业转型升级过程中既要积极融入全球产业价值链，继续深化与发达经济体的经贸关系，又要大力开发国内市场，扭转过度出口导向带来的产业转型升级风险。如何有效处理这些关系，始终是新型经济体产业转型升级过程中面临的巨大挑战。

第二，新工业革命冲击了新兴经济体的传统优势。新工业革命带来的全球价值链重构将促使全球高技术产业积极进行产业创新、结构优化，尤其是欧美发达经济体为了巩固和强化其在全球价值链中的绝对主导地位，更加重视核心技术、尖端技术的创新能力提升，依靠新能源技术、新材料技术、数字技术、信息技术、智能技术优势，巩固其高技术产业的全球价值链高端环节控制权。数字技术、信息技术和智能技术将使分散式生产和高科技含量工业机器人技术得以发展和推广，标准化的大型流水线和大规模重复性劳动工人将被柔性生产模式和工业机器人所取代。这对新兴经济体依靠规模经济和廉价劳动力的传统优势带来了冲击。发达经济体技术创新能力的发展部署无疑会加大新兴经济体产业转型升级面临的全球市场竞争压力。

第三，新兴经济体之间的产业竞争。全球金融危机以来，亚洲、拉美等新兴经济体各国积极制定了产业振兴和发展战略。但由于新兴经济体之间缺乏有效的经贸合作组织机制，导致新兴经济体之间在资源、贸易等领域存在着恶性竞争，内耗严重，难以走出合作推进产业转型升级的现实困境。即使是“金砖国家”成员之间也存在着基于各自利益最大化而导致的竞争。如在资源、能源市场上，中国和印度之间为了争夺优势，竞相压价，而俄罗斯和巴西则相互抬价，结果使中印两国在能源资源竞争中两败俱伤。电子产品和软件市场也存在着类似情况。新兴经济体在资源与市场领域的激烈竞争将导致各种崛起力量分化，对其产业转型升级也带来消极影响。为此，中国学者林跃勤教授指出，新兴经济体之间过度的产业竞争可能使其陷入“赶超陷阱”，产业转型升级的目标也将难以实现。

新常态下的新兴经济体面临着外部环境变动的挑战与竞争，其经济增长速度呈现出明显下降趋势，这促使新兴经济体加快经济结构调整和产业转型升级步伐。只有这样，才能实现新兴经济体的可持续发展和引领世界经济增长。

三、新常态下的新兴经济体产业转型升级对策建议

美欧等发达经济体将在3～5年内完成产业结构调整，如果新兴经济体长期被锁定在全球价值链中低端，未来的全球经济版图中新兴经济体将难有一席之地，为此，中国国际经济交流中心秘书长魏建国指出，新常态下新兴经济必须走产业转型升级之路。多数新兴经济体国家劳动力相对充足，且经过经济长期快速发展，已经积累了相对充足的资本，能够满足产业转型升级的有效需求。但新兴经济体受教育体制、科研投入、制度、文化等因素的制约，推动产业转型升级的技术创新能力相对不足。

为此，新常态下的新兴经济体必须注重通过技术创新、人力资本素质提高和制度环境优化来推动产业转型升级。

第一，抓住新工业革命契机，通过技术创新推动产业链升级。随着新工业革命和全球产业网络一体化趋势，新兴经济体需要进入发达经济体数字化生产与研发全球网络，吸引发达经济体数字化制造领域的直接投资。在以数字技术、智能技术、信息技术和能源革命为主导的新工业革命背景下，工艺创新和产品创新对新兴经济体产业转型升级具有决定性作用。通过技术创新推动产业转型升级需要树立“研发设计、工艺制造与品牌营销”的一体化战略思路，注重工艺创新和产品创新，改变新兴经济体产业的“组装加工”现状，快速向“微笑曲线”两端迈进。一是通过协同创新进行研发设计与产品创新。新工业革命将催生一大批新的产业群体和经济增长点，工业机器人、可再生能源、新材料、3D 打印、纳米技术、生物电子技术等新兴产业不断成长为新的主导部门，这些产业在装备制造、产品研发和相关生产性服务业中将产生主导作用。这要求构建产学研创新联盟，坚持企业的创新主体地位。新兴经济体政府通过政策引导、扶持和激励产学研合作进行产品研发设计。二是推动工艺创新，利用智能计算机技术、网络信息技术和云计算技术支持，全面改变新兴经济体企业生产流程，运用现代信息技术与数字化服务为生产流程优化提供重要技术支持。三是注重品牌营销。新工业革命背景下，企业借助网络使最新产品在短时间内行销全球，促使企业在品牌营销中提供的服务价值比重超过产品实体价值的比重，超越传统的产品销售，向高服务含量、高附加值比重的品牌营销发展。

经济学链接

3D 打印

3D 打印（3D Printing）即快速成型技术的一种，它是以数字模型文件为基础，运用粉末状金属或塑料等可黏合材料，通过逐层打印的方式来构造物体的技术。3D 打印通常是采用数字技术材料打印机来实现的。常在模具制造、工业设计等领域被用于制造模型，后逐渐用于一些产品的直接制造，目前已经有使用这种技术打印而成的零部件。

第二，积极实施全球化战略和管理创新。在应对新工业革命的挑战过程中，新常态下的新兴经济体要积极实施全球化战略和管理创新，在全球产业价值链分工背景下，着眼全球产业高端和立足企业自身优势，通过全球化战略实施和管理创新形成干中学、知识积累和技术创新的内生优势。将知识价值链融入到产业链之中，科学规划和组织进行技术、市场和缄默知识的学习与积累，实现要素升级和技术创新，改变产业价值链分工格局；推动要素升级和技术创新，提升产业产品、工艺创新和品牌创造的内生优势；科学规划和组织前沿技术与知识的学习积累，提升尖端与核心技术的自主创新与集成创新能力；积极引进先进适用技术，着力提高技术消化、吸收和转化能力，促进高技术产业转型升级。高技术产业尖端与核心技术创新具有高收益、高风险和长周期特征，提升新兴经济体技术创新与产业转型升级的协同发展，需要政府出面，优化产业管理体制，完善品牌营销支持政策与研发创新激励机制，鼓励企业积极进行技术创新与消化，为推进产业转型升级提供机制与管理保障。应对新产业革命，人才是有效整合资金、技术、信息等资源构成竞争优势和进行技术创新的核心要素。企业要根据所在产业的结构特征与转型升级要求，创新高层次人才引进、使用、激励的保障机制，为参与关键技术与核心技术创新提供人才保障。

经济学链接

缄默知识

缄默知识（Tacit Knowledge）这一概念由英国著名物理化学家和思想家波兰尼提出，波兰尼认为人类的知识分为两种，通常所说的知识是用书面文字或地图、数学公式来表达的，这只是知识的一种形式，还有一种知识是不能系统表述的，例如我们有关自己行为的某种知识。如果我们将前一种知识称为显性知识的话，那么就可以将后一种知识称为缄默知识。

第三，通过制度创新为产业转型升级提供保障。在新工业革命日趋活跃和全球产业价值链重构的背景下，只有将制度作为产业发展的内生因素，才能科学的解释制度创新与产业转型升级的内在关系。英国资产阶级革命为第一次工业革命提供了制度基础，建立了体制开放、面向市场的新政府，制定了一系列适用于资本主义工业化的政策和法律。通过税收、津贴和特许经营等制度创新为新技术、新产业发展提供了宽松、和平的制度环境，带动了技术变革，推动了人类社会由农业文明向工业文明的转变。19 世纪中后期，德、美、俄、日等国家完成了资产阶级革命，知识产权制度、股份制、金融制度等逐渐完善，以电力、内燃机、化工、通信为代表的众多新技术和新发明带动了石油、化工、通信、交通工具制造业等的蓬勃发展。20 世纪以来，美国积极抓住第二次工业革命引致的电力技术、内燃机技术和汽车产业革命的发展机遇，一跃成为全球第一经济强国。20 世纪 40 年代以来，从计算机技术开始掀起了以信息化、智能化和数字化为代表的第三次工业革命序幕，这与美国持续进行以尊重科学、崇尚自由和创新的市场机制和制度创新密切相关。第二次世界大战以来，日本、德国等积极进行生产模式、管理制度和产业组织制度变革，在全球产业价值链分工中取得了优势地位。新兴经济体推动产业转型升级与科学的产权制度、市场准入制度、融资制度、反垄断制度、生产要素的市场化程度等息息相关，要围绕建立现代企业制度、增强对全球新工业革命的机遇与挑战出发，推进市场化进程、明晰产权、知识产权保护、税收政策、贸易与开放政策等方面进行创新，提升制度创新对产品创新、结构优化和附加值提升的激励与保护作用，从而推动产业转型升级。

第四，构建适应新工业革命要求的产业转型升级的配套设施与产业体系。新工业革命中的现代信息、通信、智能、交通运输技术和网络化推动了全球价值链重构，产业价值链的构成环节、内容和形式在持续发生着变化。新兴经济体应积极推动绿色能源、智能网络、节能环保等战略产业率先取得突破，从根本上改变对传统能源和能耗方式的依赖，帮助高技术产业摆脱制约向前发展的能源桎梏。在能源供应、通信、交通、网络、材料等方面积极构建适应新工业革命要求的配套基础设施，实现产业转型升级的能源绿色化和用能高效化。现代网络技术、信息通信技术和交通运输技术所支撑的产业跨区域联动机制逐步深化，为新兴经济体的产品和要素流动提供了更大范围统一的市场体系。企业与配套服务业将实现深度融合，产品从设计、生产到销售各个环节的联系更加紧密，有力推动产业转型升级步伐。在注重新能源与互联网融合发展的基础上，建立面向未来、有国际竞争力的新型产业体系，即以先进数字制造业为基础，与金融、贸易、航运等现代生产服务业互相融合的产业体系。

第五，新兴经济体要坚持扩大开放与增加内需并重战略。强化新兴经济体自身的需求系统动力，在通过保持投资适度增长并推动产业发展的同时，坚持扩大开放与扩大国内消费需求相结合的原则，形成国内消费、投资、出口协调拉动产业可持续发展的格局，特别是要改变过度依赖外部市场、内需不足的尴尬局面，使国内消费和投资成为推动产业发展的基本动力。为此，新兴经济体推动产业转型升级需要推动市场化改革，建设法治社会，理顺市场与政府的边界。通过深化税收、收入分配、社会保障、教育、医疗、住房等方面的改革，提升居民的消费能力，为增加内需、实现产业转型升级提供稳定的需求市场基础。

新兴经济体经济一体化：现状、挑战与展望

景朝阳　国家发展和改革委员会国际合作中心区域所所长

新兴经济体是近年来国际政治经济中广泛讨论的话题，总体而言，新兴经济体具有以下特征：从传统意义而言都是发展中国家；其经济都经历了一段时间的稳定增长，增长幅度高于全球平均水平；经济具有灵活性，比其他国家更具有活力和弹性；人口较多，为经济增长提供了重要的消费市场；有一个合理的经济总量需求，能够对世界经济造成较大的影响；通常有一个较大的年轻人劳动力队伍，从而为持续和强劲的经济发展提供驱动力。

而伴随着经济的发展，发展中国家在 20 世纪 90 年代调整了对外经济政策，区域经济合作重新受到重视。21 世纪初期，特别是发达国家陷入全球性经济危机以后，新兴经济体之间的区域合作展现出巨大潜力。

一、新兴经济一体化的发展现状

伴随着世界经济的大发展、大融合，新兴经济一体化的进程也在不断地深化，截至目前仍然生效的 319 个区域贸易协定中，66 个属于新兴经济体或发展中国家间的贸易协定，而截至 2010 年 12 月底，向 WTO 通

报的484家区域一体化组织中，发展中国家组建的一体化组织占到了2/3，到2014年年底，同中国签订自贸协定的新兴经济体国家或地区有6个，正在展开谈判的有3个。新兴经济体的一体化进程表现出新的发展态势。

1. 经济增速保持较高水平

在当今世界经济发展进程中，新兴经济体的地位和作用正在日益的凸显。虽然近两年世界整体经济增长放缓，但是新兴经济体的表现依然抢眼，2013年增长率为4.7%，世界平均水平为3.0%，而发达经济体则只有1.3%。尤其是中国仍然保持了高水平的增长，2013年为7.7%，远超世界和发达经济体的平均增长水平，为世界经济的复苏注入了强劲的动力。

2. 新兴经济体内部联系不断加强

近年来，新兴经济体之间的贸易联系以及新兴经济体同发达经济体之间的贸易联系持续的分化。具体表现为，新兴经济体内部的贸易额占对外贸易总额的比重持续攀升，而与发达经济体之间的贸易比重则在下降，表明了新兴经济体内部的贸易联系持续加强。2012年，“新兴经济体11国”国家内部出口达到了1.04万亿美元，同比增长5.0%，高于同期对外贸易增长率1个百分点。因此，新兴经济体之间在经济的层面具有深入开展高层次合作的理由。而在经济危机发生后，中国、俄罗斯、印度等国纷纷出台新的对外经济政策，加快区域经济合作，开展高层次的合作对话机制，无疑使得新兴市场国家之间的一体化合作在政策层面上有了契机。

3. 一体化领域从贸易向金融延伸

在经济危机后，随着新兴经济体与经济实力的不断增强，金融实力得到大幅提升，新兴经济体之间的区域经济合作又呈现出了新的特点。为了便利新兴经济体对外经贸往来，共同维护金融稳定，近年来，新兴市场国家之间加速开展本币互换进程。如2013年，中国—巴西签署的1900亿元人民币互换协议，以及中国—印尼1000亿元人民币互换协议，以及韩国—印尼签署的100亿美元规模的互换协议。在目前国际货币体系下，本币互换协议的签署可以更好地维护金融稳定，促进经贸往来。而金砖国家发展银行备忘录的签署，则标着着新兴经济国家金融合作达到了前所未有的高度。可以说，目前新兴经济体之间的一体化进程在积极的展开，各方都在努力地参与到一体化进程当中。

二、一体化进程中面临的问题

1. 政治体制不稳定，合作的政治基础薄弱

完善的政治体制是区域经济一体化组织建立的必要条件。在这点上，很多发展中国家都有待强化，它们多数欠缺有效的谈判、协商和执行机制。因此，在一体化过程中所遭遇的很多问题以及有关政策的制定等方面无法达成一致。不成熟的政治制度和动荡的政局，使其难以承诺对地区组织机构的责任，是发展中国家经济一体化不稳定、成效不大的重要原因。

2. 经济基础相对薄弱，经济发展很不平衡

发展中国家各自的市场有限，不能大量地进口成员国的商品、资金严重缺乏、经济管理和技术水平都较低的先天性发展劣势。一体化区域内贸易和投资的进行往往受制于各国国内经济实力普遍偏低和各国间生产力水平差异大。各国普遍较低的经济实力导致无法快速提升区域内整体的生产力水平，而且区域内成员国中有些较弱国的生产力远远低于区域平均生产力水平，这也致使规模效应很难实现。

3. 国情背景差别较大，利益诉求难以协调

发展中国家之间要实现经济一体化，必然要涉及政治、文化等非经济方面的交流与合作，从而建立起相互信任的关系。但由于成员国的社会制度和历史文化背景的差异较大，因此相互之间达成一致的难度较大。

4. 利益分配难以均等，容易导致合作失败

在发展中国家间区域经济一体化中，某些在工业制成品上具有比较优势的成员国取代了原来的区外发达国家，将工业制成品大量出口到其他小国从中获益，贸易条件得到改善；与之相反的较小成员国因收益下降而导致贸易条件恶化，其福利损失即为较大成员国的收益。在某种程度而言，新兴经济一体化有利于较大成员国而不利于较小成员国。因此，许多发展中小国意识到，参与经济一体化有可能会出现两极分化的恶性趋势，从而退出原区域经济一体化组织，这在世界区域经济一体化发展的历史上并不鲜有。

5. 国内各种矛盾突出，国际承诺难以兑现

基于每个发展中国家内部都存在很大程度的国内矛盾，这正是妨碍发展中国家区域经济一体化顺利发展的重要因素之一。现阶段，部分发展中国家仍处在社会矛盾的多发期，诸如教育落后、生态环境恶化、贫富差距、腐败问题以及由于政府被利益集团挟持绑架而导致的战略失误，等等。如何权衡好资源、环境和发展的问题，如何处理好追求发展效率与社会公平这两者之间的平衡，从源头上防止各种国内矛盾的激化，避免自身的内部矛盾和战略失误为霸权国所利用，成为发展中国家参与区域经济一体化所要面临的一个挑战。

三、新兴经济一体化面临的挑战

从当前的形势来看，新兴经济体市场规模在不断扩大，这无疑会给各国带来新的发展机会，作为拉动全球经济复苏的主导力量，经济增长势头依然强劲。但是不可否认的是，新兴经济体也面临着多方面的挑战。

1. 经济增长趋势放缓

新兴市场经济体普遍出现经济增长放缓迹象，正在经历“成长的烦恼”。各国面临的问题也有所不同：中国的主要问题表现为投资过热，且过度依赖出口，而内需则相对很低；印度主要表现在高贫困率、消费和储蓄之间不协调；巴西和南非则正好相反，目前的储蓄相对于需求要小很多；俄罗斯的主要问题是国内生产力不能完全满足国内市场发展的需求，经济发展动力主要依靠能源及原材料出口，受世界能源市场波动

影响较大。

2. 竞争与合作并存

新兴经济体国家基本都是发展中国家，经济结构普遍以劳动密集型产业和资源密集型产业为主，其贸易结构和投资结构相仿，将会产生竞争效应。国际金融危机后，各国都制定发展战略，纷纷提出了振兴和发展规划，大有赶超之势。而不恰当过度的竞争有可能会使新兴经济体陷入“赶超陷阱”。“金砖国家”自身利益最大化策略将导致竞争，如中印在全球范围内争夺资源、能源和压价，俄罗斯、巴西抬价，竞争的最终结果是中印两国在巴西能源资源市场上的两败俱伤。因此，新兴经济体一定注意避免“赶超陷阱”，实现可持续发展。

3. 外部风险有所增加

新兴经济体经济的崛起还经历着外部挑战与风险，这成为制约新兴经济体经济增长的重要因素。新兴经济体普遍的依赖外部市场，新兴经济体的群体性崛起将可能会持续受到外部风险的威胁。国际金融危机后，国际环境出现了新变化，如 TPP、TTIP、BIT 等机制的出现，其实质是全球规则变化，其挑战是不适应者将被边缘化，其机遇是倒逼改革和调整，新兴经济体面临被边缘化的危机。在此背景下，中国作为高度融入全球经济的国家，其国际贸易和国际投资将要在新的规则下与最强的两大经济体进行博弈，必将面临严峻挑战。而美国主导的 TPP 给东亚区域合作带来了挑战，也带来了机遇，新兴经济体特别是中国应当做好准备，协调好区域内外国家的关系，推进与其他合作机制的合作；积极推动和参加 RCEP 谈判，加速东亚经济一体化进程。

经济学链接

跨太平洋伙伴关系协议

跨太平洋伙伴关系协议（Trans - Pacific Partnership Agreement，TPP），也称作“经济北约”。其前身是跨太平洋战略经济伙伴关系协定（Trans - Pacific Strategic Economic Partnership Agreement），是由亚太经济合作会议成员国中的新西兰、新加坡、智利和文莱四国发起，从2002年开始酝酿的一组多边关系的自由贸易协定，原名亚太自由贸易区。2011年11月和2013年9月，日本和韩国分别加入TPP谈判。

四、新兴经济一体化的展望与中国的应有之为

新兴市场国家在未来的经济发展中，一方面需要进行自我提升，通过科技进步优化产业内部结构，推动经济增长方式转变，提高全要素生产率；另一方面，在挖掘内生增长力之外，新兴经济体还必须加强彼此的合作，借力发展与互动促变，参与全球经济治理。

“金砖国家”作为新兴经济体第一梯队，应当起到带头作用。而新兴市场国家之间更应该夯实经济合作基础，以经济合作促进政经互动；采取以发展为导向的合作机制和运行模式；进行高层次的实质性对话机制建设；积极倡导共赢性发展，寻求立足全球政经格局的支点，参与全球经济治理，为广大发展中国家在全球经济复苏中谋求福利。

尽管新兴经济体之间，贸易结构和投资结构有相仿之处，存在着竞争的关系，但是合作与发展，仍是当今世界的主流。对中国而言，伴随着世界经济的复苏，在未来的新兴经济体之间的区域经济合作以及一体

化进程中，可以考虑从以下几个方面着手，以保证自身的发展。

第一，针对目前及今后未来一段时间内有所抬头的贸易保护主义政策，切实地推进贸易以及产业结构的优化升级，合理地防范和妥善应对贸易摩擦，同时加强双边以及多边谈判，为中国出口企业争取公平的贸易待遇。

第二，利用危机后人民币相对的升值，扩大从发达经济体的进口，加大对外直接投资力度，依托已经签署的自贸协定和投资协定，配合中国提出的“走出去”战略，鼓励中小企业及科技类企业通过海外直接投资、并购等方式，获取海外的先进技术和成熟管理经验，将进口和投资同中国产业结构优化升级结合起来，为中国进行技术和竞争软实力的储备。

经济学链接

海外直接投资

海外直接投资（Foreign Direct Investment）是指境内机构经境外直接投资主管部门核准，通过设立（独资、合资、合作）、并购、参股等方式在境外设立或取得既有企业或项目所有权、控制权或经营管理权等权益的行为，是现代的资本国际化的主要形式之一。它是在投资人以外的国家所经营的企业拥有持续利益的一种投资，其目的在于对该企业的经营管理具有发言权。

第三，面对发达国家经济低迷不振和新兴经济体的转型与崛起，中国不仅要设法保持在发达国家的市场份额，还需要积极拓展新兴市场，从而实现对外贸易市场的多元化发展。除了利用贸易方式，还可以通过产业合作拓展新兴市场。

经济学链接

“走出去”战略

中国坚持对外开放的基本国策，把“引进来”和“走出去”更好地结合起来，扩大开放领域，优化开放结构，提高开放质量，完善内外联动，互利共赢、安全高效的开放型经济体系，形成经济全球化条件下参与国际经济合作和竞争的新优势。这一切都预示我国“走出去”、“引进来”的双向开放向纵深发展。

第四，积极推动与新兴市场国家的区域经济合作谈判，考虑到目前中国经济的现状，在推动区域经济合作的过程中，应当首先关注与市场规模较大、人均资本存量较高的新兴市场国家，以有利于中国施行的“走出去”战略，同时把握好参与全球治理的历史性机遇，通过加强与新兴经济体合作以制定新的国际规则，为中国的发展创造有利的外部环境。

丝绸之路经济带战略与新兴经济体的增长

盛　毅　四川省社会科学院副院长兼对策研究中心秘书长

分布在丝绸之路经济带上的新兴经济体，在经历几年的高速增长后，普遍出现增长动力明显减弱的情况，有些国家下降幅度还较大，亟须注入新的增长动力。丝绸之路经济带建设将为这些国家提供新的机遇。

一、新兴经济体普遍面临的增长制约

根据英国《经济学人》的划分，分布在丝绸之路经济带的新兴经济体有中国、印度、俄罗斯、韩国、波兰、土耳其、哈萨克斯坦等，其中金砖国家中就有三个。目前，这些国家的经济增长均出现不同程度的下降，即使发展相对稳定的中国，增长速度也比 2011 年下降 20% 以上，印度 2014 年的经济增长预期，已经从 6.7% 下调至 4.7%。国际货币基金组织将 2014 年俄罗斯经济增速由 3% 下调至 2%，这是该组织年内连续第四次下调对俄罗斯的经济增速预测，与 2011 年相比下降 50% 以上。这种情况发生在不少的新兴经济体，其原因有以下几个方面：

经济学链接

国际货币基金组织

国际货币基金组织（International Monetary Fund，IMF）是根据1944年7月在布雷顿森林会议签订的《国际货币基金协定》，于1945年12月27日在华盛顿成立的。它与世界银行同时成立、并列为世界两大金融机构之一，其职责是监察货币汇率和各国贸易情况，提供技术和资金协助，确保全球金融制度运作正常，总部设在华盛顿。

1. 主要出口市场持续疲软

美国、欧盟市场占中国、俄罗斯的出口比重在40%左右，占韩国、波兰等国的出口比重也很大。如2014年上半年，波兰出口额为66.9亿欧元，其中对德国出口就达20.7亿欧元。越南经济的60%都依赖出口和外国投资。受欧美市场需求疲软的冲击，新兴经济体向这些国家出口的增长速度都在下降，对有些发达国家的出口甚至出现负增长。一方面，欧美在对过度消费模式反思的基础上提出发展转型、扩大储蓄和内需、“再工业化”等，必然会对依附其市场发展的新兴经济体造成出口压力。另一方面，有更多的发展中国家加入到传统工业品出口欧美的行列，也抢占了部分新兴经济体的市场。

2. 转型发展面临诸多困难

新兴经济体靠增加一般要素投入保持快速增长的阶段已经结束，经济发展方式转型成为今后较长时期的艰巨任务。不少专家指出，新兴经济体如不及时转变发展模式，就有可能在新一轮竞争中落伍。但转型发展需要集聚新的要素，培育新的产业，形成新的体制机制。新兴经济体在制造业上呈现出较好的发展势头，但在高端产业和金融业上仍处弱势，内在机制也还有待完善健全。中国在以上三个方面虽然有一些条件，但要从以传统制造业为主和传统发展模式驱动为主转向新的轨道，改变产能过剩和政策边际效应递减的现状，克服体制机制的约束，需要有一个过程。俄罗斯经济对能源和重工业的严重依赖，使其在发展轻工业和新兴产业方面缺乏有利条件。印度制造业远远落后于服务业发展，受制于投资环境差和电力、交通等基础设施落后，也是短期难以改变的现实。此外，不少新兴经济体由于经济实力弱，集聚新的要素和产业能力差，特别是破除对传统发展模式的路径依赖，遇到不少的困难，其转型过程将是艰巨和漫长的，有的国家可能会长时间迈不过这道坎儿。

3. 资本外流形成负面影响

欧债危机、美国持续五年多的量化宽松政策开始逐步退出，导致部分资本从新兴经济体外流，不仅造成这些国家的证券市场波动，而且在一定程度上打击了投资者信心。尤其是拥有大量经常账户赤字的国家，包括印度、土耳其、印度尼西亚等。对新兴经济体来说，一方面，国际资本尤其是许多热钱“来得快去得也快”，资本频繁进出的冲击会逐步加剧。另一方面，部分资产被高估的新兴经济体，面临币值变动的压力，使宏观调控政策被动应对。此外，新兴经济体增长速度的放缓，也会引发部分投资外流。目前，一些新兴经济体对未来增长速度的预期一再降低，现任俄经济部长阿列克谢·乌柳卡耶夫预计在2025年之前，俄罗斯的经济增长速度不会超过2.5%～3%。

经济学链接

量化宽松

量化宽松（Quantitative Easing，QE）主要是指中央银行在实行零利率或近似零利率政策后，通过购买国债等中长期债券，增加基础货币供给，向市场注入大量流动性资金的干预方式，以鼓励开支和借贷，也被简化地形容为间接增印钞票。其中，量化指的是扩大一定数量的货币发行，宽松即减少银行的资金压力。当银行和金融机构的有价证券被央行收购时，新发行的钱币便被成功地投入到私有银行体系。量化宽松政策所涉及的政府债券，不仅金额庞大，而且周期也较长。

二、"一带一路"建设将催生新的发展机遇

"一带一路"建设尽管是一个长期构想，目前尚处于谋划和起步阶段，面临的难题不少，但相信在中国和相关国家的积极推动下，会建立一系列政治、经济、文化治理新机制，进而促进相关国家间关系的改善，催生一些新的经济合作领域。

1. 有助于消除各种壁垒

消除或降低国际关系中的冲突与对抗，承袭历史上形成的经济联系，求和平、谋发展、促合作、图共赢，是丝绸之路经济带建设的根本目的。在全球经济增长放缓的情况下，经济增长也是安全的重要组成部分，经济增长乏力，往往会给稳定造成冲击，进而引起地区政治的不安定。丝绸之路经济带的建设，经济、贸易、货币联系的加强，将为欧亚大陆腹地的多边安全合作注入新的活力，为地区安全提供"内生动力"。"一带

一路”建设倡议，倡导政治上平等相处，文化上求同存异，把不同文明的优秀基因融合起来，在共建中形成伙伴关系；提出通过建设新的对话平台，推动沿线各国增强互信，扩大共识，加强发展规划协调，深化各领域交流与合作，建立打击恐怖活动机制，形成维护地区和平稳定、带动经济发展、沟通东西文化、促进民心相通等功能；要求针对沿线国家大多处于转型发展的关键阶段这一现实，照顾各方利益关切，扩大利益汇合点，寻求合作最大公约数。这些原则、方针、思路一旦深入人心，都将会促进各国之间联系的加强，搭建起更多对话平台。

经济学链接

丝绸之路经济带

丝绸之路经济带（Silk Road Economic Belt）是中国与西亚各国之间形成的一个经济合作区域，大致在古丝绸之路范围之上。包括西北陕西、甘肃、青海、宁夏、新疆等五省区，西南重庆、四川、云南、广西等四省市区。2013 年由中国国家主席习近平在哈萨克斯坦纳扎尔巴耶夫大学演讲时提出。这一地区资源丰富，建设丝绸之路经济带，将对世界经济产生重要影响。

2. 激发各种形式的创新

“一带一路”建设将秉持开放包容精神，坚持共商、共建、共享原则，充分利用现有合作机制和平台，探索多种创新的合作模式，使其能与经济带上的各种区域合作组织和联盟、多个双多边合作协定等形成共存和互补关系，成为一个新兴经济合作区。在这个合作区内，将存在着多种和不同程度的合作形式。衡量经济带是否成功的标志，关键看能否通过相互扩大开放和彼此加强合作实现繁荣。各国各方均可依托优势和特色，以更加丰富的形式来深化对丝绸之路经济带建设的认识和理解，推进经济带建设，包括创新开放模式、创新贸易和投资方式、互助共建各类特色经济园区等。

3. 中国成为推进的重要力量

中国不仅提出了这一设想，而且已有实实在在的行动。无论是中央领导人在对相关国家访问时提出的具体倡议，还是正在制定的丝绸之路经济带发展规划，都在细化“五通”内容，并使其落实到任务和项目中。在推进步骤上，第一，加强政策沟通，指出要协商制定区域合作规划和措施。第二，加强道路联通，明确要逐步形成连接东亚、西亚、南亚的交通运输网络。第三，加强贸易畅通，积极推动贸易和投资便利化问题的探讨并做出适当安排。第四，加强货币流通，推动实现本币兑换和结算。第五，加强民心相通，促进人民友好往来和社会交往。换句话讲，就是要坚持人文先行，凝智聚力，不断增强与沿线各国的传统友谊；要以点带面，从线到片，逐步形成区域大合作；要从一些具体的合作项目入手，脚踏实地，稳步前进，解决合作过程中存在的困难和挑战。

4. 七大领域成为建设重点

丝绸之路经济带建设是一项规模宏大的系统工程，需要合作的领域和建设内容很大，经历的时间很长。目前，中国将推动与沿线国家加强七个重点领域的合作：

一是共同推进骨干通道建设，优先打通缺失路段，畅通瓶颈路段，提升道路通达水平，构建联通内外、安全通畅的综合交通运输网络。二是在机械设备、机电产品、高科技产品、能源资源产品、农产品等方面，加强与沿线国家的贸易和投资合作，深化与沿线国家海关、标准、检验检疫等方面的多双边合作和政策交流，改善边境口岸通关设施条件。三是鼓励和引导企业到沿线国家投资兴业，合作建设产业园区。鼓励有条件的企业到科技实力较强的地区设立研发中心，充分依托当地的科技资源和人才优势，提升产业层次、增加当地就业。四是重构海陆能源通道，深化能源生产、运输、加工等多环节合作。同时，加强能效和新能源开发等领域的合作，提升能源资源深加工能力。五是积极推进筹建上合组织银行和亚洲基础设施投资银行，扩大双边本币互换的规模和范围以及跨境贸易本币结算试点，降低区域内贸易和投资的汇率风险、结算成本，探讨制定区域金融合作的未来发展路线图。六是不断增加政府奖学金名额，资助沿线国家有关人员来华研修培训，与沿线国家互办多种形式的文化年、艺术节等活动，加强与沿线国家旅游宣传推广合作，联合打造具有丝绸之路特色的国际精品旅游线路和旅游产品。七是推动与沿线各国建立健全有效的对话机制和联动机制，规划实施一批各方共同参与的重大项目，统筹推进区域内生态建设和环境保护，共建绿色丝绸之路。

经济学链接

双边本币互换

双边本币互换（Bilateral Local Currency Swap）就是以一定的汇率互换一定数量的双方的货币量，增加对方的外汇储备以应对不时之需。是国家出于提高两国的外汇储备，以平衡两种货币的供需，稳定汇率，特别是在金融危机条件下，防止出现外汇市场的混乱。2008 年以来，中国人民银行已与韩国、马来西亚、白俄罗斯、俄罗斯、印度尼西亚、阿根廷、冰岛、新加坡、新西兰、乌兹别克斯坦、泰国、欧元区等 20 多个国家和地区货币当局签署了总额为 1.3 万多亿元人民币的双边本币互换协议。

三、新兴经济体要主动参与和分享

在第二届中国—亚欧博览会上，荷兰前首相鲍肯内德就指出：“世界的重心正在从西方转向东方。”联合国开发计划署署长海伦·克拉克在第三届中国—亚欧博览会上也感慨：“亚欧地区已经成为整个世界的重要发展引擎。”面对一个覆盖近30亿人口、成长潜力巨大的区域发展机遇，新兴经济体应当主动积极地参与其中，成为推动建设的重要力量，分享合作的“红利”，具体途径如下。

1. 推动多层次的规划编制

新兴经济体要将“一带一路”作为合作与发展的重要战略平台，促使其发展战略和规划与经济带建设的相关内容对接。各国可以根据中国制定的“一带一路”发展规划，对基础设施、产业和城镇布局、贸易和投资规划进行调整，以使本国的经济发展深入地融入到经济带发展中。新兴经济体也要积极推进在联合国主导下的发展规划或实施方案，以及次区域的或者专项的规划和实施方案制定，逐步形成并完善丝绸之路经济带的规划体系。

2. 推动多层次协调机制建立

围绕规划和方案的实施，共同推进丝绸之路国际协调机制的建立，促进其与现有国际组织、国家间合作机制、区域贸易和投资协定和区域合作机制相互融合。尤其是中国、俄罗斯和印度三个大国，在推进“一带一路”建设中起着关键性作用，应发挥好主体作用，通过建立投资合作委员会、高级别专项小组等机制，促进重大投资项目实施。同时充分利用上海合作组织来为推进“丝绸之路经济带”建设服务，协调各方面的工作。

3. 推动双边和多边自贸区建设

与丝绸之路国家广泛开展双边、多边的贸易自由化，可以破除某些贸易壁垒，把握主动权，建立自己的贸易伙伴关系，更有效地应对面临的国际贸易压力。虽然目前中国已经签订了 9 个 FTA 协议，正在谈判的 FTA 有 6 个，正在研究的 FTA 有 3 个；印度已经签订了 10 个 FTA 协议，正在谈判的有 3 个。但俄罗斯等国签订的 FTA 协议很少，即使是中国和印度，在经济带内也有深化的潜力。因此，新兴经济体要针对经济带沿线许多国家迫切希望改变落后状况的有利时机，与之建立双边、多边自由贸易协议或自由贸易区，推动贸易和投资发展。

经济学链接

自由贸易协定

自由贸易协定（Free Trade Agreement，FTA）是为了绕开 WTO 多边协议的困难，同时也为了另外开辟途径推动贸易自由化，各国逐渐从实践中探索而出。是独立关税主体之间以自愿结合方式，就贸易自由化及其相关问题达成的协定。目的在于促进经济一体化，其目标之一是消除贸易壁垒，允许产品与服务在国家间自由流动。

4. 推动重要交通通道建设

无论是扩大经济带内各国之间的投资还是贸易，都迫切需要改善交通设施落后的现状，全方位推进互联互通成为首要任务。新兴经济体应当在推进重要交通通道建设中，担负起主要任务。目前，相关国家已经提出了多条交通大通道建设的设想，有的开始进入全面实施阶段。尤其是一些地处内陆的新兴经济体，要把与亚欧骨干交通线的连接，作为融入经济带的主要任务，根据交通的走向调整产业和城镇布局，发展贸易、投资和物流。中俄已经提出努力实现 2015 年前双边贸易额达到 1000 亿美元的目标，如果交通、物流方面取得更大的进展，进一步扩大贸易和投资就会更加有利。

CHINA'S REFORM THINK TANK

第六编

新兴经济体如何适应全球货币新周期?

增长中的全球经济如何驾驭金融怪兽?

艾森布莱特　德国国际合作机构前首席总裁

我们一直在努力为研究者和决策者提供重要的沟通桥梁。众所周知，很多有影响的经济理论都致力于解释现有的经济现象，并找到政策性的解决方案。严谨的经济分析和决策需求之间一直存在着有效的联系，我们要通过一些有益的方式把决策者和经济学家相互结合起来。

过去的方式一般都是以经典的改革题目作为讨论主题，各位研究者对这些主题都做出过重要研究。但这次与过去有所不同，而且差异不小。我们讨论的是新兴经济体与全球经济之间的相互作用及影响，要求全球经济不仅要实现增长，还要给人民带来整体的社会福利平等。

我要提出的观点是，欧洲的社会市场生态经济模式是极端自由主义市场经济模式和政府过度干预经济模式的一个很好的替代。近年来，社会市场生态经济模式得到了很多人的关注，我本人也一直在倡导社会市场经济的理念，并在将来不遗余力地将其继续宣扬下去。

社会市场生态经济模式在新兴经济体的增长转型中发挥了重要作用。自20世纪90年代末期以来，新兴经济体取得了良好的发展，生产力和人民的生活水平不断提高，呈赶超发达国家之势。但新兴经济体的增长代价也非常高，新兴经济体国家在物质生活水平提高的同时，也产生了环境破坏严重、资源枯竭以及不平等日益加剧等问题，尤其是金融问题。在20世纪80、90年代，新兴经济体国家的金融部门不太关注市场，也不太关注实体经济，导致了很多问题，就像赌博一样。德国前总统曾经说过，不受监管的金融部门就像一个怪兽，更可怕的是我们很难控制它。因此，我们必须弄清楚金融部门在社会经济中究竟应该发挥什么样的作用；必须明确未来经济的增长点，并确保增长是以人为本的；必须能够驾驭金融部门这个怪兽。新兴经济体也同样如此。要做到以上三点，我认为必须落实社会经济的四个主要原则：一是加强治理；二是社会团结；三是生态文明；四是建立社会伙伴关系。只有遵循这些原则，新兴经济体才可以保证人民福利的不断提高，才能够使改革的成果惠及社会的大多数人。这意味着我们要建立社会共识，竞争的同时要兼顾个人自由和集体福利。德国前总统曾经说过，社会市场经济不是书本上的概念，而在于人民的思想和行动之中。如何实现社会市场经济，一直是我们应该深思的问题。

最后我强调的是，每个国家的智库是公共政策和公共辩论重要话题的提出者和影响者，可以影响决策者对世界的看法，可以提出最先进的政策解决方案来应对不断变化的环境，并对理论研究做出重要贡献。

新兴经济体的韧性

——非传统货币的溢出效应

戈　尔　印度观察家研究基金会经济与发展研究中心经济政策研究员

全球金融危机爆发之后，许多国家的中央银行都采用了适应性货币政策。短期利率已经降到几乎为零的水平（见图 1），大规模的资产购买以及量化宽松政策同时导致长期利率的下降。在危机期间放松信贷，这些非传统货币政策无疑为经济复苏奠定了基础。根据美联储的估计，量

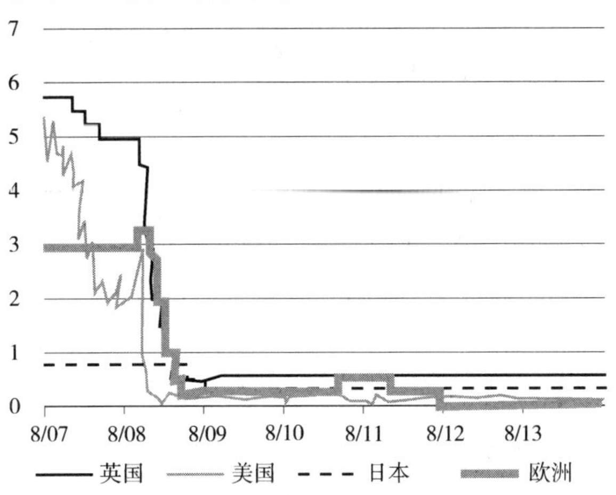

图 1　中央银行基准利率

资料来源：美国联邦储备系统

化宽松政策将美国的失业率减少了1.5个百分比。然而，这些政策也导致利率长期处于低水平，并且释放了前所未有的市场流动性——自从2008年以来，美国、英国、日本、欧洲等中央银行已经为刺激经济注入了超过5万亿美元的投资（见图2）。由于欧盟采取量化宽松政策，尽管美国将要退出量化宽松，市场流动性的总量还是会保持原有水平。另外，最新数据表明世界经济仍处于恐慌之中，同时发达经济体的经济复苏也呈缓慢趋势，因此，各国中央银行在近期不会提高利率。

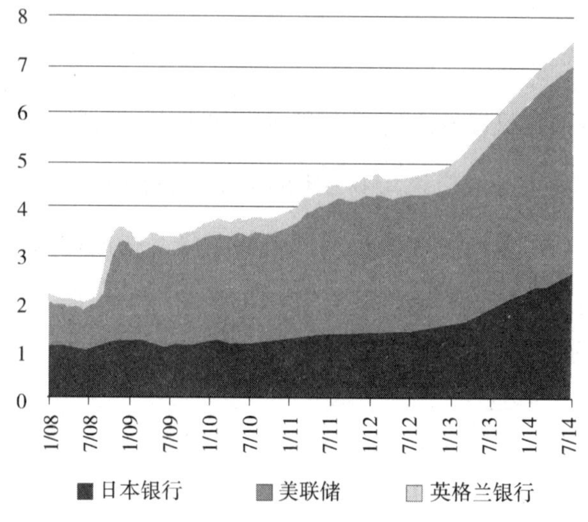

图2 中央银行资产负债表规模

资料来源：美国联邦储备系统

非传统货币政策下的低利率与廉价流动性给全球带来了过度的金融风险，而承担风险的能力却没有相应提高。全球资产价格快速攀升，其估价已经超过了基本面的范围。这甚至导致市场监管机构国际清算银行评论说金融市场表面上看已经脱离实体经济。

新兴经济体正处于千钧一发的时刻。外国投资者为寻找更高投资收益，将其在发达国家的投资撤离并大量涌入新兴经济体。这种冒险行为扭曲了新兴经济体的基本面，引起通货膨胀恐慌和货币失调。另外，资本流动的波动性会导致流动性失灵并且不利于经济增长。

一、非传统货币政策带来的风险

第一，资产泡沫和利益追逐

长期实行非传统货币政策使得许多资产类别的价格大幅上涨，包括股票、固定收入和房地产等。股票市场行情上涨，全球流动性市场流动性充足。投资者在低利率的背景下进行利益追逐，股票估值迅速上涨，但是企业运行表现并未提升，投资评级和垃圾债券之间的差距大大缩小（见图5）。美国和日本的股票市场自2012年以来持续增长，已经分别增长了91%和57%，而企业收入却没有相应地提高（见图4）。西班牙和意大利的借贷成本下降到5年以来的最低水平，尽管两国的公共债务总量已分别达到GDP的102%和122%（见图3）。2014年4月到6月，总共有1,480亿美元的高收益垃圾债券流入，而历史上的平均水平仅为300亿美元。

资产价格水平在这么大的范围内膨胀会破坏全球金融市场的稳定性。根据国际货币基金组织的模拟，如果债券市场的期限溢价和信贷风险溢价回归到过去正常水平下的平均值，全球债券投资组合的价值将会减少3.8万亿美元，即下降8个百分点[①]。非传统货币政策的变化调整，如果在短期内完成的话，会威胁到包括新兴经济体在内的全球市场的稳定性。

① 国际货币基金组织：《全球金融稳定报告》。

在此背景下，评估发达国家采用的高度适应性货币政策带来的溢出效应至关重要。

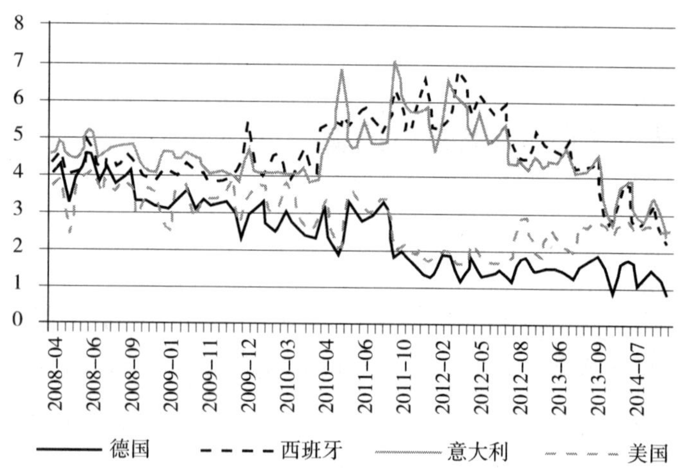

图 3　政府债券十年收益

资料来源：美国联邦储备系统

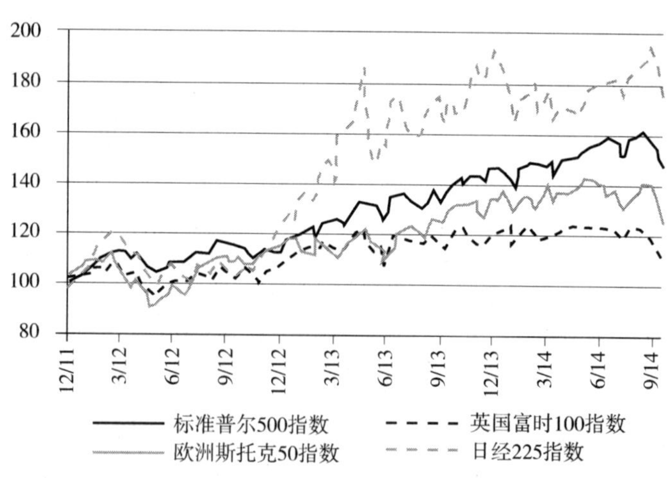

图 4　主要股票指数

资料来源：彭博资讯

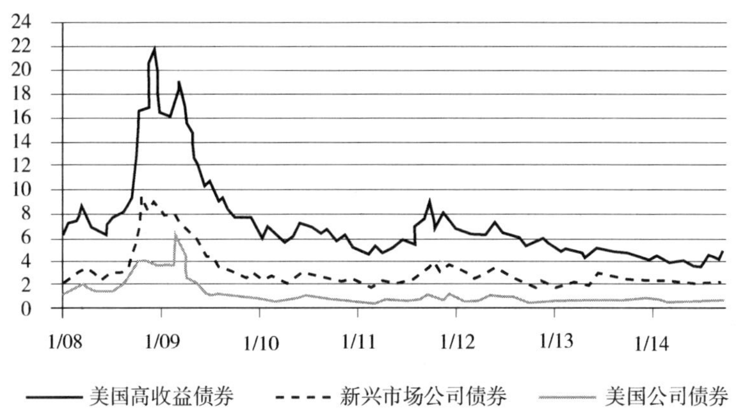

图5　企业债券收益

资料来源：美国联邦储备系统

第二，对新兴经济体的消极溢出效应

金融联系性增强扩大了新兴经济体的投资组合流入。投资组合投资人将13%的投资投入新兴经济体的债券和股票市场。由于延长使用非传统货币政策，投资者增加其在新兴经济体债券和金融市场的投资份额以求更高的回报。因此，新兴经济体的资本流入飙升。实行量化宽松政策以来，流入新兴经济体和发展中国家的净私人投资组合已达到7600亿美元，而从2000－2008年（见图6），总额也才有1310亿美元。非传统货币政策调整带来的任何逆转都会引起新兴经济体资本的大量流出。

2013年5月，伯南克在演讲中谈到将逐渐减少资产购买立刻引起了许多新兴经济体的资本流出和大幅波动。特别是脆弱五国（印度、巴西、土耳其、印度尼西亚、南非），货币突然贬值，并且经常账户赤字问题随之恶化。2013年4－6月印度经常账户赤字占GDP的4.8%，从5月到9月，货币贬值了27.53%。其他四国也面临着类似困难的宏观经

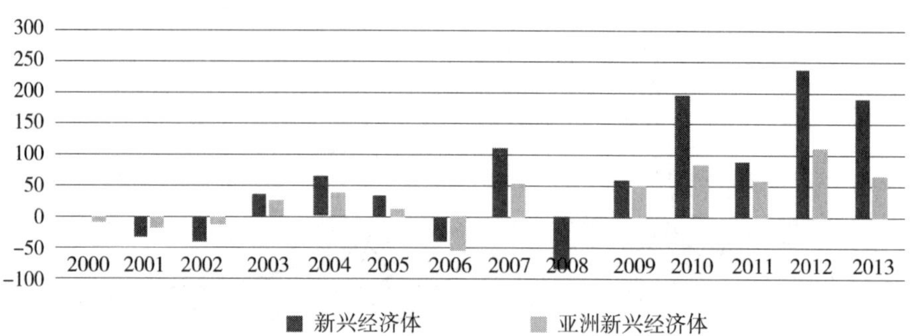

图 6 净私人投资组合流动（十亿美元）

资料来源：国际货币基金组织，世界环境组织

济环境（见图 7）。

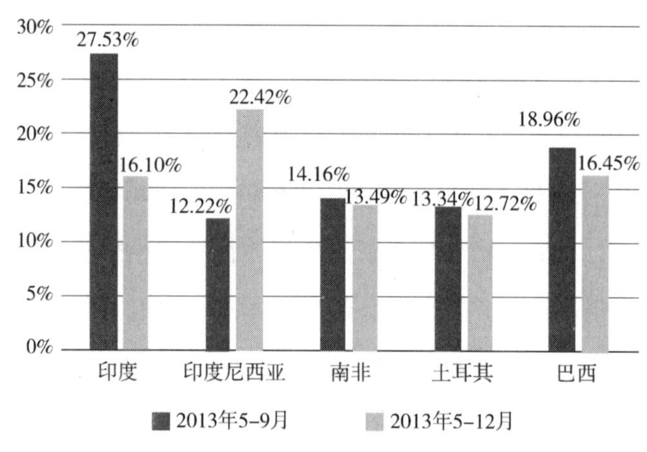

图 7 脆弱五国，汇率

资料来源：雅虎金融

摩根斯坦利新兴市场指数正好说明了美国货币政策与新兴市场金融稳定性之间的联系（见图 8）。伯南克发表演讲的次月该指数下降了 16 个百分点。2013 年 9 月，美联储宣布将继续进行资产购买后，该指数又上升了 7 个百分点。

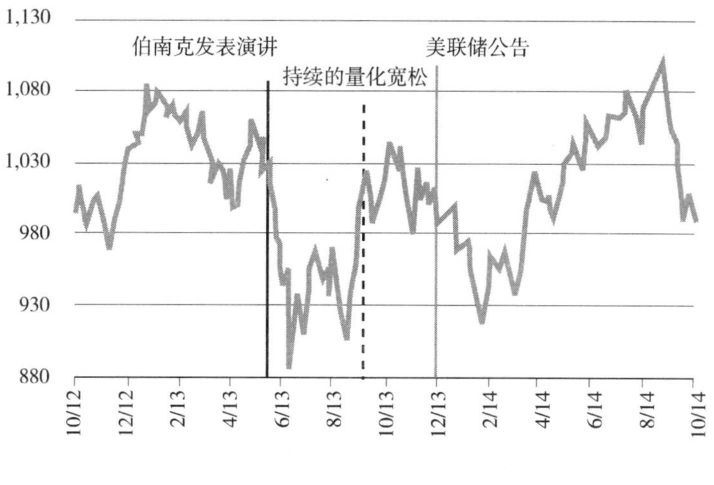

图 8　摩根斯坦利新兴市场指数

资料来源：摩根斯坦利

二、确保新兴经济体的金融稳定才是真正出路

1. 短期策略——稳健的宏观政策和流动性捕手

为有效应对非传统货币溢出效应的影响，新兴经济体应立即采取行动来解决跨境资本流动的波动性问题。短期来说，新兴经济体只能提高利率，实行稳健的宏观政策，避免货币不稳定和经常账户问题恶化。例如，印度不得不限制对外投资以减少不断扩大的经常项目赤字，而印度尼西亚从 2013 年 5 月到 12 月则将基准利率提高 175 个基准点以控制卢布的贬值。巴西则对债券和股票流动征收 2% 的税收以解决资本流动波动性问题。

另外，新兴经济体已经建立外汇缓冲以减少未来波动出现的可能性。

实际上，从2000年起，主要新兴经济体的外汇储备就开始持续增加（见图9）。非传统货币政策的延期使用会带来另一波“全球储蓄过剩”，阻碍利率上调，增加全球金融体系的内在风险①。然而，除非各国对非传统货币政策的全球影响问题进行沟通，否则新兴经济体必须使用可用的一切手段来稳定经济发展。

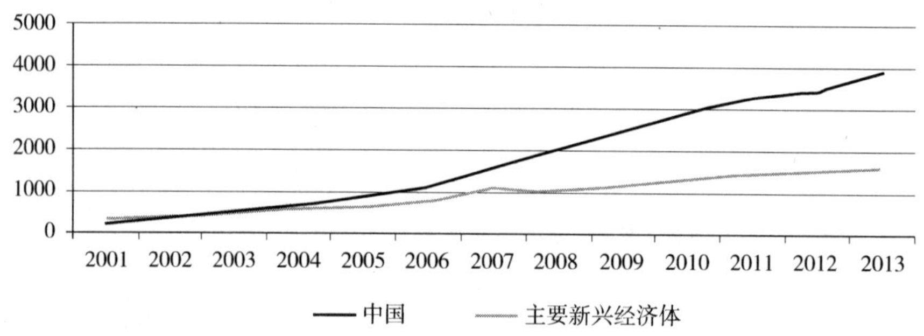

图9 摩根斯坦利新兴市场指数

资料来源：《世界发展指标》

2. 中期策略——建立全球安全网络

金融危机爆发以后，巴西、墨西哥、新加坡、韩国等国家面临着巨大的资本流出②，美国将美元与这些国家的货币互换额度提高到300亿美元。美国也与其他国家达成了类似的货币互换安排，只是额度高低不同。

中期来说，新兴经济体可以通过建立同样的社会保障网来管理危机

① 本·伯南克：《全球储蓄过剩与美国经常项目赤字》桑德里奇讲坛演讲，2005年3月10日。

② 阿尔文德·萨伯拉曼尼安：《美联储量化宽松政策的国际影响》提交给美国众议院金融服务委员会货币政策与贸易分委员会的证词讲话稿，2014年1月9日。

时期的市场流动性，包括：达成双边、多边或国际性的货币互换安排或者是增加信贷额度以减少暂时性流动性和信贷限制的影响。其他新兴经济体应该受中国的启示，中国已经采取积极行动同25个国家谈判达成货币互换安排，总额超过4亿美元（见表1）。金砖国家2014年8月签署的应急储备安排就是多边流动性机制的另一典范。

表1　中国的双边货币互换协议（2008年12月－2013年6月）①

银　　行	日期	总额 十亿元	美元等值
韩国银行	2008 - 12 - 12	180	26. 3
	2011 - 10 - 26	360	56. 5
香港金融管理局	2009 - 1 - 20	200	29. 2
	2011 - 11 - 22	400	62. 9
马来西亚银行	2009 - 2 - 8	80	11. 7
	2012 - 2 - 8	180	28. b
白俄罗斯国家银行	2009 - 5 - 11	20	2. 9
印度尼西亚银行	2009 - 5 - 23	100	14. 6
阿根廷中央银行	2009 - 4 - 2	70	10. 2
冰岛中央银行	2010 - 6 - 9	3. 5	0. 5
新家坡金融管理局	2010 - 7 - 23	150	22. 1
	2013 - 3 - 7	300	48. 2
新西兰储备银行	2011 - 4 - 18	25	3. 8
乌兹别克斯坦中央银行	2011 - 4 - 19	0. 7	0. 11
蒙古银行	2011 - 4 - 19	5	0. 8
	2012 - 3 - 20	10	1. 6

① 埃斯瓦尔·普拉萨德：《人民币支配地位的全球影响》亚洲开发银行研究所工作文件（2014）：18。

续表

银　　行	日期	总额 十亿元	美元等值
哈萨克斯坦国家银行	2011－6－13	7	1.1
泰国银行	2011－12－22	70	11.1
巴基斯坦国家银行	2011－12－23	10	1.6
阿联酋中央银行	2012－1－17	35	5.5
土耳其中央银行	2012－2－21	10	1.6
澳大利亚储备银行	2012－3－22	200	31.7
乌克兰国家银行	2012－6－26	15	2.4
巴西中央银行	2013－3－26	190	30.6
英格兰银行	2013－6－22	200	32.6

国际货币基金组织可以建立相关机制来协调达成双边或地区性的货币互换协议，以减少谈判过程中的政治压力。国际货币基金组织自身也可以考虑给那些因为外部因素而面临短暂流动性危机的国家增加信贷额度。

3. 长期策略——确保稳定的资本流动

第一，国内储蓄

新兴经济体历来储蓄总额都要高于发达经济体（见图10）。从2000年到2014年这十年间，储蓄率的差距十分明显。非传统货币政策的溢出效应与全球系统性风险的累积导致国际储备的积累和全球储蓄过剩。人口等结构性因素也会扩大储蓄差距。

新兴经济体国内储蓄总额是一个重要的资本管道。如果把这些钱用在新兴经济体的生产性产业中便可成为可持续性的投资并增加市场流动

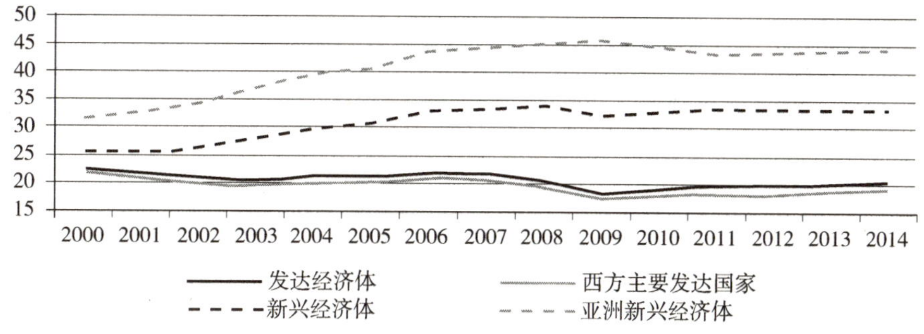

图 10　储蓄总额（占 GDP 比例）

资料来源：国际货币基金组织，世界环境组织

性。应该鼓励家庭将储蓄投在金融资产上，而不是现金或物质资产，这样才能释放储蓄的这一潜力。

尽管提供基本的银行服务是重要的第一步，新兴经济体还应鼓励个人投资者参与资本市场。从针对农民的金融衍生产品到针对中小企业扩张的特殊互惠基金，这些类似的创新型产品都可以用于促进个人投资的参与。但是，在开发这些产品的同时，也必须相应建立提高投资者意识和保护投资者利益的项目。

增强国内股票和固定收益市场流动性和扩大个人投资参与还有利于提高新兴经济体的金融韧性。个人投资参与可以通过减少对外国投资者的系统性依赖大大降低外国投资组合流动带来的波动。

第二，充满活力的资本市场

相比发达经济体，新兴经济体的股票和固定收益市场还处在发展早期阶段（见图 11）。事实上，银行贷款仍然是企业融资的主要渠道，通常也是小型项目和资本密集型项目融资的唯一选择。公司债券拍卖通常都处于发展不足的状态。

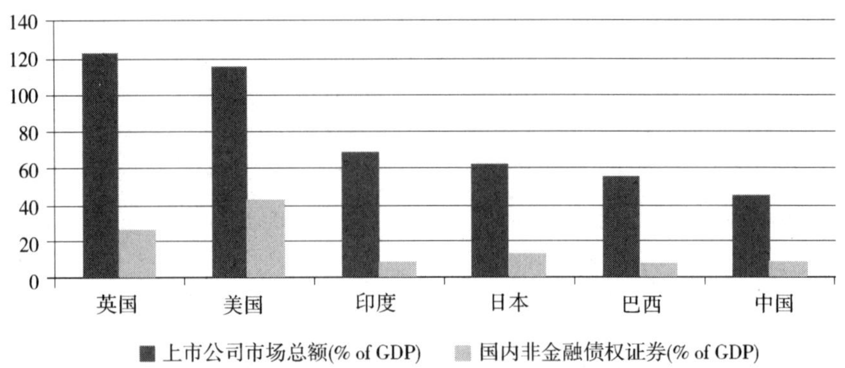

图 11　市场深度指标

资料来源：国际清算银行，印度证券交易委员会，《世界发展指标》

为建立更加强健的金融体系，新兴经济体的市场监管者应该创造有利的环境以鼓励在初级市场上发行股份并且刺激对企业债券发行的需求。建立合适的监管框架可以增强资本流动的稳定性，避免未来再出现“削减恐慌”这样的事情。过去十年国内债务市场的迅速发展，在中国和印度大约都增长了七倍，这一切都可以被看作是进行资本市场改革的一个好兆头。

为减少非传统货币政策溢出效应的影响，新兴经济体可以考虑在金融市场改革方面相互合作。可以通过建立共同的区域交易所并允许投资者用本国货币在他国开展贸易来统一金融市场。金砖国家于 2011 年 3 月建立交易所联盟，允许基准股市指数衍生产品相互挂牌，而最近宣布的沪港通则允许一系列的股票和衍生品交叉挂牌。这些做法都是未来加强协调的有效模板。

第三，长期基础建设融资

根据不同的预算，新兴经济体对基础建设融资的需求大约占 GDP 的

5%到8%。面对巨大的融资需求，由于政府债务和银行资产负债表已经要达到最高限度，传统的长期资本来源显得不足。因此，新兴经济体要开发新的资本源渠道以满足长期资本需求。基础建设融资不仅能促进经济的强劲增长，还能锁定长期投资，成为确保新兴经济体金融稳定的重要渠道。

养老基金、保险公司、主权财富基金等机构投资者管理中的资产总额超过100万亿美元，是新兴经济体长期融资的巨大潜在来源（见表2）。尽管投向新兴经济体的资产配置数额很小，其中基础建设投资更少，但是建立合理的政策框架可以全面开启新兴经济体的资本。

表2 机构投资者的资产配置②

投资者类型/资产分配	资产管理（万亿美元）	基础建设投资	新兴经济体投资
经合组织机构投资者	80	1%	升至10%
新兴市场机构投资者	5	<1%	70－80%
全权财富基金	4	2%	30－50%
全球其他机构资本	20	1%	升至10%

像养老基金和保险公司这样责任承担时间跨度几十年的机构投资者还可把长期基础建设资产当作一种投资战略。另外，在利率几乎为零并且出现资产泡沫的背景下，基础建设投资，特别是在新兴经济体，有利于提高回报率和分散风险。此类投资可以通过直接性（传统的债务或股票融资，或是与商业银行的共同投资）或间接性（商业或政府基金）的渠道进行。

② 格奥尔格·因德尔斯特，菲奥娜·斯图尔特：《新兴市场和发展中国家基础建设机构投资》公私合作基础设施咨询基金（2014.3）：32。

由于养老基金和保险责任的敏感性质，机构投资者应该严格评估投资项目的回报率与风险。在此背景下，新兴经济体的基础建设资产会带来巨大的内在风险，可能会阻碍长期投资。新兴经济体的基金管理经理对于基础建设项目和政策框架经验相对不足。除此以外，机构投资者经常受限于严格的监管要求，这也会阻碍了他们进行某种形式的投资。新兴经济体内缺少融资上可行的基础建设项目本身也是对长期融资的硬约束。

新兴经济体应为发展基础设施营造有利的融资环境以减少这些风险。统一透明的定价和监管机制可以改善资金流动预测和财政支持，因为可行性缺口融资可以刺激长期融资。总体稳定的政治环境和良好的治理可以减少新兴经济体的主权风险溢价。同时，国家基础设施银行和多边开发银行也应该投入各自的资源和专业，包括：贷款担保和政治风险保险等金融杠杆工具和评估基础设施项目的严格审查等。这些机构还可以帮助设计共同投资工具以将长期私人资本引向基础设施资产。

综上所述，非传统货币政策最初是发达国家为刺激国内经济而采取的手段，但目前已经渗透到国际金融体系的最深处。几乎为零的利率和大幅度的量化宽松已经成为国际经济的致病良药——任何偏离适应性政策的做法，从高利率到放缓资产收购，都会引起金融市场波动。在全球金融相互交织的背景下，全球经济与资产价格波动紧密相连。因此，分析非传统货币的溢出效益具有重要的意义。

对外贸易与金融的角色

罗希特　印度尼赫鲁大学经济研究与策划中心教授

其实，新自由主义体系下根本不存在一条长期稳定的经济增长道路。在新自由主义体系下有可能会出现经济的高速增长，但是这种高增长的推动要素却又使得增长成为一个自我限制的过程。

一国的经济增长有赖于总需求达到能够刺激投资的程度。总需求（除去投资）主要包括：工人和资本家的消费、政府支出和净出口。随着工资份额的降低，工人消费的重要性也降低。国际货币基金组织和世界银行支持减少公共债务的政策也使政府在经济活动中的作用减弱。在此情况下，以中国为代表的全球发展中国家经济增长的道路必然依赖于向世界各国的出口。

一方面，财富驱动型增长需要不断制造资产价格泡沫以支撑资本家的消费，这种增长道路可以形容为“投机旋涡中的泡沫”。另一方面，出口驱动型增长需要创造条件维持低成本以保持国际竞争力，这进一步导致工资占国民收入比重越来越小，消费不足。这种增长方式，都需要国际资本的持续流入，或是为了满足富人的负债型消费需求，或是用以建设资本密集型基础设施以满足国际市场需求。这种南北联系使得发展中和发达国家的增长进程在很大程度上依赖于国际市场中的货物需求和金融流动。

一、需求驱动型增长范式

我们假定一个经济体人均产生出的增长速度与劳动生产的技术提升速度同步，那么，需求根本不发挥作用。这样的经济框架强调制定促进供给的政策以推动科技进步。

广义而言一般来说，需求驱动型增长模式主张：经济增长必须要有外生需求来源，否则将保持会稳定在零增长的状态。所谓外生需求是指那些不受被现有经济活动影响限制并独立存在的需求。这些外生需求反过来也会促进释放内生增长的进程，相比外生因素独立发挥作用，两者结合会促进经济以更高速度增长。换句话说，外生需求需要首先刺激增长进程，然后再由该体系的内部机制发挥作用。同时，外生因素的消失也可能会制造螺旋式下跌。

外生需求来源有四种：自发性消费需求（主要源于是不受财富变化的影响）、自发性投资支出（与创新相关的支出）、向国际市场的出口、政府的消费与投资支出。

而投资会同时带来两种效果。投资既增加资本存量也提高需求水平。所以，投资的外生因素水平越高需求水平也相应越高。这会对投资产生螺旋式效应，直到投资水平与经济中的储蓄水平相等为止。因此，投资可被视作外生因素发挥作用并产生外部需求。这种投资和储蓄的本质又是什么呢?

在一个给定的需求水平下，如果当前的投资水平高于储蓄水平，那么消费水平和收入就会提高。收入的增长同样会使储蓄水平提高。收入增长的程度取决于乘数水平。由于新的需求水平比原来高，所以下一时期的投资也会比上一时期高。这又导致了新的投资-储蓄差距，整个增长过程又再循环一次，直到没有差距。当投资与储蓄没有差距的时候，就是经济扩张的时候。因此，增长过程是由外生因素和内生结果因素共同推动。然而，首要的是外生因素发挥作用，因为没有外生因素，内生增长本身并不会出现。

接下来我们假设经济体中有两种阶级——工人和资本家。工人将所有的工资收入用于消费，而资本家只消费了其所获利益的一部分。在这种情况下，收入乘数则取决于收入分配水平。因为某一个单位的投资产生一个单位的产出，并进一步产生低于该单位的消费。这就开始了乘数过程的滚雪球效应。消费的高低则取决于收入分配水平。消费在第一阶段的增长幅度取决于工人和资本家收入的比重，劳动者收入会给消费带来一对一的增长，而资本家的收入给消费带来的增长则小于一，这也是马克思在讨论经济危机出现时考虑的一个因素。资本家获利比重越高，收入乘数越低。因此，由于内生因素作用减弱，收入不匀这一状况扩大时会对长期增长产生抑制效应。

经济学链接

收入乘数

收入乘数（revenue multiple）是指由于消费支出增加、投资支出增加、政府购买支出增加及净出口增加而引起的国民收入增加的倍数。由于凯恩斯的理论特别强调投资的作用，所以在分析国民收入的变化时，总是用投资乘数来说明问题。

在新自由主义时代，由于市场的作用不受约束（特别是在一般市场和金融市场中），资本家的收入占比剧增，这一切都会带来现实问题。除了这种对内生因素的抑制效应外，还有国际货币基金组织和世界银行关于降低政府支出水平的倡导。使得外生因素受到了不利影响。

关于自发性消费，由于投机性资产价格向好，富人的财富增加，自发性消费有所增长。由于高资产价格可作为进一步借贷的抵押品，高资产价格扩大了个人贷款需求。富人的信贷驱动型消费创造了高增长。随着国外资本的流入，如果国内商业银行机构放松放贷能力，信贷驱动型消费还会得到国际金融的支持。境外机构投资者投入资本并利用这种信贷驱动型消费需求获利。

而自发性投资，以外商直接投资形式进行的投资对自发性投资产生影响。以印度为例，外商直接投资在印度确实产生了不小的影响，机构投资者则发挥了更加重要的作用。

尽管外生因素对不平等和政府在经济活动中影响减弱带来的抑制效果有中和作用，当问题出现的时候，外生因素便不受控制（如出口需求），或者本身就带有自我毁灭的种子（如信贷型消费）。信贷型消费要依赖于信贷供应，而信贷供应则要依靠资产价格的提高以及境外资本的流入。因此，这种类型的增长表面看来十分惊人，但是如果增长的基础在本质上十分脆弱，那么衰退到来的时候也同样会遇到极大的困难。

二、数据证明不平等的加剧与信贷驱动消费

1. 不平等持续性增长

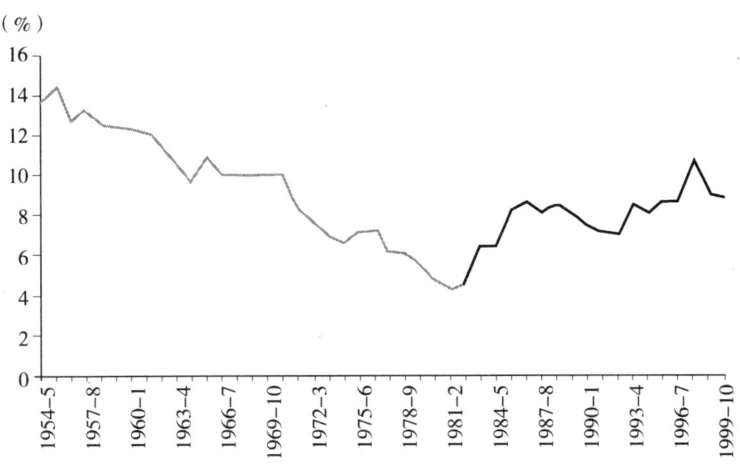

图 1　印度最富有的收入份额

资料来源：世界银行

工人阶级面临着经济增长带来的冲击。这种冲击主要体现为该时期劳动生产率的不断提高，而实际工资却基本没有变化。这说明在一个组织比较完善的行业中，如果工资份额下降，从工人阶级的角度来说，其他经济领域的情况会相应恶化。图 2 表明在经济改革阶段，最富有阶级的收入水平呈增长趋势。

根据图 1 的数据显示，可以肯定的是内生因素的确会带来乘数效应，但是如果缺少中和因素，这种效应就会有所减弱。

2. 信贷驱动消费

表 1 显示信贷驱动型消费和境外机构投资者在促进资产价格膨胀方面的潜在作用。1996 年至 2009 年期间，商业银行个人贷款（耐用消费品、住房等）未偿还金额占贷款总额的比重是原来的两倍。

表 1　商业银行个人贷款的账户数量、信贷限度和未偿还贷款（占总数的百分比）

年份	账户数	信用限度信贷限度	未偿付还余额贷款
1996	17.2	9.0	9.3
2000	26.5	10.7	11.2
2005	42.6	21.2	22.2
2007	43.7	21.2	22.3
2008	41.1	20.9	20.1
2009	46.3	19.7	19.4

资料来源：世界银行

境外机构投资者预期到高增长领域的利息获利前景，将资本投入并轻松获利。资产价格受资本流入影响，反之亦然。

如果依赖外部融资来源，与信贷型需求驱动增长会导致脆弱性资本项目。

三、针对这一经济状况的政策建议

替代新自由主义改革的备选方案应具有以下特点：

1. 金融资本流动实施资本管制、对现有账户适当管制以保证市场活动变化不会导致外部脆弱性或人民生活水平出现倒退。

2. 建立全覆盖的就业保障体系并提供与之相匹配的医疗卫生等社会公共服务。建立广泛的公共分配体系并进行渐进式土地改革以减少土地过于集中。

3. 通过改善公共投资、公共支出和累进税收以扩大社会基础设施建设、稳定产出、强化公共部门作用，以实现促进就业、实现区域均衡发展和可持续发展等社会目标。

上述观点指明的是一条以国内需求为基础的经济发展道路，我们要改变经济发展由大资本家主导的现状，而改为由工人和农民联合的国家联盟。

新兴经济体货币金融合作与全球金融稳定

曹文炼　国家发展改革委国际合作中心主任

2014年以来，新兴经济体的货币金融合作进程加快，多层次的金融合作机制正在形成。中国在这个进程中发挥了至关重要的作用，对维护全球经济发展和金融稳定做出重要贡献。

一、新兴经济体货币金融合作日趋紧密

2008年国际金融危机爆发以来，欧美国家复苏缓慢，新兴经济体异军突起，保持了较高的增长速度，对世界经济和全球贸易的贡献度越来越大。根据IMF的数据，2014年新兴经济体的GDP平均增速将达到4.4%，高于3.3%的世界增速和1.8%的发达经济体增速。以金砖国家为代表的新兴经济体，不断促进贸易投资便利化，深化经济金融合作，五国经济总量已占到全球经济的约20%，对全球经济增长的贡献更是超过了50%，现行的以美欧日主导的国际金融体系显然已经不能适应新时期的发展。

新兴经济体金融合作的背景，是国际社会普遍对第二次世界大战以后建立金融结构的批评和质疑。比如，国际货币基金组织（IMF），国际社会尤其是新兴经济体对IMF普遍存在质疑，具有代表性的是信贷发放融资的

苛刻性，以及治理效益的有效性。IMF贷款的条件苛刻，致使IMF在亚洲金融危机的救援活动实际起到了相反的效果，且并未有效发挥其作为危机预警者和救援者的职能作用。IMF 与美国的利益相捆绑，优先考虑美元发行国，也更易受美国政府影响。在 G20 峰会特别是金砖国家的推动下，2010 年通过了 IMF 和世界银行治理改革的方案，包括未来大规模的增加融资、扩大特别提款权（SDR）的分配和使用、提升新兴市场国家投票权等实质改革，但因美国等主要发达国家尚未完成审批程序而至今未获通过。在此背景下，新兴经济体包括发展中国家，也意识到创新全球货币金融合作治理的重要性。包括最早设于泰国的“亚洲版的 IMF”，其建立宗旨是提升本区域防范风险和应对挑战的能力。自 2000 年 5 月东盟与中日韩签署了《清迈倡议》以来，倡议的范围与条款得到不断的扩大与完善，于 2014 年 7 月 17 日通过修订并正式生效。

经济学链接

特别提款权

特别提款权（Special Drawing Right，SDR）亦称纸黄金，是国际货币基金组织创设的一种储备资产和记账单位。它是基金组织分配给会员国的一种使用资金的权利。会员国在发生国际收支逆差时，可用它向基金组织指定的其他会员国换取外汇，以偿付国际收支逆差或偿还基金组织的贷款，还可与黄金、自由兑换货币一样充当国际储备。但由于其只是一种记账单位，不是真正的货币，使用时必须先换成其他货币，不能直接用于贸易或非贸易的支付。因为它是国际货币基金组织原有的普通提款权以外的一种补充，所以称为特别提款权。

经济学链接

清迈倡议

2007 年 5 月 5 日，东盟和中日韩（“10 + 3”）财长会议在日本京都国际会议会馆举行，会议集中讨论了东亚区域宏观经济形势和加强东亚财金合作议题。为增强地区金融稳定，“10 + 3”财长会议于 2000 年 5 月在泰国清迈达成《清迈倡议》。根据《清迈倡议》，相关国家可分别向“共同外汇储备基金”投入一定金额的外汇储备资金。这样，当某个国家面临外汇资金短缺困难时，其他国家可以帮助其缓解危机。

加强新兴经济体金融合作，有助于提升发展中国家在国际金融体系的话语权。首先，作为债权国的新兴经济体大都面临着负财富效应、货币错配、对外金融资产与负债不对称等困境，新兴经济体之间的货币金融合作可以为新兴经济体提供更多的投融资路径，国家之间也可以进行适当的经济援助；其次，新兴经济体各国可以加大相互之间在海外兼并、海外市场拓展、技术升级、资源能源收购、知识产权等项目的重点支持，加强外储资产的相互投资，从而改变储备资产单纯流向发达经济体债券的局面；再次，深化新兴经济体货币金融合作有利于打破由少数发达国家控制的现有世界金融格局，建立多方参与的全球金融治理秩序，有利于促进新兴经济体的经济发展，提高发展中国家在全球金融事务中的参与度和话语权。

金砖国家开发银行和亚洲基础设施投资银行相继成立，新兴经济体逐渐成为未来世界金融秩序治理的重要力量。2013 年金砖国家领导人在金砖国家领导人会议上达成共识，2014 年 7 月在巴西金砖五国峰会上签署了成立金砖国家发展银行的协议，金砖国家发展银行正式成立。会议期间经过 7 轮谈判，通过了相关决定，即银行核定资本 1000 亿美元，初始认缴资本

500 亿美元，创始成员为 5 个金砖国家，银行总部设在中国上海。与此同时，由中国主导推动的亚洲基础设施投资银行进展迅速。2013 年 10 月，中国正式提议筹建亚洲基础设施投资银行。经过多轮谈判，在 2014 年 10 月 24 日，包括中国在内的 21 个国家在北京正式签署了备忘录，宣布成立亚洲基础设施投资银行，达成了基本共识，银行所在地设在北京，有望在 11 月的 APCE 会议上正式推出。金砖国家发展银行和亚洲基础设施投资银行也将成为由美国主导的世界银行、由美欧共同主导的国际货币基金组织和由日本主导的亚洲开发银行之外，全球重要的跨洲际、跨区域的投资发展银行。

经济学链接

亚洲基础设施投资银行

亚洲基础设施投资银行（Asian Infrastructure Investment Bank）是一个政府间性质的亚洲区域多边开发机构，重点支持基础设施建设，总部设在中国北京。2013 年 10 月 2 日，中国国家主席习近平在雅加达同印度尼西亚总统苏西洛举行会谈时表示，为促进本地区互联互通建设和经济一体化进程，中方倡议筹建亚洲基础设施投资银行，愿向包括东盟国家在内的本地区发展中国家基础设施建设提供资金支持。2014 年 10 月 24 日，包括中国、印度、新加坡等在内 21 个首批意向创始成员国的财长和授权代表在北京签约，共同决定成立亚洲基础设施投资银行。

二、合作的环境和机制面临内外挑战

当前，欧元区的公司部门债务负担沉重，其在平衡资产负债表中遇到的困难对全球的金融稳定形成不小桎梏。新兴经济体和发展中国家有必要主动参与国际金融的治理和改革，而新兴经济体内部的协同性也有待进一步提升。

美国退出量化宽松政策对新兴经济体形成外部冲击。一方面，美国正式宣布退出量化宽松政策的举措将可能导致新兴经济体的资本大量外流，国际大宗商品价格将继续下行，新兴经济体将面临货币贬值等风险，尤其是对外汇储备较少、管理力度较小的脆弱经济体会造成严重的后果，引发新兴经济体通货紧缩，资产价格泡沫破裂。根据新兴组合基金研究全球公司（EPFR Global）统计显示，2014 年以来，从新兴市场经济体流出的资金已达 131 亿美元，其中，从中国、土耳其和南非等国流出的资本规模会较大。

另一方面，引起新兴经济体汇率贬值，降低对外贸易额。退出量化宽松政策使得美国国债的收益率将大幅上升，导致大量趋利性资金从新兴市场回流到发达市场。而对新兴市场来说，大量资金流出将增加资金流动性收紧压力、出现股市暴跌以及汇率贬值，导致投资品的贸易下降，严重影响新兴经济体的进出口。尤其是巴西、印度、土耳其等拥有财政和经常账户双赤字的国家受到的冲击较大。

新兴经济体内部的协同性有待提升。第一，各国间的向心力有待增强。作为国际经济中的后发群体，新兴经济体的发展模式相似且同处于全球价值链的低端，出口依赖型经济结构使得竞争不可避免。新兴经济体内部在石油等大宗商品的定价权上也展开了争夺。例如，中国和巴西围绕铁矿石价格、中国和俄罗斯围绕石油和天然气价格一直在谈判，进展相当缓慢且多有反复。近年来，中国对巴西和南非等国的直接投资主要流向资源行业，并带去大量中国劳工，使得这些国家开始顾虑自身的经济安全。此外，除了经济利益的矛盾之外，新兴经济体国家之间存在的差异和猜疑，导致各国在国际治理层面难以在短期内形成广泛共识。

第二，金融合作的制度安排有待完善。新兴经济体的金融合作制度较为松散，难以达到协调各国货币金融政策的作用，不利于新兴经济体金融合作整体作用的发挥。例如，作为新兴经济体合作的领头羊，金砖国家的合作目前依然没有形成固定机制，金砖峰会由五国“轮流坐庄”，没有常设秘书处，这些必然会影响合作的效果。

此外，围绕应急基金方面的具体合作内容也存在较大不确定性，虽然成员国领导人同意建立一个1000亿美元的外汇储备库，但是对该储备如何落实、采取什么形式的架构却没有达成一致。经济体其他国家的金融合作更多以双边形式为主，仍未形成区域多边合作的利益交汇点。

三、中国的作用和合作的未来展望

扩大和提升中国金融对外开放，逐步推动本币可兑换进程。当前，中国面临着经济下行的压力，要通过深化金融改革，扩大金融业对内对外开放，提高金融资源配置效率，加大对企业“走出去”的金融支持力度。推动金融机构开展业务创新，扩大金融业准入和业务对外开放。积极推动双边、多边本币互换，促进新兴经济体国家之间互相投资。完善风险防范能力，降低双边或多边投资风险。着力消除制约新兴经济体国家间金融机构开展合作的制度、政策等障碍，加快新兴金融市场一体化进程。

进一步推进人民币“走出去”，实现多层次货币合作。增加人民币流出渠道和规模，扩大与新兴经济体国家双边或多边货币互换规模和数量，积极推动建立人民币离岸中心。充分发挥亚投行、金砖国家发展银行等全新多边金融机构的主导作用，加强新兴经济体国家之间的多边货币合作，加快推动人民币成为国际储备货币步伐，推进人民币国际化。

经济学链接

离岸金融

离岸金融（Offshore Finance）是指设在一国境内但与该国金融制度无联系，且不受该国金融法规管制的金融机构所从事的资金融通活动。在第二次世界大战之前，各国的金融机构一般只能从事本国货币存贷款业务，但是在第二次世界大战之后，各国金融机构从事本国货币之外的其他外币的存贷款业务逐渐兴起，有些国家的金融机构因此成为世界各国外币存贷款中心，这种专门从事外币存贷款业务的金融活动称为离岸金融。

加强跨境资本流动监管的政策协调，有效防范国际金融风险。新兴经济体国家应加强全球资本流动监测力度，合作建立宏观经济与金融市场监测机制，逐步形成完整的跨境资本流动监测体系。充分发挥新兴经济体各国外汇储备在稳定金融市场中的作用，借鉴金砖国家外汇储备库经验，合力开发金融避险工具，逐步建立新兴经济体金融风险救助机制。

合力推动国际货币体系和国际金融治理改革，提高新兴经济体参与全球金融治理的能力。加快建立金砖国家应急储备安排，为新兴经济体国家外汇储备风险的分散提供重要渠道，摆脱以美元为单一储备货币的局限，提高新兴经济体在参与全球金融治理过程中的主动性。同时，加强协作，以 G20 为主渠道，推进 IMF、世界银行、金融稳定理事会等国际金融机构改革，重组 IMF 和世界银行内部治理的权力和架构，提高其关联性、合法性与代表性，并谋求增加新兴经济体的出资份额和投票权，以提高在国际金融事务中的话语权。

金砖国家货币金融合作对经济新常态的影响

石建勋 同济大学财经研究所所长

一、如何理解和把握新常态

1. “新常态”概念的最早提出

“新常态”的概念最早由美国太平洋基金管理公司总裁埃里安在2008年金融危机后提出。他理解的“新常态”涵盖:“后危机”时代的金融体系下不可能简单回归到危机之前;危机后消费群体和消费观念发生了变化,商业环境也发生改变;“新常态”被西方媒体形容为危机之后经济恢复的缓慢而痛苦的过程,但白宫首席经济顾问萨默斯则认为,美国经济不会出现这种“新常态”,实现快速增长的可能性犹存。

2. “新常态”对美国来说是非常痛苦的

我们站在全球或者站在国际经济的角度来看,埃里安提出的“新常态”对美国而言是一种非常痛苦的状态。因为这个“新常态”意味着美国逐渐丧失全球化主导权,失去全球经济增长的火车头和发动机地位,美元霸权地位动摇，其“世界银行”的角色面临破产，所以，迄今为止美国官方不承认也不接受使用“新常态”，美国总统顾问也公开否定新常态。对“新常态”的到来，美国其实很焦虑也很无奈，先是希拉里提出用“巧实力”，推行亚洲再平衡战略，维持和恢复美国霸权，这实际上是试图恢复“旧常态”。当美国的亚洲再平衡战略收效不大，以及俄罗斯在乌克兰问题上对美国霸权严峻挑战的背景下，我们发现美国显得非常焦虑，为平息国内争议和给盟国打气，奥巴马最近发出了美国要再领导世界100年的空洞口号，显示出美国应对各种挑战，试图恢复“旧常态”的乏力和乏术，美国霸权日渐衰落的趋势难以挽回。无奈之下美国只有到处制造矛盾，然后积极调节矛盾，推行“颜色革命”，打乱其潜在竞争国家现代化快速发展的步伐。美国所有的行为的实质上都是想恢复和维持其霸权地位的“旧常态”。因此，我们对“新常态”到来和顺利实现应该有国际背景的深刻分析和冷静的认识把握。

经济学链接

巧实力

“巧实力”（Smart Power）是由美国学者苏珊尼·诺瑟于2004年在《外交》杂志上提出的，强调综合运用硬实力和软实力来实现美国外交目标。2007年，美国前副国务卿阿米蒂奇和著名学者约瑟夫·奈发表题为《巧实力战略》的研究报告，提出运用“巧实力”进行对外战略转型，帮助美国摆脱当前困境，重振全球领导地位。2009年，希拉里再次提出“巧实力”这一概念，针对的是布什的新保守主义的外交政策，即片面强调硬实力的侵略性单边主义战略，强调美国外交政策已经到了非变不可的地步。

3. 国际经济关系的“新常态”特征

“新常态”从国际经济关系角度总结其特征为：第一，国际关系的平等化。第二，国际经济格局多元化。第三，国家货币金融体系多元化。许多国家的货币可能成为国际货币，可能不能取代美元但是会挤占美元的份额。第四，国际分工合作的合理化、均衡化。比如，国际金融危机之前，大家习惯的国际分工的模式是中国制造，美国消费；中国积累外汇（美元），美国借钱过日子，而现在中国实施经济结构调整，美国实行“再工业化”战略，过去的国际分工旧常态就会打破。第五，国际经济治理结构民主化。也就是，新兴经济体国家要获得更多的话语权。第六，国际经济增长的多级化、平衡化和可持续。

走向新常态的新兴经济体，我认为“新常态”是进行时而不是完成时。国际经济和国际关系的“新常态”是我们的理想状态而不是现实的状态。世界走向“新常态”的过程是国家间不断的争斗和博弈的过程，不是自然而然来的，在“旧常态”和“新常态”的博弈中有许多不确定性。现在国际经济中出现的“新常态”是不是我们理想中的“新常态”，这需要打个问号，历史上任何霸权国家都不会自动地退出历史舞台，都会想方设法阻止“新常态”的到来。

二、金砖国家在货币金融领域深度合作的基础扎实

人类社会进入 21 世纪的十多年来，世界政治经济格局演变最具划时代意义的大事，恐怕非金砖国家合作机制莫属。在 2009 年 4 月伦敦 G20 金融峰会上，当时的金砖四国以发表联合声明的方式首次出现在国际政

治舞台上。迄今已经召开了五次峰会，达成了多项协议和共识，而这其中，金融领域的合作推进速度最快。其原因在于，虽然金砖国家之间不同的政治体制、经济结构、民族文化，甚至由于历史、地缘等原因造成的利益冲突，使得各国之间的合作不可能做到天衣无缝，但在保护自身外汇主权财富、抵制发达国家的“货币战争”、促进世界治理结构和国际金融体系改革、深化货币合作方面，金砖国家的诉求和根本利益是一致的。

到2014年年末，新兴经济体已超过发达经济体，成为全球经济增长的主引擎。在经济增长强劲的同时，金砖国家都成了对外净债权国，但由于这些国家货币还不是国际货币，都不是金融大国，国际金融话语权和货币金融手段的国际影响力还不强，在世界金融化生存竞争的博弈中都处于被动地位。另外，金砖国家的金融市场都不发达，金融体系比较脆弱，在对外交易中长期依赖储备货币进行计价、结算、借贷和投资，货币错配带来的汇率和资产风险不可避免，都是发达国家利用竞争性货币贬值手段转嫁危机的直接受害者。

金砖五国在对抗欧、美、日控制国际金融体系方面有共同的利益。金砖五国都是世界银行的主要借款人，同时对国际货币基金组织的资金贡献与日俱增，但五国在这两家由西方主导的国际多边金融机构决策过程中没有获得和自身经济实力及贡献相应的话语权。

与其无限期等待发达国家的消极改革，幻想其自觉放弃在国际金融组织的主导地位，与其被动应付发达国家转嫁危机频频发起的“货币战争”，不如另起炉灶，建立自己主导的国际开发银行和外汇储备库，加强成员国之间的货币金融合作，共同迎接世界金融化生存竞争的挑战。这就是金砖国家基于共同利益和诉求的不二选择。金砖国家朝向一体化大市场的努力，显然有利于创造全球经济治理新机遇。

总之，金砖国家在货币金融领域的共同点多：主权货币都为非主流货币，都希望货币国际化；在国际货币体系话语权与经济地位不相称；深受美元霸权的损害，都需要重建多元化货币体系；都需要构建现代金融体系，为实体经济服务。

因此，面对一个共同的问题，共同的诉求，共同的需要，金砖国家可以抛弃地缘政治及其他潜在的利益冲突，而在货币金融领域获得更深刻广泛的合作。

三、金砖国家货币金融合作是国际经济“新常态”的促进者和受益者

金砖国家是新兴经济体主要的代表国家，其货币金融合作是国际经济“新常态”的促进者和受益者，从以下分三个层面分析：

第一是国际层面的货币金融合作。促进国际政治经济治理体系民主化，推动国际货币金融体系多元化等改革，事实上金砖国家的几次会议都在20国集团发出了集体的声音，促进了份额的改革和投票权的改革，比如，金砖国家成立的金砖国家发展银行，中国与俄罗斯等一些国家准备成立的上合组织银行，最近成立的亚洲基础设施投资银行，都是对国际货币体系改革的完善和补充。

第二是国家间的多边和双边层面的合作。将扩大金砖国家贸易与投资合作的进一步发展，有利于促进世界经济的可持续发展，金砖国家货币合作、货币互换、货币直接兑换可以促进各自国家的货币国际化。

经济学链接

20 国集团

20 国集团（Group of Twenty Finance Ministers and Central Bank Governors，G20）是一个国际经济合作论坛，于 1999 年 12 月 16 日在德国柏林成立，属于布雷顿森林体系框架内非正式对话的一种机制，由七国集团（美国、英国、法国、德国、意大利、日本、加拿大），金砖五国（中国、印度、巴西、俄罗斯、南非），七个重要经济体（澳大利亚、墨西哥、韩国、土耳其、印尼、沙特阿拉伯、阿根廷），以及欧盟组成。按照惯例，国际货币基金组织与世界银行列席该组织的会议。20 国集团的 GDP 总量约占全球 GDP 的 85%，贸易占全球贸易总额的 80% 以上，人口约占全球人口的 2/3。

第三是金砖国家的自身改革与发展，包括体制结构的调整，经济增长方式的转变，通过改革保持经济增长的可持续发展。

总之，无论是国际层面、国家间合作还是自身改革，金砖国家的深化合作都会促进国际经济“新常态”的实现，所以，我认为以金砖国家为代表的新兴经济体是“新常态”促进者和受益者。

四、金砖国家如何适应和促进“新常态”

我们理想的“新常态”是公平合理的“新常态”，或者是一种多元化的新经济格局下的“新常态”，是在国家间斗争与博弈中逐渐达到的。

第一，充分认识和把握金砖国家走向“新常态”面临的困难阻力和挑战，比如，中国成立亚洲基础设施投资银行受到美国极力阻挠，因为美国认为中国会影响或者威胁它的霸权地位，这种阻挠在未来可能会不断地增多。

第二，将金砖国家之间的合作提升到国家的战略高度，求同存异，增强互信，深化深入合作的体制机制。金砖国家虽然成立了金砖国家发展银行，有过几次会晤，但合作的基础不深，因为金砖国家的政治文化有差异，还有一些地缘政治的矛盾，都会阻碍金砖国家间的深入合作，所以有必要加强互信并构建长期信任合作的基础和机制。要逐渐把金砖国家由对话论坛和在有限问题上协调立场的机制转变为形式和功能完整、能在国际政治经济关键问题上进行协作的政治和战略机制。应本着求同存异、平等协商、循序渐进的原则，不断总结经验，深化政治互信，巩固和推进峰会机制，在建立官方多层次战略对话和协调机制的同时，加强非官方渠道的交流和沟通，充分调动民间积极性，特别是重视智库和专家的作用，成立专家小组对合作机制进行研究、确定合作的主要议题、定期对合作情况进行评估等，使各项务实合作机制规范化、制度化、常态化和多样化。

要建立和完善金砖国家内部争端仲裁与危机管理机制，妥善解决内部矛盾和争议，防止内部的冲突影响合作大局。其中包括：双边与多边经贸与投资合作争议的调解机制；双边与多边的人员交流、卫生防疫、救灾、社会安全等问题的应急综合反应和磋商机制；在联合国、联合国发展署、世界银行、G20、气候大会等框架下的立场磋商与协调机制等。

经济学链接

世界银行

世界银行（World Bank Group，WBG）是世界银行集团的俗称，“世界银行”这一名称一直是用于指国际复兴开发银行（IBRD）和国际开发协会（IDA）。这些机构联合向发展中国家提供低息贷款、无息信贷和赠款。它是一个国际组织，其一开始的使命是帮助在第二次世界大战中被破坏的国家的重建。今天它的任务是资助各国家克服贫困，世界银行各机构在减轻贫困和提高生活水平的使命中发挥独特的作用。

第三，从国际层面来讲，加快推进国际经济金融治理体系改革。这个也不取决于金砖国家的本身，现在份额改革所有国家通过了，美国没有通过，一直停滞着，我们还要一直不懈努力。要坚持开放性和非排他性，进一步提高金砖国家的代表性。作为一个开放平台，未来金砖国家在加强与完善金砖国家合作机制建设的同时，也可考虑在条件具备时，通过吸收一些经济规模、发展程度、利益诉求相似的新成员，特别是印尼、墨西哥、沙特等具有地区影响力的新兴国家。唯有如此，新兴国家才能不断壮大力量，真正与发达国家公平对等地对话，扩大规模增加代表性，有利于巩固和提升金砖国家的国际地位，增强务实合作的生命力。同时，努力支援和帮助广大发展中国家、特别是受害至深、有被边缘化危险的国家应对和克服金融危机，寻求新的发展机遇。

第四，从国家之间层面来讲，一是金砖国家加强货币金融合作，促进本国货币国际化。二是贸易投资协议，推进经济一体化。金砖国家银行发展目前已经落户上海，货币合作互换协议在扩大，建议金砖国家进一步加快贸易投资协定的签署，金砖国家如果形成一个新的自由贸易协定，推进五个国家的经济一体化，有利于促进金砖国家的共同发展。三是金砖国家加强制度化创新，向世界贡献新的合作机制。金砖国家不能仅仅向世界贡献物美价廉的物质产品，还要贡献货币、思想、新的机制，比如，亚投行、金砖国家发展银行、上合组织开发银行向世界贡献的就是新的公共品、新的制度安排，未来金砖国家向世界供应的制度、公共产品会越来越多。四是通过实体项目合作加强金砖组织能力建设。国际上一些对金砖国家合作持怀疑态度的人认为，金砖国家之间缺乏合作项目作为桥梁和纽带将导致合作难以持续。金砖国家领导人峰会曾经提出了包括在能源、卫生、科技和金融领域开展一些具体合作项目。未来，应该加快这些项目的实施，增强金砖国家合作的实效性、凝聚力和向心力。

经济学链接

上合组织开发银行

中国前总理温家宝于2010年11月25日在塔吉克斯坦首府杜尚别出席上海合作组织成员国第九次总理会议。他建议上合组织深化财金合作，研究成立上海合作组织开发银行，探讨共同出资、共同受益的新方式；扩大本币结算合作，促进区域经贸往来。

第五，金砖国家自身面临很多问题，需要加快改革与发展步伐。在政治改革方面，金砖国家都面临着解决腐败、贫富差距过大等问题；实现社会民主法治和政治稳定，防范“颜色革命”；在经济改革方面，金砖国家都要加快调整结构，推进经济转型，实现经济的可持续健康稳定的增长。

当前，世界经济仍然复苏乏力，从世界范围来看，所有的国家都面临着同样的三个问题：一是寻找新的经济增长点；二是寻找经济增长与环境保护的平衡点；三是寻求互惠互利的合作共赢点。

金砖国家要沉着应对美国退出 QE 带来的冲击。对新兴市场来说，美国退出 QE 后，虽然输入性通胀压力下降，但短期内本币贬值、资金流出以及与美国缩小的利差，或导致本国流动性趋紧。同时，央行通过放宽货币政策来补充流动性的能力受限，资产价格可能受到冲击。这些都需要金砖国家加强合作，共同应对未来各种挑战，为世界经济发展和走向“新常态”做出更大贡献。

名家观点综述

一、新兴经济体增长的巨大潜力

柯乐芙　德国科隆经济研究院国际经济研究所经济学家

当前美国经济和欧洲经济复苏艰难，这势必影响到新兴经济体增长。以印度为例，1960～2010年印度出口对经济增长贡献率不断上升，但在金融危机后，由于发达国家需求下降，2010～2013年印度出口贡献率不断下降，甚至负增长。再以巴西为例，由于资本外流和汇率波动，其经济增长速度明显下降，而且面临保持资本稳定的挑战。

薛　澜　清华大学公共管理学院院长

根据2014年全球繁荣指数排名指出，中国在经济繁荣指标的排名跃升至第6位，在全球繁荣指数排行榜上的总排名为第54位。俄罗斯排名第68位。从经济指标近五年的趋势来看，亚洲国家排名不断上升，欧洲和美国有所下滑。

魏建国　中国国际经济交流中心副理事长

有分析认为新兴市场国家有可能遭受到QE退出带来的巨大冲击，比如，国际资本加快从新兴经济体撤离，由此引发新兴经济体新一轮经济震荡。但我不同意这个观点，新兴经济体绝非一蹶不振，不必对QE退出过于恐慌。当前新兴经济体处于机遇和挑战并存的关键时刻，未来新兴经济体将继续发挥着关键性作用。

庄　建　亚洲开发银行驻华高级经济官员

发达国家复苏乏力，但东亚和南亚仍继续保持强劲的增长。亚洲45个发展中国家2014年预期增长6.2%，比2013年提高0.1个百分点，2015年预期增长6.4%。中印两国为亚洲经济增长贡献率达到近80%。第二，对印度而言，随着莫迪相关改革的推进，信心指数、就业等方面的指标都在改善，经济呈现好转趋势。预计2014年经济增长5.5%，2015年增长6.3%；第三，由于政治原因，泰国2014年经济增速预期将下滑到1.6%，比2013年下降1.3个百分点，但2015年经济增速有望回升到4.5%；第四，对东盟五国（印尼、马来西亚、菲律宾、泰国、越南）来说，2014年平均增速预期达到4.8%，比2013年下降0.4个百分点，但2015年增速也将回升到5.6%。总的来看，未来两年亚洲国家增长均保持平稳或回升态势。

二、新兴经济体增长正进入“新常态”

胡江云　国务院发展研究中心对外经济研究部研究室主任

近几年非洲经济持续增长，开始成为新兴经济体。2002～2012年非洲经济年均增长4.85%，超出世界平均增速2.22个百分点，而且世界银行、IMF等国际组织普遍预计，2014年非洲经济将进一步好转。

景朝阳　**国家发展和改革委员会国际合作中心区域所所长**

新兴经济体进入到经济增长新常态。一是经济增速较高。2013年新兴经济体增长率为4.7%，而世界平均水平为3.0%，发达经济体只有1.3%。二是新兴经济体内部联系不断加强。新兴经济体内部贸易额占对外贸易总额比重持续攀升，而与发达经济体间的贸易比重则在下降。三是一体化领域从贸易向金融延伸。尤其是金砖银行备忘录的签署，标志着新兴经济国家金融合作达到新高度。

杜传忠　**南开大学经济与社会发展研究院产业经济研究所所长**

2000~2012年，“金砖五国”的年均经济增长率超过6%。国际金融危机爆发以来，新兴经济体对全球增长贡献率超过70%。而2012年以来，新兴经济体经济增长速度普遍下滑。2013年，巴西、印度等增长率下降到5%以下；俄罗斯增长仅为1.5%，其中工业生产总值增长为0.1%，几乎处于停滞状态。这正是新兴经济体的新常态。

文德富　**四川大学南亚研究所原所长**

6%~7%的年均增长率将是印度“新常态”。2005~2008年印度年均增长超过9%，近两年来降至5%以下。预计2014年全年将增长5.5%，2015年有可能超过6%，2016年有可能接近7%，此后保持在7%以上的水平，个别年份甚至达到8%。但是印度难以重现国际金融危机前连续四年超过9%的经济增长态势。

三、新兴经济体增长面临的新挑战

奥乌苏 南非人文科学研究委员会经济表现与发展部高级研究专家

过去几年南非经济增长缓慢，而且有严重的货币贬值。南非需要进一步降低对出口的依赖，促进科技创新，发展制造业，重点解决就业和通货膨胀问题。

景朝阳 国家发展和改革委员会国际合作中心区域所所长

新兴经济体经济增长面临趋势放缓的挑战，这是“成长的烦恼”，但各国问题有所不同：中国主要是投资过热、过度依赖出口，内需相对不足；印度则是高贫困率，消费和储蓄不协调；巴西和南非正好相反，储蓄严重偏低，投资不足；俄罗斯的主要问题是过度依靠能源及原材料出口，受世界能源市场波动影响较大。

杜传忠 南开大学经济与社会发展研究院产业经济研究所所长

新兴经济体主要面临三大挑战：第一，新兴经济体的经济发展过度依赖出口驱动，发展内生动力严重不足；第二，新兴经济体参与国际产业分工的比较优势主要是丰裕的资源和低成本要素，但技术、品牌、营销等高端要素匮乏；第三，各新兴经济体内部经济结构严重失衡，产业结构升级缓慢。

新兴经济体旧体制改革滞后、新机制体制建立缓慢，使经济增长面临诸多障碍。一是技术创新体系和创新能力不足的障碍；二是陈旧、过时的观念、体制、模式、组织、行为等路径依赖障碍；三是硬件基础设施与“软件”公共服务相对滞后的障碍；四是高端型、实用型人力资本储备相对不足的障碍。

文富德　四川大学南亚研究所原所长

尽管莫迪力推经济改革，但印度经济增长仍面临严峻挑战。一是通货膨胀与双赤字挑战。虽然通胀率从过去几年10%降到2014年的7%～8%，但通胀压力仍不容忽视；在双赤字上，2011～2012财年印度中央财政赤字占GDP比重达到4.9%；经常账户赤字达到782亿美元，占GDP的4.2%。二是能否调整经济结构。双赤字问题根源于印度的经济结构，很难短期内有效解决。尤其是产业结构，印度服务业占GDP比重为60%左右，工业占GDP比重只有10%左右，难以满足12亿人口对工业品的巨大需求，只能大幅进口工业品，由此带来国际贸易失衡、经常账户赤字以及其他一系列失衡。

四、全球治理缺位的挑战

艾森布莱特　德国国际合作机构前首席总裁

新兴经济体已经取得了很好的发展，但也付出了非常高的代价。在物质生活水平提高的同时带来了严重的环境破坏、资源枯竭以及日益扩大的不平等挑战。尤其是不受监管的金融部门就像怪兽一样，难以控制，埋下了金融危机隐患。

薛　澜　清华大学公共管理学院院长

新兴经济体面临着全球治理结构缺位带来的挑战，主要包括全球公共卫生、全球恐怖主义威胁和全球气候变化。全球治理体系的结构性矛盾主要包括：第一，知识缺陷。很多新的挑战，如气候变化、国际金融系统等诸多领域都存在普遍的信息不对称。第二，规范缺陷。不同国家有不同的规范，带来全球治理的冲突。第三，政策缺陷。缺少一个“世界政府”来处理全球性缺陷。第四，机构缺陷。没有一个国际机构有足够的资源和能力来应对全球性危机。以应对埃博拉危机为例，联合国人道主义协调机构估计需要经费近 10 亿美元，但目前仅得到 2000 万美元的经费承诺，到位经费只有区区 10 万美元。

庄　建　亚洲开发银行驻华高级经济官员

未来几年亚洲经济发展面临的风险主要有五个方面：一是日程内的改革难以推进；二是中国房地产问题和影子银行问题恶化；三是地缘政治因素导致商品价格大幅飙升；四是发达经济体复苏乏力；五是美国退出 QE 后货币政策有可能不断紧缩。

五、可持续增长的新动力

艾森布莱特　德国国际合作机构前首席总裁

新兴经济体需要思考几个问题，比如未来增长动力在哪?增长能否以人为本?能否驾驭金融部门这只怪兽?他建议借鉴社会生态市场经济的基本原则：一是治理；二是团结；三是生态文明；四是社会伙伴关系。只有遵循了这些原则，新兴经济体才能够促进社会福利的不断提高，使改革成果惠及社会大多数人。

柯乐芙　德国科隆经济研究院国际经济研究所经济学家

虽然新兴经济体可以从发达国家复苏中获益，但后者复苏并不稳定，这就要求新兴经济体自身需要结构性调整，形成长期增长新动力。新兴经济体，尤其是巴西和俄罗斯，要防止资本外流。

萨　克　土耳其经济政策研究基金会研究所所长

对土耳其来说，经济增长重在形成新的增长模式：一是调整经济结构，按土耳其当前经济结构无法实现2023年经济增长目标；二是发挥生物技术的作用，使生物技术成为促进产业转型的重要手段；三是发展制药业，促使生物技术转移到土耳其；四是政府要积极参与产业调整进程。

薛　澜　清华大学公共管理学院院长

新兴经济体对改革全球治理体系提出了新需求：一是改革现有国际机构，如IMF、世界银行等；二是建立新的国家治理机制和模式，如G20、金砖国家银行、亚洲基础设施开发银行等；三是加强智库和行动网络的联系，如联合国可持续发展行动网络；四是改变观念和博弈的格局，要在全球范围内考虑博弈格局，使合作意愿和力量远大于不合作。

杜传忠　南开大学经济与社会发展研究院产业经济研究所所长

新兴国家需要建立一套短、中、长期相互衔接、协同一致的系统性解决机制，突破某些根本性、瓶颈性的制约因素。一是着力克服体制机制瓶颈，为产业转型升级提供强有力的制度保障；二是推进全方位创新，打造产业转型升级的强力引擎；三是强化新常态下经济发展的产业支撑，着力构建与新产业革命发展趋向相符合，具有较强国际竞争力的产业体系；四是着力扩大需求，增强产业转型升级的新动力。

新兴经济体要重组国际产业价值链，形成制造与服务相融合，高中低端诸环节一体化、协同发展的新型国际产业分工格局。一是推进技术创新特别是自主创新，按照新产业革命的要求推进产业组织与产品创新；二是着重培育技术创新生态系统，打通资金链、产业链与创新链的阻滞，促进三者之间不断协同、配套和升级。

庄　建　亚洲开发银行驻华高级经济官员

全球价值链提升对亚洲国家的产出、收入与就业都会带来积极影响，但亚洲国家参与全球价值链的进程并不均衡。比如，东亚和东南亚已经成为全球制造中心，但中亚和南亚尚未在全球价值链中找到自己的位置。亚洲国家可以在系列性的政策调整中有效提升在全球价值链的位置。

于　吉　中国企业联合会常务副理事长

加强新兴经济体间的企业合作：一是确保双方地位平等，不能以大欺小、以富压穷；二是互利共赢，努力挖掘国内需求，加强与其他地区的经济体融合，改变过度依赖欧美的增长模式；三是创新合作方式，新兴经济体间的企业合作方式应当适应经济新常态的要求，拓展更多的合作方式；四是立足当前、着眼长远发展。金砖五国的保险公司共同签署了合作谅解备忘录，就可以推进着眼长远的战略合作。

CHINA'S REFORM
THINK TANK

第七编

中国在新形势下应采取怎样的战略对策？

全球区域经济一体化发展趋势及中国的对策

全　毅　福建省社会科学院《亚太经济》杂志总编辑

与传统的地区主义相比，当前区域主义出现了许多新特征，比如开放性、多框架、多层次、高标准、广覆盖，突出战略利益等非传统收益。但是，实施 FTA 战略的潜在风险也开始暴露，中国应当采取战略主动，加快实施“自贸区”战略。

一、重大国际贸易投资规则谈判趋势及其对中国的挑战

自 2010 年以来，世界范围内开始了若干个影响深远的巨型区域自由贸易区谈判，比如 TPP 和 TTIP，以及日欧 FTA 谈判。新的经济贸易规则将会在 WTO 的多边框架之外出现——由数量有限的几个发达国家协商形成。新一轮区域经济一体化浪潮将改变世界政治经济格局。

1. 发达国家自贸区高标准、新规则谈判趋势

作为面向 21 世纪、高标准、全面的自由贸易协议，TPP 除了在 2015 年前要为 1.1 万项货品达成零关税目标外，还要就包括金融服务、电信服务、知识产权、原产地规则、技术性贸易壁垒、卫生与检验建议、外

商投资、竞争政策、贸易救济、医疗保健和医药的透明度、环境、劳工、规制一致性、政府采购、国有企业、电子商务、中小企业、货品市场进入途径及争端解决机制等29项议题进行协商，其标准之高、涵盖范围之广已大大超出一般的传统自贸区协定。

经济学链接

跨大西洋贸易与投资伙伴协议

跨大西洋贸易与投资伙伴协议（Transatlantic Trade and Investment Partnership, TTIP），2013年6月，美欧正式宣布启动TTIP的谈判。这个协定一旦达成，将成为史上最大的自由贸易协定：美欧关税降至零、覆盖世界贸易量的1/3、全球GDP的1/2。在很大程度上，TTIP将改变世界贸易规则、产业行业标准，挑战新兴国家，尤其是金砖国家间的准贸易联盟。

美国采取“一轴两翼”的战略，同时启动TPP和TTIP的谈判，其根本目的就是通过自由贸易来促进经济增长和创造就业机会，重点实现“两洋战略”，建立“经济版的北约”，重塑美国在21世纪制定全球贸易规则上的权力和地位，美国以此建立一个全新的横跨太平洋和大西洋的全球经济贸易框架，并且依靠制定贸易规则的优势来争夺全球贸易体系中的主导权。美国智库机构认为，美国推动了WTO及全球化，最后收益最大的不是自己，而是中国，因为全球化规则已经不是由它主导制定了。因此，美国推动“一轴两翼”的自贸区战略，主要目标就是搭建制定国际经济活动规则的新平台。美国首先推动北美自由贸易区谈判，以巩固自己的战略后院。NAFTA在美国的主导下，其贸易规则就远高于传统的自贸区。美国推动TPP有两个根本目的：

经济学链接

北美自由贸易协议

北美自由贸易协议（North American Free Trade Agreement，NAFTA）是美国、加拿大及墨西哥于1992年8月12日签署的关于三国间全面贸易的协议。北美自由贸易协议不是凌驾于国家政府和国家法律上的一项协议。北美自由贸易协议于1994年1月1日正式生效。并同时宣告北美自由贸易区正式成立。北美自由贸易区拥有3.6亿人口，国民生产总值约6.45万亿美元，年贸易总额1.37万亿美元，其经济实力和市场规模都超过欧洲联盟，成为当时世界上最大的区域经济一体化组织。

第一，主导东亚经济一体化进程，分享东亚经济高速增长的收益，进而打造美国的太平洋世纪。美国最担心东亚区域出现像欧盟那样与之抗衡的地区力量（如类似欧盟的“10+3”机制）。

第二，美国推动TPP是要打造一个高标准、高质量的跨区域的自由贸易区。从亚太地区治理的角度讲，TPP很大程度上可能为未来全球治理提供一种新的范式。同时，美国通过TTIP平台联手欧盟来应对变化的全球贸易格局，应对来自包括中国在内的新兴经济体崛起所带来的巨大冲击。

根据IMF（国际货币基金组织）统计，“2006—2010年间，世界经济增长的70%来源于新兴经济体和发展中国家，其中‘金砖国家’占一半以上。”新兴经济体与发展中国家占世界经济总量排序也发生了重大变化，中国取代日本成为世界第二大经济体，印度、巴西、俄罗斯进入世界十大经济体行列。新兴经济体的崛起必然导致国际经济权利结构向均衡化方向发展，新兴经济体要求参与全球治理和改变国际经济规则的愿望更加强烈。金融危机后，国际经贸规则的演变，充分反映了国际经贸权利结构的变化以及发达国家与新兴经济体在争夺规则制定权的话语权中的激烈博弈。(见表1)

表1 美、欧、日、中占世界GDP比重变化情况（单位：亿美元、%）

国别	1990年		2000年		2005年		2010年		2012年	
世界	219769	占比	323293	占比	456753	占比	631360	占比	719183	占比
美国	57508	26.2	98988	30.6	125643	27.5	150940	22.9	156848	21.8
欧盟	73294	33.4	85060	26.3	138257	30.3	176477	25.7	166335	23.1
日本	31037	14.1	47312	14.6	45719	10.0	58672	8.7	59597	8.3
中国	3569	1.6	11984	3.7	22569	4.9	59497	9.4	83583	11.6

数据来源：世界银行统计资料整理

美欧日等发达国家的跨国企业已经完成对全球生产体系的布局，在全球价值链和国际生产网络成为塑造世界经济格局的重要因素时，传统的多边贸易体制难以满足其利益最大化的要求。它们迫切需要制定对其有利的新贸易投资国际规则以实现全球价值链的无缝对接，基于全球价值链与投资新规则，主要通过所谓“下一代”贸易政策和投资政策议题体现出来，而通过WTO多边机制难以实现其制定新规则的目标，多哈回合久拖不决就是明证。美国欲在WTO和传统的FTA框架以外寻求制定新规则的平台。美中经济和安全评估委员会就这些年来美国贸易政策进行评估，认为依靠WTO来推动美国的一些规则或者战略，效果并不理想。因此，美国需要建立一个超越WTO和传统的FTA来寻求为全球贸易制定新规则的新平台。这就是双边、区域性谈判机制。

经济学链接

"下一代"贸易政策和投资政策议题

"下一代贸易政策和投资政策议题"（Next – generation Trade and Investment Issue）是APEC合作中的新内容，它体现了亚太区域经济一体化程度不断深化的发展趋势，也反映出有关成员应对新的贸易挑战的利益诉求。2010年，APEC第十八次领导人非正式会议发表的"茂物及后茂物时代的横滨愿景"中，首次正式提及"下一代贸易与投资问题"，指出APEC可以发挥孵化器的作用，通过提供政策指导和智力支持，明确、塑造和解决亚太自贸区面临的"下一代贸易与投资问题"。2011年，美国主办APEC峰会，提出《檀香山宣言——迈向紧密联系的区域经济》，为实现深化区域经济一体化、促进区域和平稳定的目标，将通过成员间贸易协定以及建立亚太自贸区等途径，应对"下一代贸易与投资问题"。之后，APEC"下一代贸易与投资议题"合作进入实质性阶段，并确立了建立全球供应链连通；加强中小企业参与全球生产链；促进有效、非歧视性和市场导向的创新政策等三大合作领域。2012年，APEC第二十次领导人会议发表了题为《融合谋发展，创新促繁荣》的宣言，再次承诺应对"下一代贸易与投资问题"并将"透明度"作为新的内容纳入到该议题的合作中。

多年来，美国试图通过APEC等区域经济组织讨论新一代贸易与投资议题，在难以取得实质性进展的情况下，美国选择TPP和TTIP，以及国际服务贸易协定（TISA）作为推动其国际贸易与投资新规则谈判的新平台。因此，高标准和高质量的国际贸易与投资新规则也反映了国际经济治理体系发展的某种客观趋势。

经济学链接

国际服务贸易协定

国际服务贸易协定（Trade in Service Agreement，TISA）是由少数WTO会员国组成的次级团体WTO服务业真正之友集团展开的，致力于推动服务贸易自由化的贸易协定。由于发达国家在服务贸易上的竞争优势而促成的多边服务贸易谈判。1993年12月15日达成此协议；1994年4月15日由111个国家和地区的代表正式签署。

2. 中国面临的严峻挑战

美国推进横跨太平洋的TPP和大西洋的TTIP，将形成由美国主导的跨亚、美、欧三大洲的巨型自贸区，对全球贸易体系、贸易规则及地缘政治产生重大和深远的影响。两大协议将覆盖全球经济总量70%以上的国家和地区，其规则也将成为全球通用的经贸规则，WTO将被架空或替代，加入的成员国和地区特别是发展中国家的发展模式和法规体制将面临巨大变革，而未加入的国家和地区则将被排斥在体系之外逐渐被边缘化。TPP和TTIP将对作为发达经济体与发展中经济体夹心层的中国的区域合作战略、经济发展战略及其国际合作战略将产生巨大冲击和挑战，如何谋划和应对将至关重要。

首先，美欧日在自贸协定谈判中，采取“绕开中国”的谈判策略，其对中国的负面经济影响不可小觑。欧盟和美国分别占世界国内生产总值（GDP）的25.1%和21.6%，占世界贸易总额的17.0%和13.4%。2012年以购买力平价（PPP）计算，美国仍然是世界上最大的经济体（总量为

15.7 万亿美元），而中国则排名第三（总量为 12.4 万亿美元）。中国人口占世界人口的 19.2%，印度占 17.8%，美国占 4.5%，印尼占 3.5%。

经济学链接

购买力平价

购买力平价（Purchasing Power Parity，PPP）是一种重要的国际经济比较方法，它是指不同国家商品（货物和劳务）的价格比率，也就是基准国单位通货所能购买的商品数量，在对比国购买时需要该国通货的数额。购买力平价通过价格调查收集对比国家 150 多类、2000 多种代表规格品的价格资料，并利用支出法计算的各国国内生产总值作基础，用国内生产总值按 150 多类划分的支出构成作为权数，进行加权平均，计算出的国内生产总值的购买力平价。

中国实施自贸区战略步伐比较缓慢，到 2013 年中国与自贸区对象的贸易额只占中国贸易总额的 13%（不含港、澳、台地区），而美国、欧盟和日本自贸区覆盖率都远高于中国。很难想象，中国被排挤在世界主流贸易体制之外。欧美日分别为中国第一、第二和第四贸易伙伴，其与中国贸易额之和占中国对外贸易总额的近 40%。如果美欧日之间分别达成自贸区协议，将有利于它们之间的贸易，并挤占中国的贸易份额。特别是 TPP 所倡导的原产地规则、劳工与环境标准等贸易新规则将对中国产生强烈的贸易转移和投资转移效应，严重冲击中国世界工厂的地位，对此应该引起中国政府和经济界的足够重视。

其次，对中国和东亚来说，最大的挑战来自域外力量的卷入，导致区域一体化的阻力增强。域外大国对东亚地区自贸协定竞争烈度的提高削弱了东亚地区的凝聚力和中国在该地区自贸协议谈判的主导力以及对地区经济的辐射力。美国主导的跨太平洋战略经济伙伴协定，就像打入东亚区域内的楔子，将阻碍东亚区域一体化进程。一方面会增强美国在东亚区内的影响力；另一方面会削弱东亚地区的内部凝聚力，并最终增加东亚经济一体化建设的难度。目前，东亚地区已经有新加坡、文莱等TPP成员，马来西亚、越南和日本已经加入TPP谈判。如果韩国、泰国、菲律宾将来加入TPP，无疑将进一步削弱东亚区域经济一体化合作的向心力，而日欧自贸协议也将削弱日本促进东亚区域一体化的努力。即便东亚各国加入RCEP协议，也会造成亚太地区各经济体的制度性分裂。再次，TPP、TTIP以及美日欧等强强联合的巨型自贸区协议对中国构成的另一个重大挑战是贸易规则的竞争问题。TPP对中国真正的挑战在于：首先，如果不参加，则要承受其贸易转移效应，导致我国贸易环境的恶化；如果参加，则中国和东亚发展中国家能否接受远高于WTO规则的TPP要求？美国在TPP中提出的建立高水平FTA的要求，如美国标准的知识产权保护、劳动和环境标准、国有企业竞争中立政策、服务业市场准入、农产品开放、政府采购、产业政策等，中国以及东亚发展中国家能否接受？其次，中国在未来大国博弈中能否维护自身的核心利益？中国不加入TPP将会失去制定国际贸易规则的话语权和主导权，如果加入谈判，则中美间的新大国博弈中，中国能否提高维护核心利益的谈判能力，国际规则建立、修改和运作能力，大国战略博弈的应对能力，从而维护自身的核心利益？这使得中国，甚至包括一些东亚国家陷入了某种程度的两难困境。这种困境将限制中国在东亚，乃至全球贸易体系制度安排中的谈判能力。

最后，美国在TPP谈判中试图重新制定对自己有利的贸易规则，将贸易保护主义变成了重商主义，以达到重塑游戏规则、重新配置经济利益的目的。正如澳大利亚国立大学教授希罗·阿姆斯特朗所指出的：

“一旦美国贸易代表署成功地实现其所力推的绝大多数提议，TPP会成为看似有着‘白金标准’的协定，而实际上，这是向发达国家，特别是美国，转移财富的‘白金手段’。”

二、中国应对全球区域化新挑战的战略选择

作为世界最大的发展中国家和第二大经济体，中国经济的国际影响力在不断增强。中国已经签署了12个FTAs，涉及世界四大洲20个国家和地区。

然而，中国目前的自贸区谈判和建设，还没有形成清晰的战略路线图：一是缺乏整体的FTA战略规划。目前签署的FTA更多的是出于一种外交战略的需要，协定谈判鲜有必然联系，缺乏一个清晰的立足长远发展的FTA整体发展战略与目标。往往是政治决策在前，可行性认证在后，科学依据不足。二是实际的经济效果非常有限。除港、澳、台外，中国与FTA伙伴国的贸易额在2012年仅占中国总贸易额的13%左右，占比还比较小。中国FTA的签约对象基本都是些经济规模较小的发达经济体和经济发展水平较低的发展中国家，虽然降低了国内经济调整的成本，但取得的经济效益相当有限。三是中国签署的自贸区协议以传统的自贸区为主要特征，新一代自贸区议题较少涉及。面对国际贸易与投资新规则以及区域集团竞争的挑战，中国应该调整立场和策略，制定清晰的FTA战略，变被动应对为主动应对。

1. 明确战略目标和战略取向，加快自贸区战略的实施

在战略导向上，中国应该将自贸区分解为市场导向型、资源导向型和政治外交导向型三种类型，并制定周密的自贸区战略实施规划。在选

择自贸协议伙伴时，以这三种导向中一种为主，兼顾其他。

市场导向型是指利用自贸区建设促进中国的出口，拉动中国经济增长。改革开放以来，中国巨大的经济成就得益于经济全球化和出口导向型经济发展战略的成功。开辟更广阔的和多元化的出口市场对中国这样一个外贸依存度较高的国家显得极为重要。我国进行自贸区谈判的一个重要目标就是要扩大中国的对外贸易，特别是促进我国企业出口的稳定增长，以消化产能过剩。中国已达成的自贸区很少有市场居前十位的国家和地区。中国应该重视与这些国家和地区建立自贸区，抓住 RCEP 等巨型自贸区谈判的机遇，并将中国—欧盟自贸区提上议事日程。同时新兴市场经济体也是极具潜力的出口消费市场，中国与其他金砖国家建立了金融与投资合作机制，需要向自贸区方向提升。

资源导向型是指为满足我国经济发展资源需求和能源供给安全而建立的自贸区。中国经济的持续发展离不开各种资源和能源的安全供给，如石油、天然气、铁矿、铜矿、铝矿、橡胶等的大量进口。随着生活水平的提高，粮食和肉类进口也大幅增加，海外屯田成为现实选择。

政治外交主导型是指对中国实现国内政治经济政策目标和外交安全目标具有极大影响的伙伴构建自贸区。区域经济一体化能够锁定政策目标，以开放推动国内经济改革。因此，对一些有利于促进国内改革的国际经贸规则，中国宜持开放态度适当接纳。除经济利益外，政治与安全利益始终是国家的核心利益。目前我国尚未实现国家的最后统一，东海和南海领海争端也会影响中国的和平发展。因此，提升祖国大陆与港、澳、台地区的经济与一体化水平应该是海峡两岸关系的核心问题。周边环境的安全稳定对中国的发展至关重要，中国与周边国家构建区域合作机制与自贸协议能增强睦邻友好关系，形成命运共同体，为中国发展营造良好的外部环境。

2. 立足亚洲，放眼全球，构筑我国区域FTA全球合作网络

在战略布局上，应巩固周边，布局全球。

首先，要精心构造中华经济区，推动海峡两岸暨港、澳地区的经济统合，共同应对外部挑战。中国大陆已经分别与港、澳地区签署CEPA，与台湾地区签署ECFA。中国应着眼于构建一个贸易投资高度一体化的中华自由贸易区，以获得更大的规模效益。构建中华自贸区的最大障碍在于台湾地区方面，岛内政治生态错综复杂，“台独”势力阻碍着两岸关系的进一步深化。中国大陆方面应尽可能积极主动同台湾地区岛内不同党派交换意见，打消台湾地区各界对于自贸区损害台湾利益和大陆统战的顾虑。目前，宜排斥干扰积极推动构建涵盖港、澳的两岸ECFA后续协议的谈判，还要在局部环节进行突破，比如构建金厦自贸区等，争取统一的中华经济区早日实现。

其次，重点经营“南北两翼”，创造睦邻友好的周边环境。南翼重点打造中国—东盟自贸区的升级版，提升中国—东盟自贸区合作层次和水平，既可以采取扩大合作领域，将更多的谈判议题纳入自贸区协议等措施。如扩大投资和贸易领域的市场准入谈判，完善知识产权保护和原产地贸易规则，加强人力资源开发合作，加强海洋经济合作，加强标准一致化，减少非关税壁垒等提高自贸区规则标准，也可以加强双边互联互通措施和物流合作，支持落后经济体加强能力建设等，逐步完善中国—东盟经济合作机制。北翼以上海合作组织为核心，推进西进战略。由于俄罗斯对中国深具戒心，上海合作组织的自贸区倡议迟迟得不到推动。可以将重点转向西进战略，重筑丝绸之路经济

带，以基础设施互联互通和跨境经济合作区为主要平台，建立上合组织开发银行与合作基金，促进金融合作，逐步推进贸易投资自由化，将上合组织做实做强。经略蒙古和哈萨克斯坦等周边国家，加强与中亚地区的经济合作。

经济学链接

上海合作组织

上海合作组织（The Shanghai Cooperation Organization，SCO）是中国、俄罗斯、哈萨克斯坦、吉尔吉斯斯坦、塔吉克斯坦和乌兹别克斯坦六国组成的一个国际组织。该组织另有五个观察员国：伊朗、巴基斯坦、阿富汗、蒙古和印度。这是中国首次在其境内成立国际性组织，并以其城市命名，宣称以“上海精神”以解决各成员国间的边境问题。

最后，以1+X模式，布局全球，构建以中国为核心的全球区域经济合作网络，适时推动中日韩自贸区谈判进程。中日韩都是推动东亚经济一体化的重要力量，中国应协调好与日韩的关系，加强三国在区域一体化进程中的合作。目前，中日韩三国已经于2011年5月达成三边投资协定。中韩、中日韩自贸区谈判也已经启动，但令人遗憾的是，中日和韩日之间无法超越历史恩怨和岛屿领海争端，这必然给中日韩自贸协议谈判留下阴影。相比之下，中韩之间的这些纠葛要少些。所以有必要优先推动中韩自贸协议谈判，以此撬动中日韩三国自贸协议谈判进程。RCEP既是中国周边区域合作的重要平台，也是中国经济发展的地缘经济依托，因此要从战略上予以重视。同时，以澳新紧密经济伙伴关系、拉美太平洋联盟、南方共同市场、海合会、南部非洲关税同盟、俄白哈欧亚关税同盟为重点，探索构建自贸区或紧密经济伙伴关系，使之成为拓展新兴经济体市场和推动“一带一路”建设的重要战略支点。

经济学链接

“一带一路”

“一带一路”（One Belt One Road，OBOR）是“丝绸之路经济带”和“21 世纪海上丝绸之路”的简称，是一个合作发展的理念和倡议，是充分依靠中国与有关国家既有的双多边机制，借助既有的、行之有效的区域合作平台，旨在借用古代“丝绸之路”的历史符号，高举和平发展的旗帜，积极主动地发展与沿线国家的经济合作伙伴关系，共同打造政治互信、经济融合、文化包容的利益共同体、命运共同体和责任共同体。

3. 适应国际贸易与投资规则发展趋势，增加自贸协议的广度和深度

中国目前签署的自贸协定虽然取得了一定成果，但服务贸易和投资自由化的广度和深度仍显不足。中国自由贸易协定有关投资自由化内容虽然全面，但是多是原则性条款为主，缺乏足够的实践性和可操作性。此外，中国所签署并实施的 FTAs 几乎没有涵盖能源、环境、劳工标准、制度机制、电子商务、医疗卫生和社会事务等新一代贸易议题。当前，发达国家的自由贸易协定谈判都已开始将注意力放在服务贸易和投资自由化以及“新一代”贸易政策方面。中国应当逐步理解和接纳基于全球价值链和可持续发展，制定现代高标准和高质量的贸易与投资政策体系先进理念，并重新审视和评估传统的贸易与投资政

策效力，将FTAs新规则谈判作为深化改革的催化剂和撬动杠杆，分析和确立在新规则谈判中攻防利益，有效保留合理的监管权力，寻求权利与义务的新平衡。

在今后的FTA谈判中，对于中国在FTAs中已经被普遍接受和认同的新议题，可以进一步将其推广，并纳入新的FTA模板中。例如，对于海关程序、投资和服务领域等条款的覆盖率和承诺率较高，可以在今后的谈判中进一步细化协议的规则，打造这类条款的中国范本；货物贸易要尽量采取负面清单列表的承诺模式，逐步实现自由贸易区在货物贸易方面完全自由化的目标；投资自由化方面，在国民待遇准则上采取以负面清单管理的准入前国民待遇原则来代替当前的准入后国民待遇原则，以促进投资的实质性增长；而对于中小企业、人力资本、信息传播这类覆盖率较高而承诺率偏低的新议题，可以继续探索，加大承诺力度，为国内外企业的发展创造更好的商业环境。对于国有企业、竞争政策、知识产权、研发等覆盖率较高的条款，可以先做出非约束性承诺，然后逐步严格实施，促进公平竞争和要素自由流动，并克服国内规制的政策壁垒。

中国应主动发掘自身的攻势利益，在谈判中敢于提出自己的要求。例如，中国在谈判中可以适时提出反倾销规则、全球供应链自由化、自然人流动、电子商务、对外投资保护等有利于本国经济发展的新议题。同时，争取更多的技术援助、合作与转让，加强能力建设，分享深层次一体化的成果。而对于环境和劳工标准等由发达国家强势主导并向发展中国家施加压力的条款，则需要保持警惕和保留态度，保证现阶段中国的经济增长红利，实现产业结构和经济结构转型升级的平稳过渡。对于不同的谈判对象采取不同的灵活态度，构建利益同盟与集团，最大限度争取本国的政治与经济利益。此外，中国要接受和吸纳高标准和高质量的贸易与投资政策体系，创造性地建设具有现代国际水准的贸易与投资规则的探路前哨与综合实验区，推动国内规制改革和制度建设，规范政府行为，努力消除边界内贸易投资壁垒，为迎接中国新一轮的对外开放做好准备。

4. 变被动应对为战略主动，积极搭建我国主导的国际经济合作新平台

美国经济危机爆发以来，随着美国国际地位的削弱，中美两国在国际事务中战略博弈的成分日益增加。美国推行重返东亚的战略，以及 TPP 和 TTIP 谈判的推进，使得中国构建东亚自贸区意图屡遭挫折，中国在东部的发展空间受到空前的挤压。与此同时，中国在与美国、日本博弈过程中，由于中国的政治经济体制差异以及对外整合能力较弱，很难在同一个平台上玩游戏规则，在制定国际经贸新游戏规则过程中处于被动地位。与其被动应对，不如主动出击，在战略上争取主动。因此，中国需要建立以本国为核心的国际经贸规则新平台。近年来，中国与其他金砖国家一起搭建新开发银行和应急准备基金，以及亚洲基础设施投资银行，有助于打破西方主导的世界银行和国际货币基金组织的垄断地位。积极参与和推动东盟主导的 RCEP 谈判和建设，以及倡导建设丝绸之路经济带和海上丝绸之路等新的国际经贸合作新平台。

首先，中国应该从战略的高度重视参与 RCEP 谈判进程，采取积极的和进取性的谈判政策，做建设性的推动者。在中国的积极推动下，东盟启动了 10 + 6 区域全面经济伙伴关系的谈判。从现实看，在 16 个

RCEP成员中，中国经济发展处于中上水平，在5个“10+1”自贸区中，货物贸易的开放程度和实施效果处于高位，因此，在谈判中有条件成为积极的推动者。中国应该与东盟国家合作设计谈判的模板，充分发挥中国的居中协调作用。如果能够这样来定位就可以在谈判中处于比较主动的地位，可以发挥推进和领军作用。

经济学链接

区域全面经济伙伴关系

区域全面经济伙伴关系（Regional Comprehensive Economic Partnership，RCEP）由东盟十国发起，邀请中国、日本、韩国、澳大利亚、新西兰、印度共同参加（“10+6”），通过削减关税及非关税壁垒，建立16国统一市场的自由贸易协定。RCEP将涵盖约35亿人口，GDP总和将达23万亿美元，占全球总量的1/3，所涵盖区域也将成为世界最大的自贸区。

其次，以丝绸之路经济带和海上丝绸之路为抓手，推动西进战略，为中国发展增强回旋空间。2013年9、10月间中国国家主席习近平在访问中亚国家和东盟国家时，提出共建丝绸之路经济带和“21世纪海上丝绸之路”的倡议。中国“一带一路”建设将欧亚普遍认同的丝路精神与中国的经济优势相结合，以经济利益为纽带，拓展并深化中国与沿线国家的经济利益，密切彼此的合作关系，实现共同发展和共同安全，将形成有利于中国的地缘政治和地缘经济环境。

经济学链接

"21世纪海上丝绸之路"

"21世纪海上丝绸之路"（21st Century Maritime Silk Road）是习近平总书记基于历史，着眼中国与东盟建立战略伙伴十周年这一新的历史起点上，为进一步深化中国与东盟的合作，构建更加紧密的命运共同体，为双方乃至本地区人民的福祉而提出的战略构想。"21世纪海上丝绸之路"是我国在世界格局发生复杂变化的当前，主动创造合作、和平、和谐的对外合作环境的有力手段，为我国全面深化改革创造良好的机遇和外部环境。

"一带一路"倡议具有两个显著特点：首先，它在机制安排上非常灵活，将现有制度安排与未来发展相结合，具有巨大的可塑性。其次，它尊重政治经济和社会文化差异性，沿线国家和地区无论经济发展水平，还是社会文化都存在巨大差异。这是中国与西方大国不同的地方，与美国TPP安排的排他性形成强烈对比。新丝路倡议反映了中国文化的包容性及其大国胸怀，新丝路构想将成为中国从地区大国走向世界大国的路线图。

在美日欧实现强强联合的自贸区谈判时，中国为避免自外于制定国际贸易新规则的进程，推进中国—欧盟自贸区谈判是较好的突破口。相比于美国和日本，中国与欧盟之间几乎没有地缘政治冲突，但拥有共同的经济利益。目前，中欧投资协定谈判已经启动，为全面深化中欧战略伙伴关系奠定了基础。中欧应加强自贸区可行性研究，并尽快启动自贸区谈判。

5. 建立 FTAs 框架下的开放补偿机制，减少国内对外谈判 FTAs 的阻力

2007 年，中国政府正式提出要“实施自由贸易区战略，加强双边和多边经贸合作”，但中国推进自贸区战略并非没有阻力。这些年与较大型经济体的自贸区谈判总是很不顺利。比如，与海湾合作委员会自贸协议谈判进行了 10 年，与澳大利亚自贸区谈判超过了 8 年，还没有达成协议。原因就是中国农业部门和石油部门开放市场的阻力太大。达成自贸协议和实现贸易开放对整体经济产生正面效应的前提是存在一套机制能够产生资源重新分配的效果，让赢家的得利能够补偿输家的损失，再让输家愿意支持赢家，以便经济顺利运转。因此，建立对外开放补偿机制已经成为我国对外开放领域必须研究解决的紧迫问题和现实课题。

中国“两条腿”的国际战略

牛铁航　中国国际交流中心研究员

2014年，经历了36年改革开放进程的中国正在全方位地进入全球化的世界。以往的以出口导向为主的国际战略，已经在国内与全球产生严重的失衡，将不可避免地发生重大调整。中国必须制定不能“自绊马腿”的国际战略，即“走出去”与人民币国际化的“两条腿”必须服从“一个身子”，从而形成统一协调的战略战术。为此将涉及三个重要观念的更新。当前，亚洲基础设施投资银行的发起和设立，即是中国“一个身子，两条腿”走向改革开放升级版、打通本国经济和全球化的国际战略中的重要一环。

经济学链接

人民币国际化

人民币国际化（RMB Internationalization）是指人民币能够跨越国界，在境外流通，成为国际上普遍认可的计价、结算及储备货币的过程。尽管目前人民币境外的流通并不等于人民币已经国际化了，但人民币境外流通的扩大最终必然会导致人民币的国际化，使其成为世界货币。

一、中国的全球化悖论

中国改革开放36年，成果世界瞩目，但“内战内行，外战外行”的基本形态没有改变，对外往往缺乏一个统一的战略，表现在中国过去的以出口导向为主的战略上积累了天量顺差，对国际贸易产生不平衡，对国内又使人民币被动发行达120万亿以上。全球贸易虽然发展了，可是与金融的发展并不相配，2013年中国国际贸易已经占了全球贸易的12%，但以人民币支付的比例却不到1%。由此产生人民币国际化的命题，人民币国际化反过来又绊住了中国企业“走出去”的另一条腿。所以我们提出人民币国际化的同时要注意人民币国际化这一条腿发展了，中国用3.89万亿美元“走出去”的那一条腿就会下降，反之亦然。人民币和美元的关系是反向相关的。

中国企业“走出去”的这条腿，不是用人民币走出去而是利用中国大量的外汇储备（美元）在海外投资。其在海外投资的收益仍然是美元，如果这条腿走得太粗了，将会阻碍人民币国际化的发展。两者的战略目标相悖，因此存在中国的全球化悖论。这个悖论不是自己造成的，归根结底是由于美元的所谓“特里芬悖论”造成的。美元在全世界做了70年的国际货币，它既是美国国家的货币同时又是国际的货币，所以必然产生超发甚至滥发的状况。

经济学链接

"特里芬悖论"

"特里芬悖论"(Triffin Dilemma)是美国耶鲁大学教授特里芬在1960年出版的《黄金与美元危机》中提出的,特里芬在书中描述了这样一个观点:由于美元与黄金挂钩,而其他国家的货币与美元挂钩,美元虽然因此而取得了国际核心货币的地位,但是各国为了发展国际贸易,必须用美元作为结算与储备货币,这样就会导致流出美国的货币在海外不断沉淀,对美国来说就会发生长期贸易逆差。而美元作为国际货币核心的前提是必须保持美元币值稳定与坚挺,这又要求美国必须是一个长期贸易顺差国。而这两个要求互相矛盾,因此是一个巨大的悖论。

一个国家的基础货币在流通中要乘以货币乘数,可以想象流动性泛滥问题多么严重。"特里芬悖论"到目前也没有好的解决办法,导致中国也受其影响,在海外战略上产生了上述悖论。我认为,在3~5年为一个中期时间内这个问题的解决只能是分享美元"铸币税"的好处,即人民币国际化的目标不是要打垮美元,而是要与中国用美元企业"走出去"的另一条腿协调起来,把两条腿放在一个人身上,用一个大脑指挥,一步一步地走。中国海外战略应该形成一个系统的海外战略,而不是用自己的腿牵制自己另外的一条腿。要用一个头脑,一个身体,加上两条腿走路。

经济学链接

铸币税

铸币税（Seigniorage）也称为“货币税”或“铸币利差”，简单来说就是发行货币的收益。它是指发行货币的组织或国家，在发行货币并吸纳等值黄金等财富后货币贬值，使持币方财富减少，发行方财富增加的经济现象。这个财富增加方通常是指政府。财富增加一般采用增发货币的方法。

二、全球化需要有三个概念更新

中国“一个身子，一个脑袋，两条腿”的目标实际就是中国经济的全球化。中国经济全球化战略需要有三个概念的更新。

第一，从以 GDP（国内生产总值）为中心的发展目标更新为 GNP（国民生产总值）为主的目标。目前，中国的经济增长速度都是以 GDP 来衡量的，它并不包括中国的海外投资和海外资产。在全球化的大背景下，中国经济必须考虑以 GNP 为经济增长目标，因为目前中国在海外的投资和海外的资产存量已经超过 30 万亿元人民币。这是一个巨量，今后还会成倍的增长，换言之，中国的经济版图早已大大超越了它的地理边界，而仅仅用 GDP 衡量国内的生产总值是很不够的，也无法超过美国成为世界第一经济体。有学者提出一个大战略，认为中国 GDP 的增长速度可能会降到 6% 以下，但是中国在近期内赶超美国成为世界第一大经济体的步伐是不可阻挡的。如何实现赶超？经济增长速度一定要维持在 8% 以上，这不足的 2 ~ 3 个百分点可以从海外投资和海外资产的资本收益上获得。我部分同意他的观点，其实以GNP为目标正是这个观念的另一个补充。

第二，宏观经济恒等式 Y = C + I + G + NX，造成国际贸易不平衡。要在更高的水平上平衡，即国际收支（Balance of Payment，BOP）。过去中国利用恒等式形成大量的出口顺差，使全球经济会出现失衡。如何解决失衡问题，应该采用国际收支（BOP）的方法。在国际收支总平衡下，有经常性账户和资本账户。在经常性账目里有贸易和非贸易项；在资本项下有长期资本和短期资本。贸易方面如有顺差，可在非贸易方面如旅游等争取平衡；经常性账户上出现顺差，可以通过资本输出取得平衡，比如，中国要加强海外直接投资（FDI）。全球各个国家不是单纯就中国一个国家采用 BOP 方法，在全球化经济下，全球各个国家经济应该都用 BOP 方式来统计、计算和管理，从而最终解决全球失衡问题。中国在外贸、外资、外汇、外债的国际收支水平的平衡上，可以理直气壮地开展大规模海外投资。

经济学链接

宏观经济恒等式

支出法是核算国民收入的常用方法。宏观经济学一般认为，总需求包括消费、投资、政府购买和净出口。其中消费（C）是指居民的消费支出；投资（I）是指资本形成；政府购买（G）是指政府在商品和服务上的支出；净出口（NX）是指出口（X）与进口（M）的差额。因此，支出法核算的国民收入构成公式为：Y = C + I + G + （X − M），或者说：Y = C + I + G + NX。

经济学链接

国际收支

国际收支（Balance of Payment，BOP）是指一国在一定时期内（通常为一年）全部对外经济往来的系统的货币记录。它包括：一、一个经济体和其他经济体之间的商品、劳务和收益交易；二、一个经济体的货币黄金、特别提款权的所有权的变动和其他变动以及这个经济体和其他经济体的债权债务的变化；三、无偿转移以及在会计上需要对上述不能相互抵消的交易和变化加以平衡的对应记录。

第三，改革开放是从国内经济的角度来讲的。现在一定要讲中国经济的国际化或者全球化，打造改革开放的升级版，因为这里蕴含更新的概念、更高的层次和更宽广的领域。举例说，香港的冯国经先生创立的智库经纶研究院提出的全球价值生产链概念，比传统的国际贸易以国别统计高，更加准确地把握国际贸易和经济活动。过去中国国际贸易中70%是加工贸易，而加工贸易现在只处于生产价值链的低端。一个商品的生产不是在一个国家就可以完成，经过数个国家的周转最后形成最终产品，周转过程中实现价值增值，所以，统计价值链在国际贸易中的贡献能更好地统计全球化金融和全球化贸易，这也是这一概念为 WTO 总干事长拉米认可的重要原因。拉米认为冯国经的全球价值生产链概念很好，正在组织 WTO 研究和推广。

三、亚洲基础设施投资银行（AIIB）与新兴经济体合作

真正运用“两条腿”走出去的范例就是2013年10月，习近平主席在印尼巴厘岛APEC会上正式提出建立亚洲基础设施开发银行（AIIB）。2014年10月24日，习近平主席接见亚洲21个国家财政部长，正式签署成立亚洲基础设施投资银行。AIIB与ADB（亚洲开发银行）不同，它以基础设施投资为己任，致力于发展而不是扶贫，是对当前的国际货币体系如国际货币基金组织、世界银行等的新推动。AIIB由21个国家共同发起，旨在推进新兴经济体之间的合作，连通中国国内经济与国际经济，出口过剩产能。亚洲基础设施投资银行1000亿美元的资本金，中国出50%，500亿美元，为新兴经济体的经济发展提供了强有力的金融支持。此外，中国的出口过剩产能都以人民币计价，从而打破了人民币与美元之间的发展悖论，成为今后中国改革开放、融合国内国际经济的升级版范本。

经济学链接

亚洲开发银行

亚洲开发银行（Asian Development Bank，ADB）是亚洲和太平洋地区的区域性金融机构。它不是联合国下属机构，但它是联合国亚洲及太平洋经济社会委员会赞助建立的机构，同联合国及其专门机构有密切的联系。其总部设在菲律宾首府马尼拉。

四、中国实施："两条腿"的国际化战略

亚洲基础设施开发银行、金砖银行和丝绸之路投资基金都是中国实施"两条腿"国际化战略的重要组成部分。在中国的国际化战略中须有四大跨越：

第一，人民币、美元同时进行，"两条腿"可以相协调、相统一，实现人民币与美元的跨越；第二，中国国内生产的产品43项世界领先，一些产品如钢材、水泥等严重过剩，但从全球经济看，特别是亚洲、非洲、拉美等国家和地区，却对我国过剩产品有着巨大的潜在需求，跨越国界，融合中国经济和全球经济，促进新兴经济体发展，则是升级版的实质内涵；第三，加强资本融资机制建设，连通股本融资、项目融资、借贷融资，跨越投资银行和商业银行，实现投贷结合，规避了金融风险；第四，采用官方和民间的公私合营模式，把官方和民间资本流通渠道打通，利用官方资本做杠杆撬动民间资本。

中国当前经济形势及政策取向

张军扩 国务院发展研究中心副主任

开门见山，我主要围绕三个方面谈一些想法：一是如何评价中国当前的经济形势；二是如何分析判断2015年的中国经济走势；三是如何把握下一步中国宏观经济政策的取向。

一、如何评价中国当前的经济形势

2014年10月，国家统计局公布了2014年前三季度的经济数据。1~9月GDP同比增长7.4%，其中一季度增长7.4%，二季度增长7.5%，三季度增长7.3%，三季度比前两个季度略有回落。如何评价当前的经济运行状况，社会上有不同的看法。有的认为，当前的经济增速已经创下了最近几年的新低，特别是2014年8月份全国工业增速大幅滑落至6.9%的低位，9月虽有回升，但也仅有8%，仍处于近年来的次低水平。因此，主张采取更大力度的需求刺激政策，促进经济回升。我不赞成这种看法，我认为，当前的经济形势总体上是正常的，既符合宏观调控政策的预期目标，也符合经济转型时期的发展规律。理由主要有三点：

第一，经济增速虽有回落，但经济运行的质量和效益则保持稳定。虽然经济下行明显，但就业状况保持总体稳定。前三季度全国城镇新增就业已经超过1000万人，基本完成2014全年预期目标。与此同时，居民收入保持稳定增长。前三季度，全国农村居民人均收入同比名义增长11.8%，扣除价格因素实际增长9.7%。城镇居民人均收入同比名义增长9.3%，扣除价格因素实际增长6.9%。物价方面，1~9月CPI同比上涨2.1%，其中9月份上涨1.6%。从企业层面看，效益指标也保持总体稳定。例如，1~9月全国规模以上工业企业利润总额同比增长7.9%，企业主营业务利润率维持在5.5%左右。另外，1~9月全国财政收入累计增长8.1%，也保持稳定增长态势。

第二，经济增速虽有回落，但经济结构有所改善，矛盾有所化解，且风险总体可控。服务业增长继续，快于制造业，成为经济增长的最大来源。消费对经济增长的贡献稳步上升，超过投资成为经济增长的第一动力。节能降耗继续取得新进展，前三季度单位国内生产总值能耗同比下降4.6%。另外，近年来调整幅度较大的一些领域，包括重化工业去产能、房地产挤泡沫、融资平台去杠杆、消费领域挤浪费等，都呈现出有利于促进结构优化和发展方式转变的良性变化。在结构调整和矛盾化解过程中，中国经济长期积累和潜伏的一些风险因素进一步暴露，但总体而言尚处于可控状态。当然，当前中国经济潜伏的风险依然比较大，对此我们绝不可掉以轻心。

第三，经济增速虽有回落，但尚处于中国现阶段潜在增速的合理范围。关于现阶段中国经济的潜在增长率问题，近年来一直是学术界热议的一个话题，现在可以说已经取得两个基本共识：一是中国经济基本面正在发生变化，传统增长动力减弱，潜在增长率有所下降，不可能也不应当再回到过去接近两位数的高增长。二是虽然中国的潜在增长率已经下降，但也不会一下子滑落到前沿发达国家2% ~3% 的低速水平，而是具有在一定时期内实现中高速增长的潜力。而根据国务院发展研究中心课题组的研究，这个中高速潜力的范围可能在6% 到8% 之间。特别需要指出的是，潜在增速是就一定时期的平均增长潜力而言的，不能将其机械地理解为每一年都能够实现或都应当争取这样的增速。现实当中的增长会受到各种内外因素的影响而出现波动，这是十分正常的。特别是在当前的“三期叠加”时期，我们既面临潜在增速的下降，也面临调整结构、化解矛盾和防控风险的艰巨任务，这时个别年份的增速可能更低，甚至可能会低于潜在增速，也都应当被看作是正常的。

经济学链接

三期叠加

“三期叠加”是当前中国经济的阶段性特征。其分别为：一、增长速度进入换挡期，它是由经济发展的客观规律所决定的。二、结构调整面临阵痛期，它是加快经济发展方式转变的主动选择。三、前期刺激政策消化期，它是化解多年来积累的深层次矛盾的必经阶段。“三期叠加”的重要判断，为我们制定正确的经济政策提供了依据。

从中长期背景来看，当前中国仍然处于“三期叠加”时期，经济转型的任务还没有完成，产能过剩、房地产泡沫、财政金融风险等问题依然突出，新的增长动力和增长模式也有待形成。在这样的大背景下，经济增长还不能获得牢固和稳定的基础，仍会面临一定的下行压力。

当然，分析短期形势主要还要看总需求的变化趋势。

二、如何分析判断2015年的中国经济走势

从中长期背景来看，当前中国仍然处于“三期叠加”时期，经济转型的任务还没有完成，产能过剩、房地产泡沫、财政金融风险等问题依然突出，新的增长动力和增长模式也有待形成。在这样的大背景下，经济增长还不能获得牢固和稳定的基础，仍会面临一定的下行压力。

当然，分析短期形势主要还要看总需求的变化趋势。

先看外需。2015年世界经济仍然处于危机后的大调整阶段，各区域发展状况可能更趋分化，但总体来讲有望保持一个低速增长的态势。一是美国。受能源成本下降、消费和投资增长企稳、国际资本回流等因素支撑，美国经济有望维持稳定增长态势。二是欧盟。一方面，受高失业、低通胀和结构问题的牵制，欧盟经济复苏乏力。特别是2014年第二季度之后德国经济增速出现收缩，更增添了经济下行的压力。但另一方面，得益于宽松的货币政策和欧元贬值，以及西班牙等南欧经济体逐渐企稳，2015年欧盟经济有望止跌回稳。三是日本。消费税率提升引发经济增长大幅波动的效应在减弱，再次提高消费税率的可能性增加，但深层结构矛盾未能得到有效缓解，预计经济会维持低位增长态势。四是新兴经济体国家。受发达经济体需求带动，新兴经济体增长将略有回升，但由于自身潜在增长率和大宗商品价格下降，以及资金外流等因素影响，回升势头仍然脆弱。在这样的背景下，预计中国2015年出口环境比2014年会有所改善，出口增速有可能会略高于2014年。

再看内需，2015年投资可能会继续2014年以来的下行态势，消费增速也可能稳中略降。这是因为，在房地产投资方面，虽然新执行的信

贷政策对四季度及2015年房地产销售增长，特别是中国一、二线城市房地产销售会带来积极作用，但受转折性趋势和高企的库存影响，房地产投资增速下行的态势很难逆转。在制造业投资方面，重化工业产能整体过剩，汽车生产和消费进入相对较低的增长期等问题，都不利于制造业投资增长。但考虑到加速折旧、税收优惠等政策，以及设备更新、新兴产业带动和出口趋稳等因素，制造业投资增速降幅不会太大。基础设施投资方面，若中央财政不扩大支持力度，基础设施投资增速将会继续回落，因为目前来看PPP模式还难担大任。消费方面，受收入增长小幅放缓、与住房相关的消费收缩，以及大宗商品价格走低等因素影响，2015年消费增长可能会呈现稳中略降的态势。

经济学链接

PPP模式

PPP模式（Public－Private－Partnership）即公私合作模式，是公共基础设施一种项目融资模式。在该模式下，鼓励私营企业与政府进行合作，参与公共基础设施的建设。通过这种合作方式，合作各方可以达到与预期单独行动相比更为有利的结果。合作各方参与某个项目时，政府并不是把项目的责任全部转移给私营企业，而是由参与合作的各方共同承担责任和融资风险。

基于这样的需求背景，预计2015年的经济增速可能会在2014年回落的基础上继续回落。需要指出的是，在当前“三期叠加”的宏观背景之下，经济增速并非越高越好。只要结构进一步优化，质量和效益有所提升，矛盾和风险进一步化解，民生继续得到改善，那么即使增速相对低一些，也是一个很好的结果。

三、如何正确把握中国下一步宏观经济政策的走向

现在大家都在讲新常态，什么是新常态？对此存在不同理解，有的人认为“三期叠加”就是新常态，也有的人认为新常态就是增长速度的回落。我认为，所谓新常态，除了增速换挡和回落之外，至少还要包括两点：一是过去粗放增长模式下所积累的结构矛盾和财政金融风险要得到一定程度的化解；二是新的增长动力和增长模式基本确立。只有在那种情况下，经济增长才能说有了一个比较稳固的基础，才能说达到了新的平衡，也才能说经济进入了新常态。因此，总的来讲，今后一个时期应当继续坚持稳中求进的政策取向，继续实施积极的财政政策和稳健的货币政策，在保持经济基本稳定、风险总体可控的前提下，不失时机地推进各项改革，积极为经济进入新常态创造条件、奠定基础。当前最重要的是加快推进有利于充分释放我国增长潜力、保持经济稳定增长的改革。这主要包括三个方面：

一是要通过改革释放中国本来所拥有的但却被体制弊端所抑制的比较优势和竞争优势。例如，虽然目前中国劳动力成本远低于美国等前沿国家，但由于政府管制过多、竞争不充分，致使中国在资金成本、能源成本、物流成本等方面远高于美国。如果计算综合成本，中国在不少制造业领域成本反而高于美国。这是导致近年来不少美国企业回归、甚至不少中国企业选择到美国设立分厂的重要原因。

二是要通过改革释放巨大的国内需求潜力。实际上现阶段中国依然具有巨大的投资需求空间。想象一下，要将现在城市的地下管网改造一遍，需要多大规模的投资？要将现在的农房按最基本的抗震标准改造一

遍，需要多大规模的投资？要使中国广大的农村具备基本的基础设施，包括基本的硬化道路、垃圾处理设施等，需要多大规模的投资？等等。可以列出问题的领域还有不少。而且，目前支撑这些投资的产能要么不足，要么过剩。然而问题在于，与先前的投资相比，这些领域投资的一个突出特点，就是它们大都具有一定的公益性质，都不是可以直接商业化的投资。如何通过财政、金融制度的创新，建立适应新形势的可持续的投融资体制，从而充分释放国内投资需求空间，也是我们面临的重大改革挑战。

三是通过改革促进创新驱动发展。新的增长动力的形成从根本上来讲要靠创新，而适宜的创新环境要靠政府来营造。中国人才资源丰富，科研教育基础扎实，具有通过创新驱动发展的巨大潜力。但长期以来，由于教育体制、人才体制、科研立项、经费管理等方面存在弊端，严重制约创新驱动发展潜力的发挥。因此，必须加快这些领域改革，尽快构建起有利于创新的体制和社会环境，为新的增长动力的形成奠定基础。

中国将继续深化与非洲的经贸合作关系

胡江云　国务院发展研究中心对外经济研究部研究室主任

一、中国与非洲的经贸合作关系发展现状

1. 中非双边贸易快速发展

1993—2013 年期间，中国对非洲货物贸易从 25.31 亿美元增加到 2102.39 亿美元，年均增长 23.43%，高于同期中国货物贸易增速 7.76 个百分点（见图 1）。其中，中国对非洲出口从 15.27 亿美元增加到 928.09 亿美元，年均增长 21.6%，高于同期中国出口增速 5.24 个百分点；中国自非洲进口从 10.03 亿美元增加到 1174.29 亿美元，年均增长 25.46%，高于同期中国进口增速 10.48 个百分点。同一期间，中国对非洲货物贸易差额从顺差 5.24 亿美元转变为逆差 246.2 亿美元。

一方面，中国是非洲最重要的贸易伙伴，自 2009 年起连续 5 年成为非洲最大的贸易伙伴，中国占非洲对外贸易的比重从 2% 增加到 15.5%。

另一方面，非洲成为中国重要的贸易伙伴，在中国贸易中的地位显

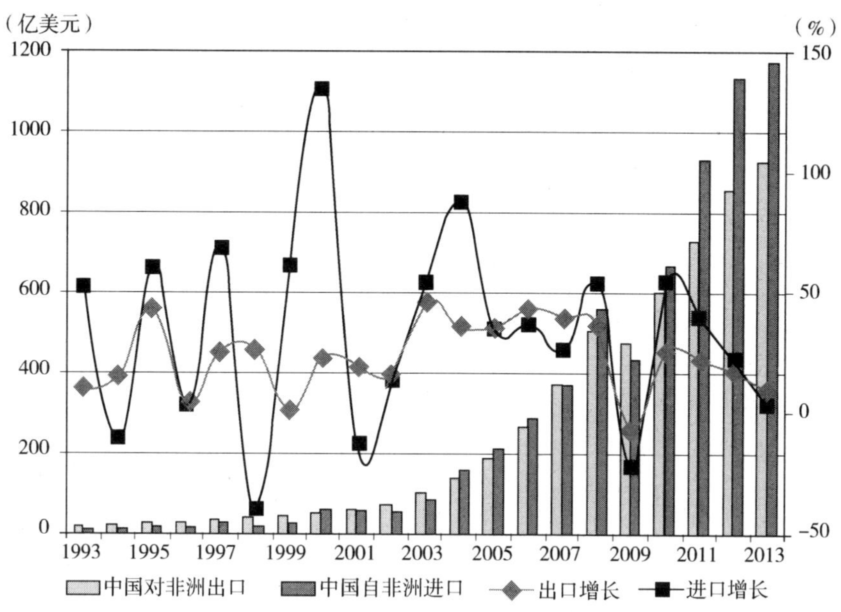

图1　中国与非洲之间的货物贸易及其增长

说明：左纵坐标轴表示规模，右纵坐标轴表示增长率

资料来源：中国海关统计

著提升。1993—2013年期间，中国对非洲货物贸易占中国货物贸易的比重从1.29%提升到5.05%，增加3.76个百分点。其中，中国对非洲出口占中国出口的比重从1.66%增加到4.16%，增加2.53个百分点；中国自非洲进口占中国进口比重从0.97%增加到6.02%，增加5.06个百分点。

2. 中非双边直接投资呈现良好的发展趋势

中国与非洲的双边投资呈现良好的发展趋势，非洲维持对中国稳定的投资规模，中国加大对非洲的投资规模。尽管是经济欠发达地区，2006—2012年期间，非洲对中国直接投资年流量规模仍然维持在10亿美元以上，占比维持在1%以上（见表1）。同一期间，中国对非洲直接投资流量占中国对外直接投资的比重维持在2.8%以上，中国对非洲直接投资存量占中国对外直接投资存量的比重维持在3.4%以上。

表1　非洲对中国的直接投资与中国对非洲的直接投资

年份	非洲对华直接投资流量（亿美元,‰）		非洲对华直接投资存量（亿美元,‰）		中国对非洲直接投资流量（亿美元,%）		中国对非洲直接投资存量（亿美元,%）	
	规模	比重	规模	比重	规模	比重	规模	比重
2006	12.17	16.74	44.37	6.30	5.20*	2.95*	25.57*	3.41*
2007	14.87	17.80	58.43	7.39	15.74	5.94	44.62	3.78
2008	16.68	15.40	73.37	8.16	54.91	9.82	78.04	4.24
2009	13.10	13.92	84.40	8.50	14.39	2.55	93.32	3.80
2010	12.80	11.16	93.69	8.46	21.12	3.07	130.42	4.11
2011	16.41	13.23	105.08	8.53	31.73	4.25	162.44	3.82
2012	13.88	12.42	142.42	10.60	25.17	2.87	217.30	4.08

说明：数据表示为非金融类直接投资

资料来源：中国商务部

截至2013年，中国对非洲直接投资存量超过260亿美元，2500多家中国企业投资非洲，投资合作领域从传统的农业、采矿、建筑等，逐步拓展到资源产品深加工、工业制造、金融、商贸物流、电信、能源、房地产等。

3. 中非多层次合作取得许多成果

截至2012年年底，中国已与32个非洲国家签署双边投资保护协定，与45个国家建立经贸联委会机制。中非合作内容较为广泛，包括经贸、农业、科技、法律、金融、文化等领域。中非合作成果集中体现在中非合作论坛上。

经济学链接

中非合作论坛

中非合作论坛（Forum on China – Africa Cooperation，FOCAC）是中国和一些非洲国家之间为进一步加强友好合作，促进共同发展而举行的定期对话论坛，它也是中国与非洲国家在南南合作范畴内的集体对话机制。中非合作论坛部长级会议每3年举行一届。部长级会议召开前一年举行一次高官会议，为部长级会议做准备。

中非论坛实施了相关行动计划。每3年举行一次的FOCAC达成了许多成果，例如《北京宣言》《沙姆沙伊赫宣言》《亚的斯亚贝巴行动计划》《沙姆沙伊赫行动计划》《北京行动计划》等。

中国落实了对非洲的金融支持。截至2012年年底，中非发展基金在非洲30个国家投资61个项目，决策投资额23.85亿美元，并已对53个项目实际投资18.06亿美元。预计，可带动对非投资100余亿美元，每年增加非洲当地出口约20亿美元，70余万人从中受益。截至2012年年底，非洲中小企业发展专项贷款累计承诺贷款12.13亿美元，已签合同额10.28亿美元，发放贷款6.66亿美元，有力支持了农林牧渔、加工制造等产业的发展。

中国加强与非洲农业与粮食安全合作。一是中国对非洲进行粮食援助。2011—2012年，非洲连续遭遇严重旱灾，涉及3000余万民众。2011年，中国先后三次向埃塞俄比亚、肯尼亚、吉布提、索马里等非洲之角国家提供价值4.4亿元人民币的紧急粮食援助。2012年，中国向乍得、马里、尼日尔等非洲萨赫勒地区国家提供了价值总计7000万元人民币的粮食援助。二是中国加大对非洲农业的投入。2009—2012 年期间，中国在非洲农业领域直接投资额由 3000 万美元增长到 8247 万美元，增长了 1.75 倍。三是中国在非洲建设农业技术示范中心。2006 年以来，中国已在卢旺达、刚果（布）、莫桑比克等国援助建成 15 个农业技术示范中心，另 7 个农业技术示范中心在规划实施；派遣了大量农业专家开展技术合作，为非洲国家培训农业技术人员 5000 余名。四是中国对自非洲进口农产品等实行零关税。自 2005 年起中国实行非洲国家部分输华商品零关税政策，包括非洲特色农产品。2009—2012 年期间，中国自非洲农产品进口从 11.6 亿美元增加到 28.6 亿美元，增长了 1.46 倍，远高于中国对非洲农产品出口 57.6% 的增速。

中国继续积极参与非洲基础设施建设。首先，非洲成为中国重要的海外工程承包市场。自 2009 年起，非洲已连续 4 年成为中国第二大海外工程承包市场。2012 年，中国企业在非洲完成承包工程营业额 408.3 亿美元，比 2009 年增长了 45%，占中国对外承包工程完成营业总额的 35.02%。其次，中国积极支持、参与非洲的基础设施建设。2010—2012 年期间，中国在非洲援建了 86 个经济基础设施项目，如安哥拉铁路修复工程、坦桑尼亚光缆骨干传输网、赤道几内亚的马拉博燃气电厂。再次，基础设施建设大大提高了非洲的社会福利水平。中国在非洲大型通信企业的本地化率已超过 65%，并与 1200 个当地分包商合作，为当地间接增加超过 1 万个就业岗位。

中国高度重视对非洲的援助。根据《中国的对外援助（2014）》，2010—2012 年期间，中国对非洲 51 个国家和非洲联盟提供了援助，占中国全部援助地区的 51.8%。一是中国帮助非洲解决生活饮水问题。中国援建的 105 个清洁能源和供水项目已陆续开工建设或交付使用，中国在多哥的卡拉区和中央区各打出200眼饮用水井，在苏丹达尔富尔地区和南苏丹朱巴市科托尔地区共打出38眼水井，并修建配套潜水泵和发电机组。在尼日尔援建的津德尔供水工程，解决了该地区数十万居民的饮水问题。二是中国帮助非洲培训人才。2010—2012年期间，中国帮助非洲援建150所中小学校，培训各类人才约4.7万名。2012年，中国宣布实施“非洲人才计划”，三年内培训3万名非洲人才，提供1.8万个政府奖学金名额，其中2014年提供6717个政府奖学金名额。三是中国加强对非洲医疗卫生合作。43支中国医疗队分布在42个非洲国家，援建近30所医院和30个疟疾防治中心，提供8亿元人民币的医疗设备物资和抗疟药品，培训非洲医护人员3000余名。四是中国减免非洲国家对华债务。中国免除坦桑尼亚、赞比亚、喀麦隆、赤道几内亚、马里、多哥、贝宁、科特迪瓦、苏丹等9个最不发达国家和重债穷国共计16笔到期无息贷款债务，累计金额达14.2亿元人民币。

二、中国与非洲经贸合作中存在的主要问题

中非合作取得了明显的成就，双方合作前景广阔。但是，中非合作也存在一些问题。

1. 非洲蕴含各种风险

长期以来，非洲政局一直不稳定。一方面，非洲民族以高加索种的闪族、含族，以及黑种的黑族和苏丹黑人、班图黑人为主。另一方面，非洲居民多信奉原始宗教和伊斯兰教，少数人信奉天主教和基督教。其中，安哥拉49%的居民信奉罗马天主教，13%的人信奉基督教新教，其

他大部分居民信奉原始宗教；伊斯兰教是阿尔及利亚国教，穆斯林占人口的99.9%，全部属逊尼派；尼日利亚居民中信奉伊斯兰教占50%，基督教占40%，其他占10%；摩洛哥信奉伊斯兰教，南非主要信奉基督教新教、天主教、伊斯兰教和原始宗教。因此，非洲是多民族和多宗教信仰，21世纪以来就出现过几次政局动荡和变革，蕴含各种风险，特别是政治、社会、经济等风险。

2. 中国中小企业投资非洲成本高收效低

非洲国家经济欠发达，文化发展迟缓，知识程度普遍低下。特别是许多小国政治不稳定，种族复杂，艾滋病等疾病滋生，进一步加剧其贫穷态势。

非洲拥有许多资源，特别是贵重金属、石油等能源，但是资源开发困难，开发成本较高。非洲整体基础设施落后，公路、铁路、机场无法适应其经济社会发展的需要。非洲绝大多数国家市场中介机构少，更不用说提供各种市场咨询，没有做好迎接包括中国企业家等外国投资者的准备。正是这样，中国中小企业投资非洲，难以寻找贸易、投资等适当的合作途径，成本高而收效低。

3. 非洲产品对华贸易成效有上升空间

非洲经济欠发达，生产、制造和加工技术相对落后，因而非洲产品主要是资源型产品和劳动密集型产品等初级产品。非洲产品虽具有文化元素，但是技术含量较低，相对而言使用价值较低，市场交易价值低，国际竞争力弱。截至目前，非洲进入中国市场的加工制成品种类较少，更谈不上品牌。为帮助非洲产品进入中国市场，中国政府在义乌专门设立非洲产品展销中心，但是非洲产品未形成规模效应，实施效果并不如意，距预期有较大的差距。

4. 中国对非洲投资的经济社会效应有待提高

一方面，中国对非洲的贸易秩序、投资秩序有待规范，中国经营者之间、中国企业之间相互竞争情况并没有明显改善。另一方面，中国部分企业过分关注经济效益，不重视社会责任，与周边的居民、社会团体、机构之间不和谐，影响了当地的经济社会生态环境，加剧了经济社会矛盾。因此，中国对非洲投资需要承担相应的责任，从而提升经济社会效应。

5. 中国对非洲援助与贸易投资不相协调

长期以来，中国采用援建成套项目、提供一般物资、开展技术合作和人力资源开发合作、派遣援外医疗队和志愿者、提供紧急人道主义援助以及减免受援国债务等方式援助非洲，对外援助资金包括无偿援助、无息贷款和优惠贷款三种方式。2010—2012 年期间，中国援助非洲地区 51 国和非洲联盟等区域组织，占中国对外援助资金的 51.8%。但是，中国对非洲大量援助建设而没有运营和管理，援助与贸易投资脱节，双方都没有得到更大实惠。

三、中国与非洲经贸合作关系的前景展望

1. 充分重视中非合作的重要意义

进入21世纪以来，美国就加快了跨太平洋经济伙伴关系和跨大西洋贸易和投资谈判进程，中国在周边的发展空间受到挤压。因此，作为世界经济大国必须寻求发展空间。中国加强了南南合作，特别是与俄罗斯、东盟、非洲国家进行合作，主要平台是上合组织（SCO）、中国—东盟自由贸易区（CAFTA）和中非合作论坛（FOCAC）。从中国自身发展来看，中国迫切需要转变经济发展方式，通过效率驱动和创新驱动来促进经济社会发展。非洲地区拥有世界最主要的资源，与中国友谊长存、源远流长，中非加强合作必然形成互利共赢和共同成长的态势。

经济学链接

南南合作

南南合作（South – South Cooperation）即发展中国家间的经济技术合作，是广大发展中国家基于共同的历史遭遇和独立后面临的共同任务而开展的相互之间的合作。由于大部分发展中国家分布在南半球或北半球的南部，因而发展中国家间的经济技术合作被称为“南南合作”，是促进发展的国际多边合作不可或缺的重要组成部分，是发展中国家自力更生、谋求进步的重要渠道，也是确保发展中国家有效融入和参与世界经济的有效手段。

2. 进一步落实中非合作论坛成果

中非加强职业技术培训设施，与非洲建立跨国跨区域基础设施建设合作伙伴关系，将部分非洲国家作为“中国公民自费出国旅游目的地”，促进中国文化与非洲文化的相互交流与传播，倡议开展“中非民间友好行动”、“中非新闻交流中心”、“中非联合研究交流计划”等。

3. 充分利用深圳—香港组合的优势

深圳—香港组合拥有天然的地缘优势。深圳市地处广东省南部，珠江口东岸，与香港毗邻，联结南海及太平洋，陆路口岸、海运港口、航空空运具有便捷性、高效性等，拥有天然的地缘优势。香港地理位置优越，位于太平洋西岸中站，是远东与欧洲、非洲、地中海等地航线的必经之路，拥有闻名世界的、天然优质的良港——维多利亚港，拥有世界级的国际机场，与世界各国往来便捷。

深圳—香港组合拥有巨大的制度优势。改革开放以来，深圳市是中国重要的经济特区和对外开放窗口，成为中国制度创新试验基地，也是中国最为开放的城市之一。深圳市经济持续增长和快速发展，2013 年深圳市人均 GDP 折算为 22112 美元，达到发达国家水平；2013 年深圳市出口、进口与深圳市 GDP 的比重分别为 128.5%、97.4%，远超过全国其他开放城市。香港是亚洲金融经济中心，紧接国际市场前沿，经济非常发达，服务业国际竞争力强，特别是金融服务业、电信服务业、供应链与采购服务业、运输服务业等。

深圳市拥有先进技术和自主创新能力。深圳市拥有先进技术，其发明专利数量连续多年名列前茅。2011—2013 年，深圳市发明专利每年受理数量、授权数量占广东比重都超过50%，专利合作协定国际专利受理数量占全国40%以上，占广东80%以上（见表2）。

表2　深圳市发明专利受理、授权情况（件，%）

年份	发明专利受理			发明专利授权			PCT国际专利受理		
	数量	占广东比重	占全国比重	数量	占广东比重	占全国比重	数量	占广东比重	占全国比重
2011	28823	55.4	6.9	11826	64.8	10.5	7933	88.7	49.3
2012	31087	51.4	5.8	13139	59.3	9.1	8024	87.1	44.2
2013	32200	46.7	4.6	10987	54.7	7.7	10049	87.2	48.1
2011—2013	92110	50.8	5.6	35952	59.4	9.0	26006	87.6	47.2

资料来源：国家知识产权局

深圳市改革开放的发展历程为非洲经济振兴提供鲜活案例。经过30多年的发展，深圳从一个小渔村演变为世界大都市，为非洲提供改革开放促进经济振兴的鲜活案例。非洲迫切希望经济快速发展，这样的成功案例不仅有利于非洲人实地考察和讲中国故事，而且在非洲进行实践，设立类似中国深圳经济特区，吸取深圳市改革开放每一步骤的经验教训，将中国国家级的改革开放特殊经济区与非洲国家未来的经济开发开放区对接起来，从而实现非洲跨越式发展。

经济学链接

专利合作协定

专利合作协定（Patent Cooperation Treaty，PCT）即专利合作协定，是专利领域的一项国际合作条约。自采用巴黎公约以来，它被认为是该领域进行国际合作最具有意义的进步标志。它主要涉及专利申请的提交，检索及审查以及其中包括的技术信息的传播的合作性和合理性的一个条约。PCT 不对“国际专利授权”：授予专利的任务和责任仍然只能由寻求专利保护的各个国家的专利局或行使其职权的机构掌握。PCT 是对与巴黎公约的有益补充，它是在巴黎公约下只对巴黎公约成员国开放的一个特殊协议。

中国还要加强建设中非合作和“21 世纪海上丝绸之路”的战略节点。中国发展需要非洲资源和能源，依托长三角的强大制造能力和加工基地，将中国产业有序转移到非洲，合作开发非洲当地资源、能源，将当地产业链进一步延伸，增加当地就业，互利共赢和共同发展，提升当地经济社会发展水平。与此同时，深圳市将成为“21 世纪中国海上丝绸之路”的战略节点，成为对香港开放和对非洲开放的双窗口，联结中国非洲之间的海上丝绸之路。

以创新推动产业向中高端水平发展

王一鸣　国家发展和改革委员会副秘书长

一、经济增长的阶段性变化要求加快形成推动技术创新的体制机制

从过去几年经济运行的情况看，中国经济增长正在发生阶段性变化。2007 年以来，无论是季度还是年度增速都出现大幅回落。季度同比增速从 2007 年第二季度 14.8% 回落到 2014 年第一季度的 7.4%，增速下降一半；年度增速从 2007 年 14.2% 回落到 2013 年的 7.7%，下降 6.5 个百分点。经济增速由过去两位数高速增长转向 7.5% 左右的中高速增长表明，中国经济已经进入换挡期，不仅经济增速大幅回落，更重要的是经济增长动力的转换。

从国际经验看，从高速增长转向中速增长，经济增速都会有一个拐点性变化。日本大致出现在 1969 年，1973 年第三次石油危机后终结了高速增长。韩国大致出现在 1988 年，1998 年亚洲金融危机后基本也结束了高速增长。更重要的是，拐点出现以后，钢铁、电力、汽车等制造业部门产能逐渐接近极限规模。同样，我国在进入经济增速换挡期后，

制造业部门生产能力也将逐步接近极限规模，再靠规模扩张已经难以为继，这就要求大幅提升创新能力，以创新推动产业向中高端水平发展，重塑经济增长新动力。

从今后一个时期看，我国制造业大规模扩张的空间逐步缩小。过去一个时期，制造业产能迅猛扩张，在国内外市场需求变化的情况下，制造业部门面临较为严重的产能过剩，一些行业产能规模接近极限。

2013 年，我国钢材产能达到 10.6 亿吨，发电装机容量达到 12.4 亿千瓦，汽车产量达到 2211 万辆。总体上看，制造业发展“铺摊子”阶段基本结束。

与此同时，支撑产业发展的要素条件发生深刻变化。我国劳动年龄人口数量已经开始下降，劳动力成本上升趋势逐步形成，生产要素低成本优势趋于减弱。产业升级和创新正在成为产业发展面临的主要任务，这要看能否形成一批具有持续创新能力的企业，特别是在技术含量较高的行业形成一批处在创新前沿的龙头企业。

重塑经济增长新动力的核心是提高生产效率。如果说，过去经济增长主要依靠生产能力的规模扩张，也就是“铺摊子”，那么进入经济增速换挡期，增长动力主要来自产业升级，提升产业价值链和产品附加值，推动经济向中高端水平发展，也就是要“上台阶”。过去产业升级可以依托技术引进或技术外溢效应来实现，现阶段产业升级与技术创新越来越融合为一体，因为大规模引进技术的外部条件已经发生变化。这就要求加快形成推动技术创新的体制机制，通过为市场所需要、有利于提高市场竞争力的不同层次的技术创新和商业模式创新，推进经济向中高端水平发展。

二、以创新推动产业向中高端水平发展

推动经济向中高端水平发展，就要推动产业升级“上台阶”。产业升级不是调整产业间比例关系，而是提升产业价值链，调整不同价值链区段的比例关系，要从价值链低端转向价值链中高端，从成本竞争转向质量技术品牌服务竞争，从要素驱动转向创新驱动。这就要求加快发展研发、设计、标准、物流、营销、品牌、供应链管理等生产性服务，提高制造业知识、技术、人力资本含量；着力培育新一代信息技术、生物、高端装备制造、节能环保、新能源、新材料和新能源汽车等战略性新兴产业，构建“核心技术——战略产品——工程与规模应用——龙头企业和配套体系”的产业链；加快淘汰高能耗、高排放、低附加值的传统重化工业，提高重化工业的现代化水平；推动劳动密集型产业转型升级，向劳动、知识、技能相结合方向发展；强化研发设计能力，促进高新技术产业向自主研发制造为主转变。

推动经济向中高端水平发展，就要推动创新“上台阶”。我国总体上已进入由工业化中期向中后期、由中高收入向高收入经济体迈进的阶段。从国际经验看，这一时期已经具备由要素驱动向创新驱动转变的客观条件和可能性。

今后一个时期，要采取切实有效的措施，以创新推动产业向中高端水平发展。

第一，推进企业主导市场导向的科技创新。鼓励科技要素向企业流动，引导资金、人才、技术等创新资源向企业集聚。支持有条件的企业加强研发平台建设，加大对中小企业、微型企业技术创新的扶持力度，

加快建立高校、科研院所技术成果向企业转移机制，推进传统制造向以研发为基础的制造转型。

第二，把科技创新与发展现代产业体系结合起来。我国正在培育和发展战略性新兴产业，特别是新一代信息技术、生物技术和新能源，市场潜力非常大。要把培育发展战略性新兴产业与增强科技创新能力结合起来，力求掌握核心技术。加快新技术新产品新工艺研发应用，加强技术集成和商业模式创新。

第三，构建科技创新的动力机制。加快生产要素和资源性产品的市场化改革，深化垄断性行业和国有企业改革，增强企业创新发展的动力。实施知识产权战略，加强知识产权保护和执行力度。

第四，强化科技创新的教育和人才基础。推动经济增长向创新驱动转变，对深化我国教育和人才培养制度改革提出了更加紧迫的要求。要深化教育体制改革，积极探索创新人才的培养和激励机制，造就高素质人才队伍。

第五，深化科技体制改革。推动科技和经济紧密结合，构建以企业为主体、市场为导向、产学研相结合的技术创新体系。建立有利于创新潜能充分发挥的体制环境，促进创新资源高效配置和综合集成，使全社会创新潜能充分迸发出来。

CHINA'S REFORM
THINK TANK

第八编
"中国经济升级版"面向未来何去何从?

走向服务业大国

——2020中国经济转型升级大趋势

迟福林 中国（海南）改革发展研究院院长

中国的经济转型升级正处在重要历史拐点：一方面经济下行压力增大。2014年第三季度GDP同比增速放缓至7.3%，创2009年一季度以来的新低。另一方面经济结构升级的态势初步形成。2014年前三季度，服务业增加值占国内生产总值的比重达到46.7%，创历史新高。

问题在于，面对内外发展环境深刻复杂变化的新形势，转型与改革的时间与空间约束中国全面增强。到2020年，中国能否从工业大国走向服务业大国，成为转型与改革的历史任务和重大挑战。实现这一转型，既可以在结构升级的基础上形成7%左右的经济增长新常态，又能够为从中等收入国家迈入高收入国家创造有利条件。

一、中国进入消费新时代，由工业大国走向服务业大国面临着重要的历史机遇

消费的本质需求是服务。中国进入消费新时代，现代服务需求逐步高于传统物质需求，已成为消费需求释放与升级的大趋势。

消费结构升级带动服务消费比重明显提升。经过36年的经济快速增长，中国已经成功地跨越了以解决温饱问题为主要目标的生存型阶段，进入到以解决人的自身发展为重要目标的发展型新阶段。这个新阶段，由于人口城镇化的较快发展、老龄化时代的到来，全社会的消费需求结构升级呈现阶段性特征：

第一，从生存型消费向发展型消费升级。生存型消费主要是吃饭穿衣的消费，发展型消费主要是教育、医疗、健康、文化等服务消费。当前，城镇居民的消费需求正由工业消费品为主向服务消费为主转变，农村居民的消费需求正由生活必需品为主向工业消费品为主转变。未来5~10年，随着人口城镇化进程加快，城乡居民发展型消费需求将以年均两位数的速度增长。到2020年，城乡居民的恩格尔系数有望下降到30%左右。

第二，从物质消费向服务消费升级。例如，城镇居民人均医疗保健、交通通信、文教娱乐三大消费支出占人均消费比重从1985年的12.8%上升到2013年的34.1%，估计到2020年这个支出占比有可能提高到40%~45%，成为城镇居民的主要消费。

第三，从传统消费向新型消费的升级。例如，随着互联网的兴起和电子商务、物流快递等新型服务业态的快速发展，新型消费增长迅速。2012年中国信息消费为1.7万亿元，同比增长29%；2013年，信息消费规模达到2.2万亿元，同比增长28%。

经济学链接

新型消费

新型消费（New Type of Consumption）是坚持以人为本、追求合理消费需求最大化满足的可持续消费，它具有消费主体大众化、消费产品绿色化、消费行为文明化、消费环境生态化等特征，是物质文明、精神文明、生态文明协调发展在消费领域的体现。在发展新阶段，扩大消费需求需要在生产、分配、交换、消费四个社会再生产环节构建长效机制，促进新型消费。

消费规模的扩大将为服务业较快发展提供市场空间。伴随着消费规模的快速扩张，由此形成走向服务业大国的市场潜力与市场空间。

第一，消费增长潜力巨大。首先，新增消费不断加大。例如，2012年城乡居民新增消费量超过2万亿元，这相当于20世纪90年代中期一年的消费总量。其次，消费总规模逐步扩大。例如，中国社会消费品零售总额2011年仅为18.4万亿元，2013年增长到23.8万亿元，估计到2020年将达到45万亿~50万亿元。消费增长潜力的释放，推动服务业呈现快速增长的大趋势。

第二，由工业大国走向服务业大国的趋势正在形成。我国的工业增加值占比逐年下降，从2006年的42.2%下降到2013年的37%。同期，服务业占比从40.9%提高到46.1%，2013年服务业占比首次超过第二产业，估计到2015年，有可能达到48%以上，超过国家“十二五”规划目标。中国的服务业增加值都以年均两位数增长。2001—2013年，扣除价格因素后，服务业增加值年均增长10.6%。估计未来5—10年服务业增加值仍会以10%左右的速度增长。这表明中国经济增长动力正在发生重大变化。

第三，2020 年服务业规模有望实现倍增。2008—2013 年，即国际金融危机以来的 5 年中，中国服务业增加值从 13.1 万亿元增长到 26.2 万亿元，实现了规模上的倍增。未来 6 年，如果服务业增加值年均增长保持在 10% 左右，服务业总规模有望扩大到 48 万亿 ~53 万亿元。

2008 年以来，中国的经济学家们一直主张加快推进消费主导的经济转型，就在于释放消费需求能够为服务业发展开辟战略空间，能够引领和推动经济结构的转型升级，从而成为稳增长、调结构的原动力。

经济学链接

消费主导的经济转型

在生产力水平比较高的情况下，社会产品丰富，绝大部分商品由供给不足变为供大于求，生产力过剩，消费者有较大的选择权，市场形态表现为买方市场。此时第三产业比重提高；消费结构升级加快，消费方式呈现多样化趋势。这时在生产与消费的矛盾中，消费表现为矛盾的主要方面，起主导作用，不扩大消费生产就不能实现。宏观经济指导必须重视消费需求对经济增长的拉动作用，这样的经济就是消费主导型经济。

二、中国进入服务业发展的新时代，形成服务业主导的经济结构牵动经济社会转型全局

中国进入服务业发展新时代，13 亿人的潜在消费需求成为中国增长转型的突出优势；13 亿人服务需求释放的规模与速度，在很大程度上决定了经济结构、利益结构、城乡结构调整的进程。释放 13 亿人的服务消

费需求，推进由工业主导向服务业主导的转变，既是未来6年经济转型升级的大趋势，又是决定增长、转型与改革的关键所在。

加快形成服务业主导的经济结构新常态。从工业经济向服务业经济的转型与人均GDP水平有着内在联系。中国从人均GDP为6500美元到1万美元的过渡阶段中，服务业的比重至少会提高10个百分点。总的判断是，到2020年实现中国服务业占比达到55%以上是有条件、有可能的。

第一，人口城镇化为生活性服务业发展提供了重要载体。从国际经验看，城镇化进入快速发展阶段，满足人们日益增长的发展型消费需求越来越依赖于教育、健康、医疗等生活性服务业的发展。2013年中国的名义城镇化率为53.7%，而人口城镇化率仅为36%左右。从新型城镇化的进展看，2020年名义城镇化率有可能达到60%左右，人口城镇化率有可能达到50%以上。理论上讲，城镇化率每提高1个百分点带动服务业增加值比重提高0.77个百分点。以此估算，未来6年即使人口城镇化率仅提高10个百分点左右，也有可能带动服务业比重提高7~8个百分点。

第二，工业转型升级为生产性服务业发展注入内在动力。从国际经验看，进入工业化中后期，经济转型升级的一个突出特点是工业经济向服务业经济的转变。传统农业和工业的转型升级直接依赖于生产性服务业的发展，由此形成对生产性服务业的巨大市场需求。新一轮工业革命最为突出的特征是，信息、研发、设计、物流、销售、大数据等生产性服务业引领传统制造业向高端制造业的升级。也就是说，高端制造业与现代服务业的相互融合是一个大趋势，生产性服务业已成为提升制造业竞争力的主要推动力。以德国为例，高端制造业之所以能够保持世界领先地位，重要原因在于生产性服务业占服务业的比重高达50%以上。中国作为制造业大国，“中国创造”的优势远未凸显，就是生产性服务业发展严重滞后，其占服务业的比重仅为15%。未来6年，中国生产性服务业占服务业的比重至少需要提高15～20个百分点，达到30%～40%。这是中国工业转型升级的内在要求，是工业转型升级的必由之路。

形成服务业主导的新格局牵动影响经济转型升级的全局。服务业的发展程度是形成经济新常态的重要标志。它不仅成为经济转型的主要推动力，而且也将不断释放经济增长的新动力。

第一，形成中速增长的新常态。中国仍是一个经济转型大国，经济增长新常态取决于尽快形成服务业主导的经济结构。近几年，中国服务业每增长一个百分点，可以带动GDP增长约0.4个百分点。如果未来6年服务业增加值年均增长10%，可以带动经济增长4个百分点左右，为中速增长的新常态奠定重要基础。

第二，形成新增就业不断扩大的新常态。形成服务业主导的经济结构是扩大就业的主渠道。服务业增加值每增长1个百分点能创造约100万个新的就业岗位。未来6年服务业增加值按年均10%增长估计，每年新增就业将达到1000万人左右。

第三，形成全社会创新创业的新常态。进入工业化中后期，生产性服务业直接融入制造业转型升级的全过程。例如，技术升级与服务需求直接融合，技术升级如果不能反映服务需求变化就很难产生内在动力，就很难有好的市场前景；企业竞争力与服务质量直接关联，企业的竞争力主要取决于服务环节是否专业化、精细化。为此，服务业主导不仅是形成新一轮创新创业潮的主要推动力，而且将为创新创业开辟巨大的市场空间，由此形成创新驱动新格局的重要条件。

第四，形成利益结构和社会结构优化的新常态。从国际经验看，服务业快速发展将带来中产阶层规模的不断扩大。以美国为例，20 世纪 40 年代到 70 年代的 30 年间，伴随服务业主导新格局的形成，白领阶层的规模同时也扩大了 5 倍。未来 6 年，随着服务业主导地位的确立，中国服务业就业比重有望达到 50% 以上，到 2020 年服务业就业的人口将不少于 4 亿，由此将带动中等收入群体的倍增。

把实质性提高服务业占比作为“十三五”规划的约束性目标。“十三五”是中国经济转型升级的关键 5 年，能不能形成服务业主导的经济结构对中国未来 10～20 年的发展至关重要。

第一，明显提高服务业比重。建议国家“十三五”规划明确把服务业占 GDP 比重达到 55%，生产性服务业占服务业比重达到 30% 作为主要的约束性目标，以此作为衡量结构调整优化的主要标准。

第二，加快推进投资转型。与服务需求快速增长趋势相适应，重点加大教育、医疗、健康、文化、体育等生活性服务领域的投资；从工业转型升级的现实需求出发，重点加大信息、研发、设计、物流等生产性服务业投资。

第三，实现发展理念的深刻转变。由工业大国走向服务业大国，无论企业、社会、还是政府，都将面临前所未有的考验，尤其是需要改变某些传统的发展理念。例如，走向服务业大国，形成服务业主导的新格局，不是不要制造业，不是不要工业，而恰恰是通过生产性服务业提升传统工业，推动“中国制造”向“中国创造”的升级。

三、中国进入经济转型升级的新时代，加快服务业市场开放与制度创新成为深化经济体制改革的重中之重

中国由工业大国走向服务业大国，关键在于加快服务业市场开放和制度创新。中国的服务业供给瓶颈问题突出，难以满足社会服务需求，根源不在于国内资本短缺，而在于服务业市场开放的严重滞后。服务业行政垄断的特点仍然突出，市场开放程度较低，不适应转型升级的大趋势。

尽快使社会资本成为服务业发展的主体力量。发展服务业，主体是中小企业，关键是放开市场，重点是激活社会资本。从实践看，以大企业为主做强服务业并不成功，某些大企业靠做大规模进入世界500强，但它们缺乏对市场需求变化的灵敏反应，在国际市场的竞争力不强。从产业发展规律看，服务业门类繁多，个性化、差异化程度高，中小服务企业更能够灵敏地反映市场需求，并通过公平竞争激活、做大服务业市场。这在客观上要求尽快出台相关政策，加快服务业市场对社会资本的开放。

第一，放开市场准入。在银行、证券、保险、电信、邮政快递等行业进一步放开市场准入，取消某些不合理的经营范围限制，并实现由行政监管为主向法治监管为主的转变。

第二，实质性打破对社会资本的限制。鼓励支持社会资本进入教育、医疗、健康、文化等领域投资。要以发展政府购买服务为重点，支持公益性社会组织在公共服务领域有所作为，发挥其独特的作用。

第三，加快公共资源配置市场化。例如，在城镇公用事业领域特许

经营权的出让上全面引入竞争机制；在行政系统服务资源配置方面规范完善政府采购。

重点是打破服务业领域的垄断。加快发展服务业，关键在于打破服务业的行政垄断与行政管制。由于教育、医疗、健康、金融等服务业领域仍然保持一定程度的行政垄断，市场主体难以通过公平竞争来提高供给能力、供给质量和供给效率。

第一，修改《反垄断法》。尽快把十八届三中全会《决定》提出的“进一步破除各种形式的行政垄断”纳入《反垄断法》。

经济学链接

反垄断法

《中华人民共和国反垄断法》是一部为了预防和制止垄断行为，保护市场公平竞争，提高经济运行效率，维护消费者利益和社会公共利益，促进社会主义市场经济健康发展而制定的法律。反垄断法由2008年8月1日起施行，共分为8章57条，包括：总则、垄断协议、滥用市场支配地位、经营者集中、滥用行政权力排除、限制竞争、对涉嫌垄断行为的调查、法律责任和附则。

第二，向社会资本推出有吸引力的重大项目。与混合所有制改革相配套，尽快建立国有企业的反垄断审查机制。在已经推出一批重大项目的基础上，尽快在电信、教育、医疗、金融等垄断行业再推出一批向社会资本开放的重大项目。

第三，加大反行政垄断的力度。与推行负面清单管理的改革相配套，尽快对现行行政法规进行系统的反垄断审查，废除各类导致行政垄断的行政法规。

把提高服务贸易比重作为“十三五”对外开放的重大任务。从现实看，由于服务业领域的对外开放严重滞后，服务业难以利用国际先进技术和服务管理经验，制约了服务业的有效供给。其结果是，国内的某些服务消费外流的问题比较突出。未来6年要提高服务贸易的对外开放度具有紧迫性。这就需要以发展双边、多边自由贸易区为重点，加快服务贸易对外开放进程。

第一，把2020年服务贸易占贸易总量比重提高到20%，作为“十三五”对外开放的重要目标。2013年，中国服务贸易占贸易总量比重仅为11.5%，2014年上半年上升到12.3%，但仍低于全球2012年18.7%的水平，更低于印度25%的水平。

第二，实施负面清单管理制度和外商投资准入前国民待遇。加快推进金融市场有序开放，扩大教育、医疗、健康市场开放，推进文化、体育、娱乐市场开放。

第三，逐步把服务业外商投资审批制改为登记备案制。除国家规定的重大和限制类项目外，对外资企业投资项目的审批，逐步实施备案制度。

经济学链接

备案制度

备案制度（Filing System）是相对于审批而言的一种管理方式。是指依照法定程序报送有关机关备案，对符合法定条件的，有关机关应当予以登记的法律性要求。备案登记是备案审查制度的基础性环节。根据《法规规章备案条例》，在备案登记阶段应对报备文件的报备时限、报备格式、制定主体、制定程序等进行审查，对符合登记要求的予以登记，对不符合登记要求的，视不同情况予以不同处理。

第四，加快扩大双边和区域服务贸易协定，打破一些国家对中国服务贸易的壁垒。率先在新兴经济体和欧洲等国家和地区取得突破，加快拓展与这些国家在金融、信息、物流业等服务领域的开放合作，把服务业开放和服务贸易自由化作为双边或区域合作的重点。

到2020年，中国实现由工业大国向服务业大国的转型，意味着中国经济的全面转型升级。它不仅是一个经济增长新常态的形成过程，还伴随着经济结构新常态、利益结构新常态、制度创新新常态的形成；不仅涉及经济领域的改革，还涉及社会、文化、生态等各个领域的改革。

推进服务业主导的转型与改革，不仅对中国未来10年、20年的公平可持续发展有着决定性影响，而且将给包括新兴经济体在内的全球经济带来重大利好。

未来我们要打破的五个思维定式

郑新立　中国国际经济交流中心常务副理事长

一、当前经济运行的主要矛盾是需求不足

2014 年三季度公布的经济数据传递了一个重要的信息，已经持续了 3 年多的经济下行的态势还没有改变，经济下行的压力越来越大，而且还看不到什么时候能够改变这种下行状态。

虽然 2014 年前三季度的 GDP 增速仍处在合理区间，但是这种下行的态势我们不可掉以轻心。因为在市场经济条件下，主要特征是过剩——产能过剩、供给过剩。我们对计划经济条件下的短缺认识深刻，而且有了解决的办法，但是我们对市场经济条件下的过剩这个基本矛盾、基本规律认识不够，把握不好，缺乏应对的办法。如果我们对过剩不能保持高度的警惕，找不到有效的解决办法，听任经济继续下滑，将存在落入“中等收入陷阱”的危险。

经济学链接

中等收入陷阱

中等收入陷阱（Middle Income Trap）是指当一个国家的人均收入达到中等水平后，由于不能顺利实现经济发展方式的转变，导致经济增长动力不足，最终出现经济停滞的一种状态。当今世界，绝大多数国家是发展中国家，存在所谓的“中等收入陷阱”问题。按照世界银行的标准，2012年我国人均国内生产总值达到6100美元，已经进入中等收入偏上国家的行列，同样面临着这样的问题。

2014年我国人均GDP是6750美元，正好处在由中等收入国家向高等收入国家跨越的阶段。世界上有许多国家在这一阶段过不去这个坝，一直徘徊在人均六七千美元之间，能够跨过这个坝的国家为数不多。所以我们现在不能满足于目前经济增速处在合理的区间，而是要找到解决产能过剩的办法。我认为，当前经济运行的主要矛盾是需求不足，产生过剩。产能过剩和需求不足是一个问题的两个方面。现在，物价增速降到了2%以下，反通胀已经不是我们面临的主要矛盾，反通缩才是主要矛盾。

二、要通过改革释放发展的潜力

我个人认为，未来十几年中国保持8%左右的增长速度是没有问题的，关键在于改革，要通过改革取得新的突破，释放发展潜力，为经济持续健康发展提供强大的动力支持。只要我们的改革到位，把潜力释放出来，到2020年，中国人均GDP将有可能达到12000美元，顺利跨入高收入国家行列；如果我们掉以轻心，能不能走出中等收入区间跨入高等收入国家行列，将会成为一个问号。在这里，我主要从五个方面提出打破改革以来形成的新的思维定式。

第一，要打破农民工市民化会加大城市公共服务负担的思维定式。因为通过户籍制度的改革，农民工市民化的潜力释放出来了，如果每年进入城市的人口保持在1个百分点，就会有1300万人左右。那么，基础设施、公共服务、个人消费都将形成强大的需求，成为未来十几年中国经济持续增长的最强大的动力源泉。现在好多城市觉得农民工在这打工就行了，如果把老婆、孩子、父母也接到城里会承受不了，没有房子提供，交通拥堵，医疗教育也无法满足。他们仅仅看到这一点，而没有看到农民工把家里的留守儿童、妇女、老人接到城市，全家团聚以后在这个城市安安心心的工作，这样就会形成产业工人构成的新成员，他们提供的需求也将成为城市化的强大动力。我们要从这个角度看问题，不要把他们看成是一种麻烦、一种包袱，过几年以后就回老家算了。现在中国的留守儿童6000万，留守妇女4000万，留守老人4000万，加上2.6亿农民工，如果帮助他们实现全家团圆梦，将会对现在留在农村的人产生巨大的吸引力。第二，要打破农村土地改革会冲击农户在农村的经济主体地位和18亿亩耕地红线的思维定式，释放土地和劳动力的潜力。第三，要打破一谈发展就上工业项目的思维定式。第四，要打破允许民间资本发起设立金融机构，必然会加大金融风险的思维定式。第五，要打破允许民营企业进入垄断性行业必然会带来无序竞争的思维定式，释放民营资本的潜力。

中国追赶型增长的阶段转换与未来增长前景

张军扩 国务院发展研究中心副主任

我们现在如何理解新常态，如何把握中长期的问题，比起很短时期的变化施加的影响，对我们分析把握经济形势更加重要。2013 年国务院发展研究中心专门对增长阶段的转换问题做了一个课题研究，现在结合我的判断谈一些看法。

一、中国经济增长阶段正在转换

国际金融危机以来，随着中国经济增速的回落，中国经济增长的前景和增长潜力一直是社会各界议论的话题。经过一个时期的讨论，现在的中国，不管是学术界还是在政府的决策层，基本上已经形成了一个共识：这一次增长速度的回落，不仅是国内和国际短期因素冲击的结果，而且是中国经济基本面发生变化，增长阶段正在转换，潜在增长速度有所下降的结果。因此，正常情况之下，我们再想回到过去接近两位数的高增长，基本上条件不存在。

但是，对于高速增长阶段结束之后，中国经济增长的潜力究竟是多少？下一步经济增长的前景究竟如何？却还是存在不同的看法。有研究者认为，高速增长之后中国还具有中高速增长的潜力；而另一些研究者则认为，中国经济增长潜力可能会降至中低速，甚至低速。甚至有人认为我们“新常态”的增长速度是5%。对于认为仍然具有中高速增长潜力的人而言，中高速增长潜力对于政府的宏观调控政策意味着什么？这些争论还是很激烈。

2013年，国务院发展研究中心有一个重大课题做这个研究，并做出非常重要的判断。研究的基本结论：一方面，再回到过去的高增长不可能；但是另一方面，基于对相关国际经验和中国发展实际的分析，我们认为现阶段中国基本面的变化并不意味着中国后发优势的消失和追赶型增长进程的终结，而是意味着中国后发优势性质、结构和程度的变化，意味着中国追赶型增长进程中的阶段转换，而不是中国追赶型增长结束的阶段转换。

因此，现阶段的阶段转换还不会使中国的潜在增速滑落至低速水平。综合各种因素分析，国务院发展研究中心课题组认为：在今后大约10～15年的时间里，中国经济仍然具有实现6%～8%的中高速增长的潜力，有的讲7%左右，左只能到7.25%，右只能到6.5%。

二、深化改革释放增长潜力

相信中国仍然具有中长期中高速增长潜力的同时，还必须充分认识到，由后发优势所决定的潜在增速只是就中长期增长的可能性而言的，并不等于现实的增速，它的实现还需要适宜的体制、政策、环境和正确的发展战略等其他因素的配合。换句话说，潜在增速只是实现中高速增长的必要条件，而不是充分条件。根据我国当前的情况，不论是从供给条件、需求条件还是创新优势等方面，我国的比较优势和发展潜力都是巨大的，但这些比较优势和发展潜力目前受到的体制弊端的制约，还难以充分发挥出来。能否通过改革的深化来充分释放增长的潜力，是今后一个时期面临的巨大挑战。

第一，要素供给成本的挑战。我国劳动力成本远低于美国，只有美国的20%左右，但由于政府管制过多，竞争不充分，致使我国在资金成本、能源成本、物流成本等方面远高于美国，如果计算综合成本，中国反而高于美国。这是导致近年来不少美国企业回归，甚至不少中国企业选择到美国设立分厂的重要原因。所以，能否通过改革的深化来释放我国在要素供给方面的比较优势和增长的潜力，是我们面临的重大挑战。

第二，现阶段我国仍然具有巨大的投资需求空间，这一点非常重要。大家现在讲对我们的潜在增速不太看好，主要是房地产、基础设施投资这一块增长的潜力比较有限。课题组认为，我国的投资潜力非常大。比如，只要将现在城市的地下管网改造一遍，需要多大规模的投资？只要将现在的农民住房按最基本的抗震标准改造一遍需要多大规模的投资？只要使我们广大的农村具备基本的基础设施，包括基本的硬化道路、垃圾处理、污水处理，我们的农村基础设施几乎是空白，农民生活水平提高之后，要想做一些事情都很难，比如说他想安一个太阳能热水器，上下水就很难。要使大气污染、水资源污染等得到基本的控制、治理需要多大规模的投资，等等。

问题在于，与先前的投资相比，这些领域投资的突出特点，大都具有一定的公益性质，都不是可以直接商业化的投资。但是从我国的经济结构来看，我们有这样的能力、这些方面的建设，中国的产能是大量过剩的，水泥、钢材这些都是大量过剩的，我国这方面存在巨大需求，而且我国有这样的生产能力。核心的问题在于如何通过财政、金融、制度的创新，今天的主题金融支持实体经济也非常重要，建立适应新形势下可持续的投融资体制，从而充分释放国内投资需求的空间，是我们面临的重大改革挑战。

第三，从根本上来讲，增长阶段转变是要靠创新的。而从客观条件上来讲，我国人才资源十分丰富，科研、教育基础扎实，只有通过巨大的创新驱动发展的潜力，但长期以来，由于教育体制、人才体制、科研立项、经费管理等方面的弊端，严重制约了创新驱动发展的潜力的发挥，这些问题不解决，增长阶段转换难以实现平稳过渡。

三、增长转换充满诸多风险挑战

国际经验还表明，追赶进程中由高速增长向中高速增长阶段的转换，不仅充满了各种挑战，也是充满了各种风险。

第一，金融风险将会凸显。高速增长阶段，由于潜在需求旺盛，资产价格持续上涨，粗放增长模式下的一些矛盾和风险容易被掩盖，容易被吸收。而在进入增长速度转换期，伴随着增速下行和结构调整，原有的风险化解机制难以继续生效，而市场主体的行为也很难及时做出调整，这时，原来被掩盖的矛盾和风险就会显露出来。比如，原来可以盈利的制造业企业，可能会因为成本的上升或者需求的不足出现亏损，长期积累的房地产泡沫可能因为需求的收缩而破灭，长期以来地方政府善于运作的土地财政模式也可能会因为房地产市场的变化而难以维系。这些问题最终都会归结为金融风险问题。调控得好，可以把风险控制在比较小的范围之内，并通过一定时期的调整过程逐步化解，而一旦调控措施失当，局部风险就有可能演化为系统性风险，从而对整体经济的稳定造成冲击。

第二，各种社会矛盾和社会风险也会凸显。国际经验表明，当经济达到中等收入水平之后，不仅经济问题会更加复杂，政府、社会问题也会更加突出。这是因为发展初期，社会面临的主要矛盾是解决温饱问题，而增长是解决矛盾的主要途径。而当人们的温饱问题基本解决之后，就会对公平、正义提出更高的要求，相应的政治诉求也会不断提升，而且过去长期存在的，但并不太突出的收入差距问题、腐败问题、环境问题、食品安全问题、社会信用缺失等问题都有可能成为引发社会不稳定的诱因。而一旦社会稳定局面不能得到有效的维持，追赶进程就会中断。

第三，警惕落入增长陷阱的风险。成功实现增长阶段转换的关键是发展方式的根本转变，是培育起新的竞争优势和增长动力，从而保障经济能够在新的平台上实现较长时期的中高速增长。但是，这一点知易行难，现在大家已经切身地体会到了增长阶段转换过程需要同时面对“转方式”和“控风险”两大任务，而这两大任务短期内往往相互焦灼，甚至相互矛盾，加人“转方式”的力度需要深化改革，强化市场约束，促进优胜劣汰。

长期以来，有利于保持增长的活力，控制风险，但短期内则会加大矛盾和风险，况且短期内还要面临化解历史积累的矛盾和风险的任务。而如果短期内把“控风险和保稳定”放在首位，则势必会在推改革、促转型方面迈不开步子，时间一长，矛盾和风险会更大，甚至积重难返，最终陷入增长下滑和风险加剧的恶性循环，落入增长陷阱。因此，宏观政策必须在“保稳定、控风险”和“促改革、转方式”之间取得平衡。

四、创新体制机制保障增长平稳转换

从高速增长向中高速增长的转变，从过去的常态到新常态的转变，不仅仅意味着增长速度的变化，同时意味着增长动力和增长方式的重大转变。中高速增长并不能在延续旧的增长模式下自动实现，而是需要通过改革的深化和政策的调整去争取，需要政府、企业、社会各方面共同为此做出努力。如果不能真正建立起适应发展阶段变化，有利于实现增长方式转变的体制和政策环境，那么不仅中高速的增长潜力不会变为现实，经济也有可能很快滑落至低速徘徊，甚至落入所谓的“中等收入陷阱”。

当前，我国处于“三期叠加”的时期，是矛盾比较集中的时期，旧的发展模式已经难以维系，而新的发展模式尚未形成。同时还需要防范和化解长期积累的风险和矛盾，在这种情况之下，短期内，比如说未来2～3年，经济实际增速可能会比较低，可能会处于中长期中高速增长区间的下限，可能更低，我们认为在风险可控的情况下，这是正常的。我们既不能因为看到我国具有中长期中高速增长的潜力，而在政策调控上希望每年都实现中高速增长，这是不合实际的。同时也不能因为短期实际增速较低而对中长期的增长潜力做出误判，从而在战略安排上丧失发展机遇。宏观政策的着力点就是要在保持经济基本稳定、风险总体可控的前提下不失时机地推进十八届三中全会确定的各项改革，尽快构建起有利于增长阶段平稳转换，能够支撑中长期增长的体制基础。

21 世纪经济整合大战略与丝绸之路经济带

刘卫平　国家开发银行研究院研究员

我的题目是向西开放构建 21 世纪亚欧大陆经济整合大战略与丝绸之路经济带相关的问题，内容主要是以下几个方面：

第一，促进欧亚大陆经济整合实现中国最大的战略利益。

第二，当前外交环境下中国实现战略的必要性，向西开放推动欧亚大陆经济整合战略符合世界经济发展的大趋势。务实推进丝绸之路经济带的建设。还有减少中国走向世界的风险。

促进欧亚大陆经济整合对中国具有很大的战略意义，我们知道习近平主席曾在上海合作组织成员国的元首理事会上表示，丝绸之路经济带的建设正进入务实合作新阶段，金融合作作为丝绸之路经济带的重要支撑，将丝绸之路经济带的金融需求与发挥上合组织银联体结合起来，充分发挥上合组织银联体对于丝绸之路经济带的推动作用，与上合组织金融能源互动为切入点，进入欧亚大陆的战略研究并将丝绸之路经济带周边国家互联互通结合起来，我们认为有助于打造中国 21 世纪经济新的增长极，是丝绸之路经济带和亚欧大陆经济整合的有效手段，也是实现国家发展战略的历史使命。

第一，向西开放与中国的战略意图，我们知道中国的蓝海战略在过去30年里面的成功离不开有利的外部环境，2008年全球金融危机使中国经济的发展外部环境发生巨大变化，人民币升值导致劳动密集型产业出口为主要特征的经济模式面临着前所未有的挑战。第二，中国应该利用自身优越的地理位置实现战略对冲，中国既是一个可以成为海权国家，也可以成为陆权国家的大国，如果中国在重庆、新疆等地建设中巴、中欧的铁路，打通欧亚大陆经济体的大陆桥将促进亚欧大陆的整合，使之成为美国主导的环太平洋经济整合计划的战略对冲。

经济学链接

陆权

陆权（Land Power）这一概念首先由英国地理学家麦金德提出，也第一个区分了陆权与海权的观念，陆权论认为随着陆上交通工具的发展，欧亚大陆的“心脏地带”成为最重要的战略地区。

欧亚大陆经济整合还为中国经济的发展在西部装上第二台发动机，我们可以通过修建铁路或者说具体的一点，就是以高铁为主向亚欧大陆内部国家开放的重要交通基础设施的建设，中国将把经济发展主要依靠沿海地区向海洋国家开放的单向驱动转变为同时依靠沿海内陆国家的双向开放与新的丝绸之路对冲过去的海洋战略、蓝海战略，这样的发展有助于全面消解蓝海状态发展不平衡的状态。

对中国未来十几年的经济转型发展扩大内需的重要战略而言，我们知道工业化、城镇化、现代化与国际化的发展必有蓝海战略、陆权战略、欧亚大陆经济战略相辅相成，其中向西部开发开放利用高铁设施的手段将给我们带来陆权时代，我们向西开放的同时要注重新一轮对口援疆的工作，要在这个大的背景下加以谋划推动交通基础设施为支撑欧亚大陆的整合，构建21世纪中国新的经济增长极。

经济学链接

蓝海战略

蓝海战略（Blue Ocean Strategy）是开创无人争抢的市场空间，超越竞争的思想范围，开创新的市场需求，开创新的市场空间，经由价值创新来获得新的空间。而红海战略是指在现有的市场空间中竞争，是在价格中或者在推销中作降价竞争，他们是在争取效率，然而增加了销售成本或是减少了利润。

当前外交环境对中国实现战略对冲十分必要，首先是2008年以前，我们的30年间尤其近20年中国的经济之所以能够快速发展存在着特定的有利的外部环境。其次，有些外部的环境是随着金融危机的后续发展特别是美国“重返亚太”之后开始发生深刻的变化，中国国际环境的外部的风险日益增加。再次，面对当前复杂的外交环境，中国既不能一味忍让，也不要全面对抗，通过欧亚大陆整合进行陆权和海权对冲，使外部环境重新向有利转变。最后，中国21世纪大战略要吸取历史上各个国家，尤其大国崛起的历史经验教训，但是更应该认清并有利于确保我们所处时期的历史特殊性。

把中华新兴经济体纳入民族伟大复兴的战略中

欧阳康　华中科技大学国家治理研究院院长

请让我先来解释一下“中华新兴经济体”这一概念，为什么叫作中华新兴经济体？我认为这是至关重要的问题，因为它是一种真正意义上对于中国具有战略意义的新兴经济体。当然，也对新常态从哲学概念来看，常态都是新的，我认为用这样的概念掩盖了对经济的过度悲观的看法和过度乐观的看法，希望在这个概念上隐藏高速和低速或者是过高速和过低速带来的问题，在此，我想谈以下几个观点：

第一个观点：把中华新兴经济体建设纳入中华民族伟大复兴的总体战略中，提升为国家战略。“一国两制”给我很多的启发，我感觉到海峡两岸越走越近，怎么让越走越近成为不可逆的趋向，这需要我们深入的研究，只有当我们建设了一个真正意义上的中华新兴经济体，两岸才能成为一体，为未来的伟大复兴奠定基础。

第二个观点：深刻认识中华新兴经济体内部的价值多元复杂性和内在的互补性。讲到两岸的关系究竟是什么关系呢？用我自己的话说，是现在复杂国际关系在中国国内的一个缩影。为什么这样讲？因为浓缩了几百年来世界现代化发展过程中的主要形态，而且以一种共识的方式存在于当代中国。中国香港和中国澳门，它们比较早地加入了世界的体系，当然香港和澳门也有所不同，澳门主要是博彩业，这有很多值得讨论。香港过去是金融中心和转运中心，现在看来代表着在国际发展中的一种现代化的模型，而台湾是东亚崛起、“亚洲四小龙”之一，这样的背景下，创造了与西方现代化不同的模型。近30年来，中国在“亚洲四小龙”逐渐衰败的过程中逐步的崛起，这三种模式同时存在，从某种意义上，我们把中华新兴经济体内部的矛盾处理好，我们就能够处理好全世界的关系。我们应该在处理好内部关系中求得更多的智慧，看到更多的试验，而且能够为未来更大范围的合作奠定更好的基础。这一点我在香港交流时深感这个问题的重要性，现在看来，要真正把两岸整合起来，经济的力量是最重要的力量。

第三个观点：要深度认识中华新兴经济体建设与金砖国家经济体的建设继续合作的必要性和分化的可能性。我以为我们继续看到和金砖国家甚至是欧盟之间合作的必要性和可能性，但是我个人认为，很快就会出现巨大的分化，为什么？——因为它们在不同的地方，有太不同的传承和太不同的语言和太不同的国际政治的地缘政治的差异，当然我们有很多的共同点，只是因为我们都比较落后，我们都快速发展起来了，我们找到了一些共同的利益，我们之间的互补性到底有多强，我觉得我们是在同样的生产水平上、科技水平上、教育水平上，这样的背景下，带来了问题和很多的机遇。就像国际关系在20世纪后半叶通过复杂的内部资金、劳动力、技术的转移，给了我们机会一样，未来的发展空间也会面临更大的分化，当然，我们要尽可能用这样的力量克服与发达国家之间存在的问题。

但是最根本的是第四个观点：那就是中华新兴经济体的重点是处理好与发达国家之间的关系，特别是与美国之间的关系。我觉得对于今天的中国来说，面临的根本性的选择是在现代化的进程中，我们是前现代、后现代的交织，这样的背景下，我们的选择即使只有一个方向，就是走现代化的道路，设计经济体制、文化体制、生态体制等，才是中国未来真正的伟大复兴。从某种意义上说，我们和俄罗斯、欧盟所有国家的合作是非常重要的，但是我个人认为，特别要注意美国。因为美国代表着20世纪战后秩序、经济秩序、科技体系发展的基本方向。美国是战后秩序的主导者和制定者，我们如何参与，这需要我们设计中国的经济模式，包括最近的依法治国，应该通过民主和法治的科学建设，社会主义市场经济、政府企业关系的适当调试，走出一条中国特色的道路。美国的学者说，你们关注了中国就关注了世界的未来，当然中国做好自己的事情也是对世界的贡献。

未来中国在超大型区域贸易协定中的作用

罗萨莱斯　联合国拉美经委会国际贸易与一体化部主任

当前，世界经济发展普遍不佳，中国、日本、拉丁美洲的经济增长率比 2013 年有所放缓。金砖国家的经济增长速度有所下降。欧元区也几乎进入到衰退阶段，并且出现通货紧缩。在这样的背景下，发达国家和新兴经济体之间开始出现分离。

一、金融危机后世界出口结构发生变化，发展中国家开始崛起

对比 2008 年以来欧盟对发展中国家以及发达国家的出口情况可以发现，金融危机以来发达国家的出口大幅下降，虽然在其后的一段时间内有所恢复，但从 2011 年开始就一直处于停滞状态。截至 2014 年 7 月，发达国家的出口增速仍比 2008 年低 3 个百分点。发展中国家的情况正好相反，2008 年金融危机以后，发展中国家的出口不仅迅速从危机中恢复过来，而且与危机前的水平相比还提高了 30%，这一增长在相当大程度上归功于中国以及其他东亚国家的出口表现。

通过比较 2000—2013 年的世界经济贸易可以看出，南—南出口在世界贸易中的份额翻了一番，从 2000 年的 14% 上升到 2013 年的

28%，相比之下，北—北贸易所占比重从51%下降到34%。2013年，南部出口（包括南—南出口和南—北出口）总量占世界贸易的比重接近50%。然而，由于OECD国家发展疲弱，需求下降，南部出口的增长态势有可能停滞。从中长期看，世界贸易会发生很多结构性的改变，并且目前正处于发展变化之中，这些变化将会影响到下一个10年的发展前景。

从全球发展的趋势来看，发展中国家将会崛起。危机使得中国与其他发达国家的人均收入差距在不断缩小。通过分析1985—2020年不同地区对全球商品出口的贡献可以预测，到2020年南—南贸易将超过北—北贸易。

二、超大型区域贸易协定：世界贸易走向新的治理

由于全球生产的组织方式是通过全球供应链或区域供应链进行的，产品经常包含各国的因素，因而超大型自由贸易协定是一个回应的方法。从超大型贸易区谈判所涉及的主题来看，其谈判的很多内容都是WTO所未涉及的，这些内容对全球生产网络和全球供应链都有着重大的意义。

1. 如何看待TPP

TPP非常重要，它能够在全球的供应链当中创造更加复杂的生产活动规则、贸易规则、投资规则，能够加强全球价值链中与知识密集型相关的规则等。对美国而言，TPP还有更多的特殊目标：第一，美国希望通过TPP重新恢复自己与中国及其他亚洲国家的竞争力；第二，通过TPP限制中国企业在东亚的扩张，因为TPP的规则要求非常高，包括知

识产权、国有企业以及劳动和环境标准等；第三，TPP将加强美国公司在亚洲价值链中的存在；第四，通过把日本和韩国纳入到TPP，使中日韩自由贸易区中性化；第五，美国力图把TPP的承诺纳入到APEC或者其他多边自由贸易框架当中，如WTO。

当然，美国想要通过TPP实现其目标并不容易，因为会遭到一些国家反对。并不是所有国家都认同劳动和环境标准，对于知识产权和商务方面的约束性规定，日本、澳大利亚等国也有不同的意见。美国和欧洲也存在矛盾，关于农业市场进入问题是双边谈判，还是多边谈判？若是多边谈判，就要把加拿大、澳大利亚、新西兰、墨西哥等国加进去，但TTIP仅仅是美国和欧洲之间的协议。另外，美国与欧洲在金融监管方面也存在矛盾。

2. 超大型区域贸易协定可能产生的与国际贸易规则有关的问题

我们假定TPP和TTIP将来取得成功，那么TPP和TTIP之间是什么关系？是否会出现贸易的区域化？拉丁美洲、欧洲和美国之间的协议将处于何种状态？TPP在包括拉美和欧洲在内的区域一体化中起到什么作用？超大型区域贸易协议与WTO是什么关系？金砖国家应该怎么做？我认为，这些应该由WTO来做，并且要强调多边主义，因为WTO可以促进各种自由贸易协定的融合和大的区域贸易间的融合。中国在其中可以发挥更大的作用，比如建立中日、中韩之间的自由贸易区等。

三、中国在贸易谈判中的作用及其对发展中国家的影响

1. 中国与TPP的关系

中国是否需要加入TPP？尽管可能有些晚，但只有中国加入了TPP才有意义。如果中国加入的话，中国不是按照现在的规则加入，而是要参与新的规则的制定。美国可能会单方面修改协议的内容，但中国不应仅仅与美国谈判。对中国来说，还要促进国内一些领域的改革与发展，包括金融监管、产权保护、消费者保护等。

2. 中国在贸易谈判中的作用

就中国自身而言，中国可以在经济改革上逐步取得更多的进展，如可以单方面地降低温室效应、提高能源利用效率、增加中国在可再生能源方面的消费份额等。

就全球范围而言，中国可以促进多哈回合的成功谈判，特别是在下一轮的谈判中可以促进在WTO进行2.0升级版的谈判。

就区域范围而言，中国可以在北京召开的APEC会议上促进更广泛的自由贸易协定，推进更广泛的、更深层次的区域全面经济伙伴关系，争取在亚洲基础设施投资银行有更多的主动权。

就贸易谈判中的双边关系而言，中美要达成投资协议，寻求一个平衡的解决途径，消除中国在美国的投资障碍；对欧盟来讲，要让中国更多地参与欧元区危机的解决，加快中欧投资协议进程，促进中欧自由贸易融合，这对世界都是有好处的。此外，国家开发银行应该与拉丁美洲

合作进行基础项目的投资，支持拉美对中国的出口，支持中小企业对中国的出口，促进中国在拉丁美洲的投资。

3. 促进拉美与东亚之间的联系

要建立拉美和东亚、东盟国家在基础设施、贸易便利化与物流方面的协调机制；设立区域性组织观察员；召开学术性会议讨论一些全球性议题，如贸易、经济、气候变化等，探讨彼此之间如何加强贸易和投资的联系。

名家观点综述

一、金融货币合作面临的新形势、新机遇

朗　诺　欧洲政策研究中心首席执行官

欧元区的形成过程在很大程度上促进了市场间的融合。南欧有了很好的融资渠道，但也引发了金融风暴和主权债务危机。虽然欧盟在 1997 年就已经形成了《稳定与增长公约》，但是并没有很好地执行。除此之外，尽管金融部门有很大发展，但由于监管不力，产生了很大问题。从 2014 年 11 月 4 日开始，包括欧盟区的银行联盟和大银行要建立统一监管机制，由欧洲银行共同监管，并形成共同的规则。这就意味着，大银行不管是处于哪一个国家，都将受到欧洲中央银行的监管。这对新兴经济体的金融货币合作和风险管理是一个启示。

艾森布莱特　德国国际合作机构前首席总裁

新兴经济体国家的金融部门不太关注市场，也不关注实体经济，导致了很多问题。能否驾驭金融部门这只“怪兽”是新兴经济体面临的共同挑战。

柯乐芙　德国科隆经济研究院国际经济研究所经济学家

当前，美国经济和欧洲经济复苏艰难，这势必影响到新兴经济体的增长。以巴西为例，由于资本外流和汇率波动，其经济增长速度明显下降，而且还面临着保持资本稳定的挑战。

穆阿扎姆　孟加拉政策对话研究中心主任

新兴经济体加强金融往来与合作，有助于减少风险，控制危机，平衡国际收支。特别是对发展中国家来说，当其出现国际收支问题的时候，国际金融机构是很重要的。需要加强金砖国家的金融往来与合作保障，如果有应急机制安排，将有助于金砖国家控制发展中国家的风险。

曹文炼　国家发展和改革委员会国际合作中心主任

随着新兴经济体国家之间经贸往来的不断深化，金融已成为彼此合作的重要领域，建立了多层次的金融合作机制和合作机构，与世界现有的货币金融体系形成了良好互补，对维护全球金融稳定做出了重要贡献。例如，2014 年金砖国家开发银行正式成立，《清迈倡议》的修订生效，亚洲基础设施投资银行设立，都表明新兴经济体国家金融合作日趋密切。

新兴经济体加强金融合作的重要意义在于：一是作为债权国的新兴经济体大都面临着负财富效应、货币错配、对外金融资产与负债不对称等困境，新兴经济体之间的货币金融合作可以为新兴经济体提供更多的投融资路径，国家之间也可以进行适当的经济援助；二是各国可以加大相互之间在海外兼并、海外市场拓展、技术升级、资源能源收购、知识产权等项目的重点支持，加强外储资产的相互投资，从而改变储备资产单纯流向发达经济体债券的局面；三是深化新兴经济体货币金融合作有利于打破由少数发达国家控制的现有世界金融格局，建立多方参与的全球金融治理秩序，有利于促进新兴经济体的经济发展，提高发展中国家在全球金融事务中的参与度和话语权。

石建勋　同济大学财经研究所所长

金砖国家的货币金融合作有着深厚的基础。金砖国家恰恰在金融领域面对共同的问题、共同的诉求、共同的需要，所以有可能在金融货币领域获得更深刻广泛的合作基础。

郑　军　湖北省委政研室副主任

传统的国际货币金融制度安排和世界银行国际货币基金组织，以及美元为主导地位的国际货币体系已经不能适应和满足全球经济发展新格局的需求。新兴经济体的发展对金融多元化提出了巨大的需求。新兴经济体的快速发展需要抱团取暖，要加强地区协调共同抵御风险。新兴经济体之间的金融货币合作将成为国际金融的新常态，全球经济增长将受惠于新兴经济体间的金融货币合作。

二、货币金融合作的推进

罗萨莱斯　联合国拉美经委会国际贸易与一体化部主任

中国服务业市场开放、资本市场开放、利率开放是中长期的目标。中国的金融服务业应该逐渐开放，这样即使出现偏差，也不会妨碍中国的经济改革，不会给世界经济带来重大危机。

陈企业　新加坡李光耀公共政策学院亚洲竞争力研究所主任

应推动新兴市场间的汇率协商及联动机制，降低美元汇率波动的负面影响。

石建勋　同济大学财经研究所所长

新兴经济体的金融合作可重点从三个层面推进：一是携手推进国际货币金融体系的改革；二是扩大包括金砖国家在内的新兴经济体贸易投资，推进金砖国家货币互换；三是加强新兴经济体的制度化创新，积极向世界贡献新的思想、新的机制。

曹文炼　国家发展和改革委员会国际合作中心主任

可以探讨将金砖国家货币同时加入SDR（特别提款权）货币篮子，并提高SDR作用的可行性，可以从扩大SDR分配、实现SDR作为主要计价和报告货币、发行SDR计值债券等方面入手。在国际金融治理改革方面可加强协作，以G20为主渠道，推进IMF、世界银行、金融稳定理事会等国际金融机构改革，重组IMF和世界银行内部治理的权力和架构，提高其关联性、合法性与代表性，并谋求增加新兴经济体的出资份额和投票权，以提高在国际金融事务中的话语权。

应加强全球资本流动监测力度，构建国际金融安全网，形成并完善对主要储备货币发行经济体宏观经济政策的监督机制，在跨国金融监管体系、国际最后贷款人和国际存款保险机构等方面有所进展。各国应共同努力，谋求共建货币政策、财政政策对话平台，扩展各国货币政策空间。

一要扩大和提升中国金融对外开放，逐步推动本币可兑换进程，推动金砖国家之间互相投资。完善风险防范能力，降低双边或多边投资风险。着力消除制约区域内金融机构开展合作的制度、政策等障碍，加快金融市场一体化进程。推动金融机构开展业务创新，加大对区域内中小企业的金融支持力度。二要进一步推进本币“走出去”，实现多层次货币合作。三要加强跨境资本流动管理等政策协调。

景朝阳　国家发展和改革委员会国际合作中心区域所所长

新兴经济一体化领域正从贸易向金融延伸。近年来，新兴经济体之间加速开展了本币互换进程，未来应进一步加快这一进程。在当前国际货币体系下，通过本币互换协议等合作项目可以更好地维护金融稳定，促进经贸往来。

刘卫平　国家开发银行研究院研究员

金融作为丝绸之路经济带的重要支撑，可以将丝绸之路经济带的金融需求与发挥上合组织银联体结合起来，以与上合组织金融能源互动化为切入点，充分发挥上合组织银联体对丝绸之路经济带的推动作用。

三、人民币国际化的实现

魏建国 中国国际经济交流中心副理事长

中国亟须加快人民币的国际化进程。当前中国金融改革还相当滞后，金融改革是全面深化改革的关键，要加大人民币的国际化进程。目前，虽然与人民币互换的货币很多，但是总体还很少。中国作为世界第二大经济体亟须一个强有力的货币支撑，而新兴经济体的货币金融合作就提供了这样一个机遇。

吴晓求 金融与证券研究所所长

人民币的国际化是未来中国金融改革的一个重点。为了维持庞大经济体的持续增长，就必须维持和这个庞大经济体相适应的金融体系，这个金融体系必须具备两个功能：第一，必须要有良好的全球配置资源的功能；第二，必须要在全球有分散风险的能力。加强新兴经济体的货币金融合作，重点就在于人民币的国际化。

曹文炼 国家发展和改革委员会国际合作中心主任

加强双边或多边货币互换，适度扩大双边货币互换的范围，提高双边贸易便利程度。将目前仅限于双边的本币贸易结算扩大到多边机制下，如以中俄货币互相挂牌为契机，扩大本币结算范围，在独联体内建立金融货币区域。

牛铁航　中国国际经济交流中心研究员、《全球化》杂志原总编

中国应实施人民币国际化和中国企业走出去的“两条腿”国际战略。具体分四步走，一是“两条腿”相协调、相统一；二是人民币与美元可以在共同促进新兴经济体发展过程中同时起作用；三是加强资本融资机制建设，连通股本融资、项目融资、借贷融资等；四是把官方和民间资本流动渠道打通，利用官方资本做杠杆撬动民间资本。类似于亚洲基础设施投资银行这样的机制安排，在把这“两条腿”统一起来上有很大的作用，可以更好地把中国的国内经济与国际经济相连通。

后 记　走向新常态的新兴经济体

在经济全球化仍在继续深化、不同经济体之间相互影响的蝴蝶效应进一步凸显、增长乏力越来越成为新常态、市场需求成为全球竞争最稀缺资源的大背景下，走向新常态的新兴经济体的增长趋势与前景成为全球关注的焦点。面对内外挑战，新兴经济体间如何深化合作、中国能否顺利实现转型与改革，从而形成经济增长新动力并承担更大的全球发展责任，不仅对其实现自身经济可持续发展至关重要，而且对推动世界经济稳定平衡发展的意义重大。

为此，2014 年 11 月 1 ~2 日，中国（海南）改革发展研究院与联合国开发计划署、中国国际经济技术交流中心和德国国际合作机构合作召开的以“走向新常态的新兴经济体”为主题的 2014’新兴经济体经济政策论坛，来自国内相关部委、研究机构、高等院校和 27 个省区市，以及来自德国、英国、比利时、俄罗斯、印度、巴西、南非、新加坡、孟加拉国、泰国、土耳其、巴基斯坦等国的官员和知名智库学者出席本次论坛。论坛重点围绕新兴经济体的增长趋势与前景、新兴经济体如何参与区域自由贸易、新兴经济体金融货币合作与人民币国家化、走向新常态的转型与改革等相关问题进行深入研讨。

本书是 2014’新兴经济体经济政策论坛的论文选编，由十篇幅有限，只收入部分参会专家文章。外方论文由危文锋、李鑫、王湛、陈露芸等翻译，具体编辑工作由殷仲义、苗树彬、陈所华、余秀娟等完成，在此一并表示感谢。